乐山师范学院教育学学科建设资助项目研究成果
乐山师范学院"核心素养国际对比研究"项目

核心素养
国际对比研究

罗明礼 著

四川大学出版社
SICHUAN UNIVERSITY PRESS

图书在版编目（CIP）数据

核心素养国际对比研究 / 罗明礼著. — 成都：四川大学出版社，2022.12
ISBN 978-7-5690-5864-2

Ⅰ.①核… Ⅱ.①罗… Ⅲ.①教学研究－对比研究－中国、世界 Ⅳ.① G420

中国版本图书馆 CIP 数据核字（2022）第 252779 号

| 书　　名：核心素养国际对比研究 |
| Hexin Suyang Guoji Duibi Yanjiu |
| 著　　者：罗明礼 |

选题策划：梁　平
责任编辑：梁　平
责任校对：杨　果
装帧设计：璞信文化
责任印制：王　炜

出版发行：四川大学出版社有限责任公司
　　　　　地　址：成都市一环路南一段 24 号（610065）
　　　　　电　话：（028）85408311（发行部）、85400276（总编室）
　　　　　电子邮箱：scupress@vip.163.com
　　　　　网　址：https://press.scu.edu.cn
印前制作：四川胜翔数码印务设计有限公司
印刷装订：四川省平轩印务有限公司

成品尺寸：170mm×240mm
印　　张：12.25
字　　数：257 千字
版　　次：2022 年 12 月 第 1 版
印　　次：2022 年 12 月 第 1 次印刷
定　　价：69.00 元

本社图书如有印装质量问题，请联系发行部调换

版权所有 ◆ 侵权必究

扫码查看数字版

四川大学出版社
微信公众号

前　言

　　核心素养已经成为 21 世纪人才培养的基本要求和教育变革的焦点，是近年来世界各国课程改革的原动力和风向标。随着我国《中国学生发展核心素养》的正式出台以及《普通高中课程方案（2017 年版）》《义务教育课程方案（2022 年版）》的颁布，"核心素养"被赋予了基础教育新时代的内涵，视为基础教育课程改革的突破点，成为未来学校教育教学改革发展的趋势。

　　核心素养兼具促成个人发展及社会发展的功能。国际组织把核心素养视为公民教育发展的基因。联合国教科文组织强调，核心素养的培育需要终身学习，终身学习也需要核心素养，并提出包括学会求知、学会做事、学会共处、学会发展和学会改变的"五大支柱说"。经济合作与发展组织提出知识社会需求的"关键能力说"：一是交互作用地运用社会、文化、技术资源能力，二是在异质社群中进行人际互动的能力，三是自立自主行动的能力。欧盟提出终身学习的"八大素养说"，包括母语沟通，外语沟通，数学能力及基本科技能力，数位能力，学会如何学习，人际、跨文化与社会能力及公民能力，创业家精神和文化表达，尤其指出判性思维、创造力等共同能力的重要性。国际学生评估项目（PISA）特别注重语文素养、数学素养、科学素养等，突出全球化视野。

　　核心素养旨在培养社会需要的合格公民和创新人才。"核心素养"起源于职业教育，扩充至高等教育，盛行于基础教育。各国对核心素养有着不同的表述，如英国的"核心技能"，美国的"车间技能""21 世纪技能""核心知识"，德国的"关键能力"，新西兰的"基本技能"，澳大利亚的"通用能力""综合能力"，日本的"基础学力"，法国的"共同文化"，芬兰的"跨界素养"，新加坡的"21 世纪素养"和我国的"核心素养"等。这些表达折射出各国对于未来的公民到底应该是什么样子、应该具备什么素养的追问，表明其内涵的演变已经从"基本技能"转向"关键能力"。世界各国核心素养研究的兴起和发展与时代变化、社会需求紧密相关，是教育变革与发展的国际潮流和趋势。

　　核心素养聚焦人的成长与发展及终身学习理念。针对到底培养什么样的人，才能够应对 21 世纪的挑战问题，各经济体、国家和地区都强调"关注学生的发展，培养学生的核心能力"。从培养目标看，发展学生的核心素养是要瞄准未来教育、应对社会发展。从培养对象看，核心素养培育的并不只是学生，而是全体国民。从培养内涵看，核心素养不仅仅是职业素养，而是共同素养、关键能力。从培养面向看，核心素养不是全面、综合素养，而是关键少数素养。从培养层级看，核心素养不是基础素养，而是高级素养。从培养宗旨看，核心素养不是单纯地传递知识，而是培养必备品格；不是培养解题能力，而是培养解决问题的能力。因此，核心素养的关键词包括综合性、联系生活、适应社会、必备品格和关键能力。

学校在学生核心素养的培养中扮演着重要角色。众多国家通过国家课程的改革，铸造未来国民的核心素养。核心素养是学校课程改革与发展的"DNA"，已成为描述新的教育目标、课程目标、教学目标和学习目标的概念工具，已经深度融合到整个学校的教育教学之中，反映在师生课堂教学活动之中，反映在学校显性和隐性文化之中。可以说，核心素养的培养体现了国家意志，落点在学校层面、教师群体、学生个人的各个方面。核心素养着力于职业潜能、个性发展与终身学习，体现了"以人为本"的教育思想，规约了学校教育活动的方向、内容与方法，已经从"知识本位"走向"素养本位"、从单一课程转向跨学科课程，形成了"核心素养—课程标准（学科素养/跨学科素养）—单元设计—学习评价"的培养链。

国民素质决定着国家的竞争力，而国民的核心素养决定一个国家的核心竞争力与国际地位。核心素养锚定了未来教育和未来学校的新型人才培养蓝本，事关国家社会发展、事关每个家庭、事关每个学生的未来。学校改革的痛点是课程改革，课程改革的关键是课堂教学，课堂教学的核心是教师专业发展，教师的专业能力与水平是指引学生学力提升与人格塑造的源动能。因此，教师是培养学生核心素养的关键。

《核心素养国际对比研究》围绕"核心素养的核心内涵""四大国际著名核心素养""世界主要国家核心素养""教师核心素养""学生核心素养""学科核心素养的测评"六个部分，对"核心素养"进行梳理与诠释，旨在帮助读者从多角度、多视角理解核心素养的本质内涵和意义。

由于作者水平有限，本书难免存在疏漏之处，恳请读者提出宝贵意见，以便今后进一步完善和修正。

罗明礼
2022 年 12 月

目　　录

第一章　核心素养的核心内涵……………………………………（1）
　第一节　核心素养的提出……………………………………（1）
　第二节　核心素养的蕴涵……………………………………（9）
　第三节　核心素养的实质……………………………………（13）

第二章　四大国际著名核心素养…………………………………（26）
　第一节　欧盟核心素养………………………………………（26）
　第二节　联合国教科文组织核心素养………………………（30）
　第三节　经合组织核心素养…………………………………（34）
　第四节　PISA全球素养框架…………………………………（37）

第三章　世界主要国家核心素养…………………………………（41）
　第一节　英国核心素养………………………………………（41）
　第二节　美国核心素养………………………………………（46）
　第三节　法国核心素养………………………………………（52）
　第四节　德国核心素养………………………………………（55）
　第五节　芬兰核心素养………………………………………（58）
　第六节　澳大利亚核心素养…………………………………（61）
　第七节　新西兰核心素养……………………………………（64）
　第八节　新加坡核心素养……………………………………（68）
　第九节　日本核心素养………………………………………（70）
　第十节　韩国核心素养………………………………………（75）
　第十一节　俄罗斯核心素养…………………………………（80）
　第十二节　中国核心素养……………………………………（84）

第四章　教师核心素养 （ 94 ）
第一节　道德素养 （ 94 ）
第二节　专业素养 （ 98 ）
第三节　知识素养 （102）
第四节　能力素养 （109）
第五节　学科素养 （115）
第六节　信息素养 （122）

第五章　学生核心素养 （127）
第一节　素质教育 （127）
第二节　素养培育 （132）
第三节　STEAM教育 （139）
第四节　未来教育 （148）

第六章　学科核心素养的测评 （152）
第一节　测评的转向 （152）
第二节　测评的实施 （156）

附录　中国学生发展核心素养 （165）

参考文献 （171）

第一章 核心素养的核心内涵

核心素养起源于职业教育，扩充至高等教育，盛行于基础教育。面对日新月异的社会发展、经济变革与科技进步，全球许多国际组织、国家和地区都在积极思考如何培养未来的公民，使其能够更好地适应 21 世纪的工作与生活。作为全球教育热潮，核心素养成为各国教育改革的新起点和新方向，推动着基础教育课程的重构与革新。

第一节 核心素养的提出

一、核心素养提出的缘起

（一）核心素养提出的背景

核心素养的提出和时代与科技变革、经济与社会发展、教育发展三个因素密切相关。时代与科技变革主要是全球化、知识时代、科技发展与信息时代的到来。经济与社会发展指经济增长、职业需求、人口结构变化、多元文化、环境与可持续发展的需要。教育发展则是教育质量提升、教育公平的期待。从这个层面看，核心素养是社会、经济、教育发展推动或倒逼下的产物。

核心素养是一种世界性趋势和潮流，它的提出与发展可以概括为三个阶段。第一阶段是 20 世纪 80 年代，英国和澳大利亚率先启动了核心素养的相关研究。第二阶段是 20 世纪 90 年代，核心素养扩展到美国，随后扩展到欧盟，并且在全球产生了积极的影响。第三阶段是 2008 年至今，核心素养开始向亚洲国家扩展，首先是日本，然后是新加坡，并引起了联合国教科文组织的反思。中国于 2014 年开始关注核心素养的研究，并于 2016 年推出核心素养的标准。

（二）发达国家提出的前提

英国被认为是最早关注核心素养的国家。1979年，英国就未来职业教育提出读写、数理等11项"关键能力"（core skills），并于1988年颁布教育法案和修订国家课程标准时明确了学生的核心素养，提出"跨学科核心能力"的概念。20世纪90年代初，澳大利亚为了产业工人的职业发展，聚焦"综合能力"（general capabilities），进行了核心素养的教育研究，于2010年提出"通用能力"（generic abilities）。英国和澳大利亚提出核心素养的共同背景都是职业教育的需要。

美国的核心素养出发点在于提升公民的职场技能。1991年，美国的《职场对学校教育的要求》提出了职场"资源管理、人际素养、信息素养、系统化素养、技术素养"基本素养（U. S. Department of Labor，1991）[①]。1993年，美国的《2000年目标：美国教育法》又增加了外语、艺术2门学科，构建了7门课程的核心素养雏形。2011年，美国基于学科"核心知识"（core knowledge），提出了培育公民的"21世纪技能"（21st Century Skill）。

日本的核心素养是基于学生的基础能力、思维能力和实践能力（赵长林，孙海生，陈国华，2016：15）[②] 提出的。1996年，日本发布《关于面向21世纪的我国教育》报告，提出培养学生"生存能力"的教育改革目标。进入21世纪后，日本实施从以"生存能力"转向以"思考力"为核心的教学改革，形成了独具特色的核心素养理论（彭寿清，2004：48）[③]。2012年，日本全面开启以"基础学力"为核心的基础教育课程改革。2013年，日本提出了"21世纪型能力"的核心素养框架（钟启泉，2016：6）[④]。

新加坡倡导"学生中心、价值观导向"的教育思想。新加坡政府基于21世纪所需劳动力的特点，于2010年提出了建设"思考型学校和学习型国家"的愿景。2010年3月，新加坡教育部发布了《21世纪技能》框架，该框架以价值观为核心，由公民素养、全球意识和跨文化交流技能等部分组成（乔桂

---

① U S Department of Labor. What work requires of schools [R]. The Secretary's Commission on Achieving Necessary Skills, 1991.

② 赵长林,孙海生,陈国华. 核心素养的结构和社会文化性分析 [J]. 湖南师范大学教育科学学报, 2016 (5)：15.

③ 彭寿清. 日本基础教育课程改革及特点 [J]. 当代教育科学, 2004 (18)：48.

④ 钟启泉. 基于核心素养的课程发展：挑战与课题 [J]. 全球教育展望, 2016 (1)：6.

娟，杨丽，2019：10)①，践行"全人教育"理念。2012年3月，新加坡教育部部长提出"以学生为本，以价值观为导向"的教育理念（唐科莉，2012：23)②，培养学生正确的价值观和个性。2014年，新加坡教育部发布了《新加坡学生21世纪技能和目标框架》，构建了聚焦核心价值的"21世纪能力架构图"，强化培养学生的价值观技能、社交和情感技能、全球化技能。

（三）国际组织提出的初衷

早在1972年，联合国教科文组织（UNESCO）在《学会生存》（Learning To Be）中就指出，"发展的目标是人的完整实现"，是人具有丰富内涵的个性的"全面实现"（Faure，1972)③。1996年，联合国教科文组织提出"21世纪社会公民必备的基本素质"，将"终身学习"作为一切重大教育变革的指导原则。2004年，联合国教科文组织出版的《发展教育的核心素养：来自一些国际和国家的经验和教训》指出，核心素养是使个人过上他想要的生活和实现社会良好运行所需要的素养（Rychen & Tiana，2004)④。这是联合国教科文组织基于人本主义思想首次在终身学习视阈下使用"核心素养"的概念。

欧盟核心素养源自著名的"里斯本战略"（Lisbon Strategy）。2000年，为了加强各成员国公民的教育与培训，促进青年的终身学习，欧盟提出强化"读、写、算"，并增加了技术文化、信息技术、外语、创业精神及社会技能五项基本技能（European Council，2000)⑤，初步构成了欧盟核心素养的雏形。2002年，欧盟在工作报告中首次提出"关键素养"（key competences）的概念（裴新宁，刘新阳，2013：89)⑥。

---

① 乔桂娟，杨丽. 新加坡基于《21世纪技能》的基础教育课程改革[J]. 基础教育参考，2019（23）：10.

② 唐科莉. 全面实施以学生为本，以价值观为导向的教育——新加坡2012基础教育战略重点[J]. 基础教育参考，2012（11）：23.

③ Faure E. Learning to be: The world of education today and tomorrow [M]. UNESCO, 1972.

④ Rychen D S, Tiana A. Developing key competencies in education: some lessons from international and national experience [M]. Paris, France: UNESCO International Bureau of Education, 2004.

⑤ European Council. Lisbon European Council 23 and 24 March 2000 Presidency Conclusions[EB/OL](2014-07-20)[2022-07-23]. http://www.europarl.europa.eu/summits/lis1_en.htm.

⑥ 裴新宁，刘新阳. 为21世纪重建教育——欧盟"核心素养"框架的建立[J]. 全球教育展望，2013（12）：89.

（四）中国核心素养的提出

2014年初，"核心素养"一词首次出现在中国教育部颁布的文件《关于全面深化课程改革落实立德树人根本任务的意见》中。该意见要求各类学校必须把核心素养扎实、稳健地落实到学校的教育教学中（钟启泉，2015）[①]。2016年9月，《中国学生发展核心素养》在北京发布，将核心素养标准作为重要的育人目标，用于指导普通高中课程标准的修订。

综上可见，英国的核心素养相对于其他国家和地区有较强的前瞻性和成熟性。核心素养已逐渐成为国际组织和各经济体的普遍策略。总体而言，核心素养的目的是培养"未来公民"，包含学科特色核心素养、跨学科共同素养、自我发展素养三个层次，这些理念已经成为许多国家或地区促进社会发展的理论依据，制定教育政策、开展教育改革的基础。

二、核心素养与社会发展

（一）经济社会发展的需要

核心素养研究的逻辑起点是对现代社会的状况分析和未来社会的需求发展。21世纪社会以信息化、全球化、知识经济为主要特征。全球化和知识经济作为主流话语，已经成为现实社会不可或缺的载体。信息化尤其是人工智能的演进，提供了关于未来社会的预言。全球化背景下涌现的社会问题，如就业压力、社会冲突、价值危机等便通过这些知识话语转换为个人的生存需求、社会责任或自我实现的需要，最终内化为个人能力或品质（杨惠雯，2019：57）[②]。面对高速变动、充满偶然性和不确定性、面临世界百年未有之大变局的社会以及富有挑战性的时代格局，世界各国的教育改革都需要围绕一个重大问题展开，即21世纪培养的学生应该具有哪些核心素养或关键能力，才能使他们能够融入未来社会，才能更好地推动社会的健康发展。

随着经济全球化，知识经济和终身学习的理念在教育领域发挥着重要的影响，是促进核心素养产生的直接动因。知识经济理念源于早期的人力资本研究。贝克尔（Becker）在1964年出版的《人力资本》中指出，经济发展的基

[①] 钟启泉. 核心素养的"核心"在哪里 [N]. 中国教育报, 2015-04-01 (7).
[②] 杨惠雯. 核心素养的谱系学考察——基于OECD的分析与反思 [J]. 比较教育研究, 2019 (2): 57.

础是知识、信息、观念、技能以及劳动力的健康，后又提出"知识经济"（knowledge economy）的概念，认为工业发展在 20 世纪以少数精英为动力，现在则依赖于全民的知识技能水平（Spring，2008：337）[①]。但是到了 20 世纪 80 年代中期，知识经济的兴起反过来影响了人力资本的研究走向。卢卡斯（Lucas）和罗默尔（Romor）的"新经济增长理论"就依托知识经济理念提出，将知识作为经济增长的内生变量，强调特殊知识和专业化人力资本在知识经济中的关键作用（杨惠雯，2019：56）[②]。

（二）人文素养发展的需要

教育是纷繁复杂社会中的一个重要生态系统，核心素养体系作为教育生态系统的一个因子，自然就发挥着重大作用。知识经济话语不断改变着人们的知识观、认知观。现代社会对知识的专业化要求程度越来越高，个人在职场中与他人合作与沟通的能力，即"软技能"（soft skills），越来越受到人们的关注（Murnane & Levy，1996：163）[③]。时至今日，个体的知识、技能、素养等与教育和社会经济发展息息相关，尤其是在信息化、数字化、大数据、人工智能时代，它们已经成为重要的经济要素。因此，"最有价值"的知识就是能最大限度地促进经济增长与技术进步的知识。与其说知识经济提升了教育的地位，不如说它进一步强化了教育的经济效用，将教育与工具性价值牢牢绑定（杨惠雯，2019：56）[④]。

核心素养关涉当下与未来、个人与社会、经济与发展以及能力与情感。欧盟核心素养框架把学生的核心素养分为"个人发展""社会融入""经济生活"三个维度。经济合作与发展组织（以下简称经合组织，OECD）的"核心素养"阐明了未来学生应该具备哪些最核心的知识、能力与情感态度，这些是他们成功融入未来社会、实现自我价值和推动社会发展的动力。联合国教科文组织将核心素养归纳为"工具性素养""人文性素养"（"人本性素养"）。"工具性素养"就是人作为个体在社会中工作需要的素养，而个人修养、个人生活信条

[①] Spring J. Research on globalization and education [J]. Review of Educational Research，2008（2）：337.

[②] 杨惠雯. 核心素养的谱系学考察——基于 OECD 的分析与反思 [J]. 比较教育研究，2019（2）：56.

[③] Murnane R J, Levy F. Teaching the New Basic Skills: Principles for Educating Children To Thrive in a Changing Economy [M]. Göttingen: Free Press，1996：163.

[④] 杨惠雯. 核心素养的谱系学考察——基于 OECD 的分析与反思 [J]. 比较教育研究，2019（2）：56.

等"人文性素养"则是最根本的素养。

进入 21 世纪,经济全球化、科技发展、职业需求、教育质量提升等是促进国际组织等推动核心素养研制的主要力量。相较而言,高收入经济体或发达国家对"全球化"和"知识时代"带来的影响较为敏感,而中等及以下收入经济体或发展中国家对"教育公平"和"环境与可持续发展"更为关注。

为了国民能够更好地适应未来社会、满足自我价值的实现和推动社会发展与进步,国际社会在积极探索和研究学生需要哪些核心知识、技能与情感态度。换句话讲,面向未来,社会到底需要什么样的人,他们应该具备哪些素养,如何培养这些未来的公民,这些都是政府、教育管理者、学界研究者以及学生所要关注的核心问题。

三、核心素养与教育改革

(一) 国际组织的教育目标导向

核心素养的教育理念被世界广泛研究。核心素养体系的构建与实施正顺应国际教育改革的趋势,成为世界各国教育的目标导向和增强国家核心竞争力、提升人才培养质量的关键所在。2003 年,经合组织出版的《核心素养促进成功的生活和健全的社会》研究报告将学生能力素养直接指向"核心素养",构建了一个包括"使用工具互动""在异质群体中工作"和"自主行动"的指标条目。2005 年,经合组织发布了《核心素养的界定与遴选:行动纲要》,旨在增强核心素养应用于教育实践的可操作性(褚宏启,2016:1)[1]。毫不夸张地讲,世界各国教育界关注的焦点之一就是学生的"核心素养",尤其是基础教育阶段学生的培养质量。2018 年,经合组织和亚洲协会全球教育中心发布了《在瞬息万变的社会中培养学生全球素养》的报告,指出了在基础教育阶段培养学生全球素养的重要性(陈法宝,2018)[2]。

就课程建设看,有学者将核心素养与课程体系的相互关系归纳为三种模式:以美国、澳大利亚为代表的核心素养独立于课程体系之外并与之融合的模式,以芬兰为代表的在课程体系中设置学生核心素养的模式,以日本为代表的通过课程标准内容设置体现学生核心素养的模式(辛涛,姜宇,王烨辉,

---

[1] 褚宏启. 核心素养的概念与本质 [J]. 华东师范大学学报(教育科学版),2016 (1):1.
[2] 陈法宝. 培养全球素养促进学生核心能力发展 [N]. 中国教育报,2018-08-16 (3).

2014：7)①。

就教学改革看，核心素养基于全球素养，以学生为主体，立足学生实际学情，着力学生未来发展，实施教与学方式的变革、教学评价的改革，运用大量的实际生活事例、案例，充分呈现"核心素养"教育教学理念，培养学生适应终身发展和社会发展需要的必备品格和关键能力。

（二）发达国家的教育改革路向

世界发达国家基于各自核心素养内涵实施教育改革。在英国，虽然北爱尔兰对"核心素养"的理解和实施有差异性，但英格兰、威尔士、苏格兰均赞同"核心素养"的整体观，旨在提升个体技能、促进持久就业、发展社会经济、改进公民生活，提倡在课程中渗透关键技能（key skills）或核心技能（core skills）的培养。可以说，英国的核心素养具有较强的"能力导向"，强调"本土化"和"多样性"，所以它既不是简单地作为国家课程的育人目标，又不等同于实操性"能力为本"的职业教育。英国为了鼓励个体培养21世纪技能，设计了"开放思维"的课程框架，鼓励用创新、整合的方式思考教育和课程，包含公民素养、学习素养、信息管理素养、人际关系素养、形势管理素养五项核心素养（沈伟，2017：6)②。

美国的基础教育"21世纪学习框架"（Framework for 21st Century Learning）提出了人才培养的18种要素，即"21世纪技能"（21st century skills)，成为美国核心素养框架的雏形。美国的核心素养框架表述较为复杂，是美国教育改革的一个总体目标，其框架内容完整地融入国家中小学课程设计中，在世界上具有非常大的影响力。换言之，"21世纪技能"已成为国际基础教育人才培养模式改革的核心目标（彭正梅，郑太年，邓志伟，2016：68)③。美国将"21世纪技能"简要地概括为学习与创新技能，信息、媒体与技术技能，生活与职业技能三大领域。其中，学习与创新技能包括批判性思维与问题解决能力（critical thinking & ploblem solving skills)、创造性与自主学习能力（creativity & active learning)、沟通能力与合作精神（communication &

---

① 辛涛，姜宇，王烨辉. 基于学生核心素养的课程体系建构［J］. 北京师范大学学报（社会科学版），2014（1）：7.
② 沈伟. 英国能力导向的"核心素养"的实践与反思［J］. 湖北教育（教育教学），2017（6）：6.
③ 彭正梅，郑太年，邓志伟. 培养具有全球竞争力的中国人：基础教育人才培养模式的国际比较［J］. 全球教育展望，2016（8）：68.

cooperation)、跨文化理解与全球意识（cross-culture understanding & global awareness）（以上简称"4C技能"）。因而，美国"21世纪技能"运动被视为从"3R"（Reading，wRiting，aRithmetic，即读写算）转向"4C"的教育运动（邓莉，2018：10）[①]。

日本的核心素养的"核心"是"德知体"。进入21世纪，日本针对基础教育存在诸如学生的人性、社会性、国际视野、独立学习、独立思考、个性教育、特色发展等问题，从以"生存能力"为核心转向以"思考力"为核心，强化语言力、数理力、信息力和实践力，形成独具日本特色的核心素养理论（彭寿清，2004：48）[②]。2013年，日本在《培养适应社会变化的素质与能力的教育课程编制的基本原理》的研究报告中提出"21世纪型能力框架"，从作为"生存能力"智、德、体所构成的素质与能力出发，构建了以"思考力"为核心、以"基础力"支撑思考力、以"实践力"为运用知识技能的三层结构课程体系。可见，日本核心素养的"德知体"，与我国的"德智体美劳"有相似之处。

（三）中国教育改革的发展方向

中国的核心素养有创新和突破。2014年3月，教育部在《关于全面深化课程改革落实立德树人根本任务的意见》中提出加快"核心素养体系"建设，成了深化课程改革、落实立德树人目标定位、未来基础教育改革的指针。核心素养的提出为我国持续推进基础教育课程改革注入了新的生命力，丰富了以人为本、以学生发展为核心的课程改革理念。2018年，北京师范大学中国教育创新研究院与美国21世纪学习联盟（Partnership for 21st Century Learning，P21）开展合作，在美国核心素养"4C技能"的基础上，新增"文化理解与传承素养"（cultural understanding & inheritance competence，简称cultural competence），构成"5C"模型，这是核心素养的"中国方案"。就中国而言，文化理解与传承素养旨在引导青少年从优秀传统文化中汲取营养、规范行为、涵养人格，在全球化的进程中葆有民族心。文化理解与传承素养的提出，得到了美国21世纪学习联盟的充分赞赏（魏锐，刘坚，白新文，等，2020：21）[③]。可以说，"核心素养"成了我国基础教育改革的"新坐标"，是从"知识核心"

[①] 邓莉.美国21世纪技能教育改革研究[D].上海：华东师范大学，2018：10.
[②] 彭寿清.日本基础教育课程改革及特点[J].当代教育科学，2004（18）：48.
[③] 魏锐，刘坚，白新文，等."21世纪核心素养5C模型"研究设计[J].华东师范大学学报（教育科学版），2020（2）：21.

走向"核心素养"时代的必然要求。换言之,我国的基础教育课程改革是从一维"双基"(基本知识、基本技能,1.0版)到三维目标(2.0版),再到核心素养(3.0版)的提升,是"知识本位—能力本位—素养本位"的发展过程,具有从教学转向教育、从教书走向育人的阶段性特征。

近年来,基础教育核心素养的落实与实施取得了一些较为突出的成效,但在实践中依然存在应试教育、唯分数论、过度关注升学率的现象,存在学生的实践能力、创新意识、合作精神缺乏等问题。核心素养在诸如素质教育、"减负"、综合素质评价、教学的个性化等方面的效果似乎与预期存在一定的落差。这表明"核心素养"理念及有关教育教学改革与实践仍然需要在科学、理性的轨道中推进。

第二节　核心素养的蕴涵

一、素养的概念解析

不同的学者对素养有着各自的解释和定义。"素养",英文为 competence 或 competency,其拉丁文词根为 competere。从词源学上看,它是指各种能力或力量(powers)的聚合,以使人恰当应对情境(陆谷孙,1993:346)[①]。英文语境的"素养"对应词为 competence 或 competency(胜任力),这是来自经济组织的概念。中文语境中的"素养",既指用所涵养的态度重新融合生成的知识和能力,还指向态度与人格的培养目标(刘云杉,2017:36)[②]。在我国,"素养"通常被解释为"由训练和实践而获得的技巧或能力",其含义为"人为适应环境而合力奋斗"。换言之,"素养"最初是指人恰当应对情境需要的综合能力,是人在特定情境中综合运用知识、技能和态度解决问题的高级能力与人性能力(张华,2016:18)[③]。

"素养"作为"素质"+"养成"的合成词组,凸显了先天素质与后天教养的化合作用。从本质上讲,"素养"是人的存在状态(a state of being)或能力。一个有素养的人,当他或她置身于特定情境的时候,有满足情境之需要的

---

① 陆谷孙. 英汉大词典[M]. 上海:上海译文出版社,1993:346.
② 刘云杉. "核心素养"的局限:兼论教育目标的古今之变[J]. 全球教育展望,2017(1):36.
③ 张华. 论核心素养的内涵[J]. 全球教育展望,2016(4):18.

"恰当性、充分性或态度"(Doll，2012：67)①。德国心理学家韦纳特(Weinert，1999：28)将素养定义为"以任务需求为中心(task demand-centered)的能力"②。英国著名素养研究专家埃劳特(Eraut)曾经总结道，素养的概念源自三种学术传统：行为主义心理学的传统、素养的发生学取向、基于素养和表现的认知建构。美国语言学家乔姆斯基(Chomsky)认为语言素养(competence)可能是完美的，但语言表现(performance)是不完美的(崔允漷，2016：4)③，这一观点就是基于认知心理学对素养和表现进行区分的。

研究者从文献中发现，指称"素养"的词有 literacy、ability 等，其对应范畴是"基本技能"(basic skills)，而 competences 更多地指人的特征、能力和素质(qualities)。"素养"是一个强调整体的概念，包含知识、能力、技能、态度、价值，合乎认知、情感与意志统一的教育目标价值导向(胡乐乐，2017：129)④。事实上，"素养"是哲学、心理学、社会学、政治学和经济学领域一直在用的一个术语。从英译来看，该词译成汉语"素养"较为勉强，而"胜任力或竞争力"更为适切。素养能够成为一个教育概念，成为一些国家或国际组织教育政策的高频词，是因为美国在 20 世纪 60 年代教育改革时就使用过"素养"(崔允漷，2016：4)⑤。

相较"技能"(skills)，"素养"(competencies)具有更丰富的内涵。"素养"的提出与国际组织或经济体的政策有关。苏联发射第一颗人造卫星上天后，美国的教育成为众矢之的。之后，美国发起了一场波及全世界的教育改革，强烈要求教育应该发展国家的竞争力(competence)。英国于 1986 年提出基于素养(胜任力)的学习(competence-based learning)，以发展职业教育。澳大利亚则于 20 世纪 90 年代开始围绕 competence 来设计课程改革，旨在提

---

① Doll W E. Developing Competence [M] //Trueit D. Pragmatism, Post-Modernism, and Complexity Theory. New York: Routledge, 2012: 67.

② Weinert F E. Concepts of competence [R]. National center for education statistics (NCES), US Department of education, 1999: 28.

③ 崔允漷. 素养：一个让人欢喜让人忧的概念 [J]. 华东师范大学学报(教育科学版), 2016(1): 4.

④ 胡乐乐. 国外核心素养体系构建探究 [J]. 新疆师范大学学报(哲学社会科学版), 2017(6): 129.

⑤ 崔允漷. 素养：一个让人欢喜让人忧的概念 [J]. 华东师范大学学报(教育科学版), 2016(1): 4.

高学生的毕业资格（胜任力）（崔允漷，2016：4）[①]。可见，素养与知识、情境、表现密切相关。

素养的研究侧重于微观的任务结构分析，旨在构建一种典型的表现性评价系统。它所对应的主体是"人"或"学生"，是相对于学科本位提出的，强调学生素养发展的综合性、整合性、跨学科性和跨领域性。归根到底，素养的落脚点不仅在于"个人发展"，而是最终作用于"社会发展"（张青民，2020：22）[②]。

二、核心素养的要义

要深刻把握"核心素养"的内涵，首先应了解"核心"的概念。核心是一个汉语词汇，意为"中心"。就事物之间的关系而言，核心指"主要部分"。《现代汉语词典（第7版）》对"核心"的解释为：跟四周的距离相等的位置，事物的主要部分。英语对"核心"的表述有 centre, middle, core, focus, main, chief 等，如中心思想（main idea）、中心问题（central issue）、中心工作（central task）等。站在教育的角度，"核心"体现了"少而精"（less is more）的原则，通过精简学习内容，剔除关联性不太大的、徒增学生负担的内容，设法呈现出最有教育价值的事物（郭艳芳，2018：21）[③]。

核心素养，即最关键、最核心、最重要的素养，与基本技能具有紧密关联。"核心素养"的概念来源于西方，英文为"key competencies"。在英语中，"key"有"关键的""必不可少的"等含义。"competencies"可直译为"能力"，但从其所包含的内容看，译为"素养"较为恰当。因此，"核心素养"即"关键素养"。事实上，与"key competences"同样盛行的一个词是"21st century skills"，即"21世纪技能"或"21世纪能力"，但从内容看，译为"21世纪素养"较为合适。虽然英文 competences 和 skills 在描述人的发展时，在词义上没有本质区别，但在指"综合能力""竞争力"等方面是有实质性区别的。

基于对未来公民形象的表述，国际上有很多术语用来描述核心素养。如联合国教科文组织将之称为"横向能力"或"素养"（transversal skills or competences），欧盟称之为"关键素养"（key competences），经合组织则称之

[①] 崔允漷. 素养：一个让人欢喜让人忧的概念［J］. 华东师范大学学报（教育科学版），2016（1）：4.
[②] 张青民. 学科核心素养与学生学业评价的深度融合［J］，教学与管理，2020（16）：22.
[③] 郭艳芳. 如何践行核心素养：理念认识与行为转变［J］. 新教育，2018（5）：21.

为"21世纪核心素养"(21st Century Competencies)。美国立足"核心知识"提出"21世纪技能"(21st Century Skills,简称美国P21),德国的核心素养表述为"关键能力"(key abilities),法国为"共同文化"(common culture),澳大利亚为"综合能力"(general capabilities),芬兰提出"跨界素养"(transversal competence),中国称为"核心素养"(core competences),日本表述为"基础学力"。而国际学生评估项目(PISA)的语文素养、数学素养、科学素养等,都是学力模型研究的适例。因此,核心素养也被称为"21世纪素养"。大多数核心素养框架均提及四个素养:创造性(creativity)、批判性思维(critical thinking)、问题解决(problem-solving)和开发高质量产品的能力或生产性(develop quality products/productivities)。可以看出,核心素养在性质上聚焦共通能力和高阶能力。其中,共通能力强调对于所有人都适用、能够贯穿不同社会生活领域的能力,即"跨领域性"或"可迁移性"(transversality)

一些学者对核心素养也有着不尽相同的称谓。辛格和盖拉(Singh & Gera,2015:290)将之称为通用能力(generic skills)[1]。宾克利(Binkley)等将之称为"21世纪能力"(twenty first century skills)(Griffin,McGaw & Care,2012)[2]。不论采用何种术语表达,这类能力都指涉及当今及未来社会所需要的能力,包含批判性思维、创新能力、合作能力、文化素养,以及信息素养(ICT)等。事实上,核心素养清单中高频出现的沟通、自主、问题解决和创造力等,被视为对于任何社会文化都适用的素养,在性质上获得了"超文化"的普遍性。核心素养也可归为一种规训技术,但它规训的对象不是直接的行为或身体,而是人的心智(杨惠雯,2019:57)[3]。

核心素养是相对于传统学科能力而言的,并应用于不同领域的通用能力。2014年3月,在我国教育部印发的《关于全面深化课程改革 落实立德树人根本任务的意见》中,"核心素养"首次出现并被置于深化课程改革、落实立德树人目标的基础地位。芬兰国家基础教育核心课程中使用术语"核心素养"(transversal competences)表述有关通用能力的教学目标(Harju,Niemi,王

---

[1] Singh H, Gera M. Generic Skills for Sustainable Development [J]. Indian Journal of Research,2015(6):290.

[2] Griffin P, McGaw B, Care E, et al. Assessment and Teaching of 21st Century Skills Defining Twenty-First Century Skills [M]. Dordrecht:Springer,2012.

[3] 杨惠雯. 核心素养的谱系学考察——基于OECD的分析与反思 [J]. 比较教育研究,2019(2):57.

岩，2017：10)①。对中国来讲，核心素养是对素质教育内涵的解读与具体化，是全面深化教育改革的重要内容。因为核心素养强调的不是知识或技能，而是获取知识的能力。核心素养教育模式取代知识传授体系，这将是素质教育发展历程中的一个重要节点，意义深远（汪瑞林，2015）②。

核心素养涵盖跨学科、适应社会、联系生活、品格和能力等关键词。核心素养是人们适应信息时代、知识社会、全球化时代的需要，解决复杂问题和适应不可测情境的能力和道德。它着眼于宏观层面的需求，关注当下和未来社会的需求与挑战，将眼光放在整个国际社会的规划发展以及个人与社会的关系之上（杨惠雯，2019：57）③。所以说，核心素养事关当下与未来、"个体"与"社会"的发展，它一端支撑的是"健全的人"，另一端联结的是"真实世界"（刘坚，魏锐，刘晟，等，2016：21）④。从能力视角看，核心素养作为一种高级能力和人性能力，其本质是"道德创造性"（张华，2016：22）⑤。这就能很好地诠释为什么我国的核心素养要增加"文化理解与传承素养"，从"4C技能"到"5C"模型。因此，核心素养是沟通中国文化传统与信息时代的桥梁，可为中国构建信息时代的课程体系创造美好的愿景。

第三节　核心素养的实质

一、核心素养的核心

有学者曾经发出"核心素养的'核心'在哪里"的设问。华东师范大学著名教授钟启泉（2016）认为，支撑学生核心素养发展的三大领域是"人格构成及其发展""学力模型"和"学校愿景"⑥。基础教育的使命是奠定每一个儿童学力发展和人格发展的基础。人格结构说认为，人格结构由下至上为志向、经

---

① Harju V, Niemi H. 芬兰基础教育阶段核心素养的培养及评价［J］. 王岩，译. 教育测量与评价，2017（7）：10.

② 汪瑞林. 核心素养：素质教育再出发的起点［N］. 中国教育报，2015-05-13（10）.

③ 杨惠雯. 核心素养的谱系学考察——基于OECD的分析与反思［J］. 比较教育研究，2019（2）：57.

④ 刘坚，魏锐，刘晟，等.《面向未来：21世纪核心素养教育的全球经验》研究设计［J］. 华东师范大学学报（教育科学版），2016（3）：21.

⑤ 张华. 论核心素养的内涵［J］. 全球教育展望，2016（4）：22.

⑥ 钟启泉. 核心素养的"核心"在哪里？［N］. 中国教育报，2015-04-01（7）.

验、反映、气质，呈金字塔型。从人格成长角度看，学校教育应有长远的展望，着力课程与教学的改进，推进学生学习方式的变革。由此可见，人格的发展取决于学生的主体性活动，因为人格唯有通过活动才能得到发展。

（一）关键能力

关键能力的培养是学生在解决问题的过程中逐渐形成的。核心素养是经过后天教育习得的，它是支撑"有文化教养的健全公民"形象的心智修炼或精神支柱。联合国教科文组织的学会求知、学会做事、学会共处、学会发展、学会改变"五大支柱说"的宗旨是终身学习，是核心素养提出的主要动因。经合组织提出，知识社会要求"运用社会、文化、技术资源的能力，在异质社群中进行人际互动的能力，自立自主地行动的能力"三种"关键能力"，因为知识社会是观念和知识成为商品的社会。欧盟的"八大素养"说和日本的"学力模型"更加突出学校课程与核心素养之间的关联。"学科素养"具有独特性、层级化和学科群的特征，这就为STEAM（科学、技术、工程、艺术、数学）素养的创生提供了空间。需要注意的是，"核心素养"与"关键能力"不是同一概念。我国《关于深化教育体制机制改革的意见》明确提出"要注重培养支撑终身发展、适应时代要求的关键能力。在培养学生基础知识和基本技能的过程中，强化学生关键能力培养"，并进一步指出四种关键能力为认知能力、合作能力、创新能力、职业能力。核心素养的两个关键词是必备品格和关键能力，因此核心素养与关键能力不是一回事，二者是包容与交叉的关系（许兴亮，2017）[①]。

（二）批判性思维

批判性思维是核心素养的重要素养之一已成为共识。"批判性思维"源自英文critical thinking。美国学者温克（Wink，2008：1）在《批判教育学》中指出："'批判'不仅意味着'批评'，批判还意味着能透过表面看到深处——思考、批评或分析。"[②] 较为流行的定义是恩尼斯的："为决定信什么或做什么

[①] 许兴亮."核心素养"与"关键能力"不能混为一谈[EB/OL].（2017-11-19）[2022-08-03]. https://www.sohu.com/a/205321503_126493.

[②] 琼·温克. 批判教育学：来自真实世界的笔记[M]. 路旦俊，译. 长沙：湖南教育出版社，2008：1.

而进行的合理的、反省的思维。"(Rober，1991：18)[1]但不少学者认为，批判性思维由认知技能和情感意向构成（Facione，1990：2)[2]。批判性思维包括思维过程中洞察、分析和评估的过程，被普遍确立为现代教育的目标之一。批判性思维的基本要素是断言（claims）、论题（issues）和论证（arguments）。批判性思维分为认知技能和思维倾向，不轻信、不盲从、不武断是批判性思维最基本的表现。为此，教师应培养学生树立问题意识，敢于质疑、敢于提问，依据事实合理地论证、推理、摒除干扰、独立思考、得出己解，逐渐形成自导、自律、自我监督和自我矫正的思维习惯。批判性思维是区分引领者和追随者的关键能力。阅读和思辨性的读后感（reading response）是促进学生批判性思维形成的一个重要方法。批判性思维者的人格品质包括探索真理、思想开放、分析性、系统性、自信、好奇心，而拥有批判性思维的人能够正确地看待事物的两面性。可见，批判性思维是当今剧变时代需要被培养和学习的最重要的必备技能之一。不论学生今后选择什么专业、未来从事哪种工作，批判性思维对于他们都具有十分重要的意义。

（三）创新素养

创新是 21 世纪人才的关键特征，创新素养则是核心素养的"核心"。在我国，"创新"是当下部分国民欠缺的素养。对学生来讲，考分和解决问题的能力之间存在着较大的差距。我国创新能力不足虽然已经引起教育管理者的关注和学界的反思，但教师对此的改变和推进作用仍然有待加强。21 世纪是创新经济的时代，新知识、新技术、新工艺和新的价值观念将成为经济发展的推动力。标志一个国家国际竞争力的将是其创造力，而一个国家整体创造力的大小取决于人才的创新素养（林崇德，2018：14）[3]。从人作为社会"个体"的作用来看，在国际竞争愈发激烈的大背景下，以知识创新为基础的知识经济是社会发展的根本动力，是提升个人竞争力的核心要素，包括创新人格（creative personality）、创新思维（creative thinking）和创新实践（creative task engagement）三个方面。从国家的长远发展来看，唯有创新，才能提升在国际上的核心竞争力。中共十八届五中全会明确了"创新、协调、绿色、开放、

---

[1] Rober H. Critical Thinking: A Streamlined Conception [J]. Teaching Philosophy, 1991 (1): 18.

[2] Facione P A. Critical Thinking: A Statement of Expert Consensus for Purposes of Educational Assessment and Instruction [M]. Millbrae: California Academic Press, 1990: 2.

[3] 林崇德. 创造性心理学 [M]. 北京: 北京师范大学出版社, 2018: 14.

共享"新发展理念。其中,"创新"一词排在首位。在传统教育教学中,学校考查的是学生对知识的记忆能力,而在未来的国际竞争中,考验的却是学生的创新能力。因此,我们的人才培养理念必须从分数挂帅转变为创新主导。在基础教育阶段,教师应把"创新素养"作为整体性的教育教学主要目标,培养学生的创新创业精神与能力,要从中小学抓起,要注重激发学生的学习兴趣、科学兴趣和创新意识,加强科学方法的训练,逐步培养学生逻辑思维与辩证思维的能力(甘秋玲,白新文,刘坚,等,2020:58)[①]。在高等教育和科学技术领域,基础研究是当下我国科技创新的源头。实现"从 0 到 1"的突破,是从基础研究迈向科技创新、实现科技成果转化为现实生产力的巨大飞跃。坦率地讲,创新能力既是核心素养的"核心"之一,又与批判性思维密不可分。

(四) 全球胜任力

全球胜任力(global competence,也称"全球素养")受到各国高度重视。全球胜任力的概念最早可追溯至"国际理解"的提出。1974 年,联合国教科文组织第 18 届大会通过《关于教育促进国际理解、合作与和平及教育与人权和基本自由相联系的建议》,为全球胜任力的提出奠定了思想基础。1994 年,联合国教科文组织国际教育局召开第 44 届大会,其主题为"国际理解教育的总结与展望"。1988 年,美国国际教育交流协会在《为全球胜任力而教》报告中率先提出"全球胜任力"的概念。2006 年,美国的《美国竞争力计划》提出通过培养具备 STEM 素养的人才强化全球竞争力的方案。2012 年 9 月,联合国启动"教育第一"的全球倡议行动,将培养全球公民作为三大优先工作之一。2015 年,联合国教科文组织第 38 届大会发布"教育 2030 行动框架",从国际层面提出了全球胜任力的实施方向。2016 年,经合组织发布《全球素养培养:为了一个更加包容的社会》报告,将全球胜任力解构成"知识、认知技能、社会技能和态度、价值"四个维度(鲁燕,2021)[②]。2018 年,经合组织将全球胜任力纳入国际学生评估项目(PISA)之中。事实上,较长时间以来,美国、瑞典、挪威、芬兰、加拿大等国家在教育体系中就纳入了与全球胜任力相关的内容。归根到底,全球胜任力是在国际与多文化环境中有效学习、工作和与人相处的能力,简言之,其核心是个人参与全球合作与竞争的能力。

---

① 甘秋玲,白新文,刘坚,等. 创新素养:21 世纪核心素养 5C 模型之三 [J]. 华东师范大学学报(教育科学版),2020(2):58.

② 鲁燕. 解析"全球胜任力"概念的变迁 [N]. 中国社会科学报,2021-05-17(7).

第一章
核心素养的核心内涵

学界对全球胜任力有着不尽相同的表述或定义。兰伯特（Lambert）认为，全球胜任力包含五大要素：知识、同理心、支持、外语能力、工作表现（Richard，1993）[1]。Hunter，White & Godbey（2006）从可操作性的角度将全球胜任力定义为"具有识别文化差异的知识和能力，有兴趣与来自不同文化背景的人交流，并利用语言和文化知识，在不同的环境中以最有效的方式进行沟通"，强调文化理解与对话[2]。2017 年 12 月，经合组织和哈佛大学"零点项目"提出全球胜任力的官方定义：青少年能够分析当地、全球和跨文化的问题，理解和欣赏他人的观点和世界观，与不同文化背景的人进行开放、得体和有效的互动，以及为集体福祉和可持续发展采取行动的能力（鲁燕，2021）[3]。全球胜任力的提升是一个持续的、终身学习的过程，主要包含认知、人际与个人三个层面和世界文化与全球议题、语言、开放与尊重、沟通与协作、自觉与自信、道德与责任六大核心素养（图 1-1）。这就能很好地解释中国核心素养立足"文化基础"，积极发展新兴的"交叉学科"，推动和实施"学科交叉"的原因。全球胜任力已经成为评价学生综合素质和核心素养的重要指标。为此，在教育目标宗旨上，要培养能够走向世界的全球型、全能型人才，为互联的世界培养"全人"；在教育理念方面，要培养具备全球素养、跨界创新、融合发展的国际化人才；在教育领域方面，要增加诸如跨文化教育、世界公民教育等内容。值得注意的是，"全球"与"本土"并不是一对矛盾关系，而是互相促进，用本土促进对全球共同价值的理解、用全球促进对本土问题的认知与行动能力（杨文荟，吕杰昕，2022：21）[4]。不同国家与民族、文化与信仰、政治经济条件下的教育必须契合地方的特点与传统，因为全球胜任力的培养无法超脱本土文化，如西非的马里共和国和阿曼苏丹国探索本土传统与全球价值的契合，肯尼亚在学校课程中增加全球本土化内容，加拿大在多元文化理解中突出全球本土化，这些做法值得我们深入学习和研究。

---

[1] Richard R D. Educational Exchange and Global Competence [R]. International Conference on Educational Exchange (46th, Washington, D. C.)，1993.

[2] Hunter B, White G P, Godbey G C. What does it mean to be globally competent? [J]. Journal of Studies in International Education，2006（3）：278.

[3] 鲁燕. 解析"全球胜任力"概念的变迁 [N]. 中国社会科学报，2021-05-17（7）.

[4] 杨文荟，吕杰昕. 以"全球本土化"培养全球胜任力 [J]. 教育家，2022（15）：21.

图 1-1　全球胜任力核心素养示意图

关于核心素养，有专家发问"核心素养的'核心'在哪里"（钟启泉，2015）[①]，也有学者回应"核心素养并没有'核心'"（虹野，2018）[②]。前者所指的"核心"聚焦"必备品格""关键能力"，后者所说的"没有核心"实质指向"全人教育"。为什么"核心素养"要作为我国第九次课程改革的聚焦点，把它落实到立德树人目标的基础地位？这是因为核心素养转变了传统的"知识本位观"，要求教育者拥有"以人为本"的教学观。教师不再是知识传授者，而是利用不同类型的知识、情境培养学生的"核心素养"，或者说构建学生的"能力结构"，切实从"为升学而教"指向"为能力而教"。自《普通高中课程方案（2017年版）》实施以来，不少教师对学科"核心素养"的概念、内涵、逻辑、实施、评价等的认识仍然不够深入，在教育管理、课堂教学等实践探索中存在贴标签的现象。为此，有学者提出谨防"核心素养"概念化（郭家海，2016：4）[③]。

[①] 钟启泉. 核心素养的"核心"在哪里——核心素养研究的构图 [N]. 中国教育报，2015-04-01 (7).

[②] 虹野. 核心素养并没有"核心" [EB/OL]. (2018-03-06) [2022-08-03]. https://baijiahao.baidu.com/s?id=1594141292484168107.

[③] 郭家海. 谨防"核心素养"概念化 [J]. 新课程研究（上旬刊），2016 (6): 4.

需要特别注意的是，核心素养虽然关乎职业教育和终身教育，与能力、技能有着密切的关联，但教育尤其是基础教育和高等教育决不能搞成"训练有素的无能"（trained incapacity）或"职业性的畸形"（professional deformation）（默顿，2006：349）[①]，也不能搞成"题海战术""高分低能"的应试教育，否则学生就会被训练和塑造成毫无思想和素养的职业"套中人"、程序化的"机器人"。

二、核心素养的落点

（一）育人导向

核心素养指向于培养 21 世纪信息时代、知识社会、全球化时代的"新人"。核心素养是指学生未来应具备能够适应终身发展和社会发展需要的必备品格和关键能力，着力体现在知识、技能、情感、态度、价值观等诸多方面，这是每一名学生获得成功生活和适应社会发展不可或缺的共同素养，是一个在家庭教育、学校教育和社会教育中持续性地完善和提升的过程。这就需要践行以人为本的教育理念，突出终身发展的育人导向。我国传统教育重视"双基"（基础知识与基本技能）。第八次课程改革提出"三维目标"（知识与技能、过程与方法、情感态度价值观），第九次课程改革提出"核心素养"（必备品格、关键能力），反映了我国课程改革从 1.0 版（"双基"目标）到 2.0 版（三维目标）再到 3.0 版（核心素养）的发展过程，折射出人才培养从知识本位到能力本位再到素养本位的转向，是一个不断从"物"走向"人"的培养理念转变过程。我国的核心素养以培养"全面发展的人"为核心，其着力点在文化基础、自主发展、社会参与三个方面。文化基础重在能习得人文、科学等各领域的知识和技能，掌握和运用人类优秀智慧成果，涵养内在精神，追求真善美的统一，发展成为有宽厚文化基础、有更高精神追求的人。自主发展重在能有效管理自己的学习和生活，认识和发现自我价值，发掘自身潜力，有效应对复杂多变的环境，成就出彩人生，发展成为有明确人生方向、有生活品质的人。社会参与强调能处理好自我与社会的关系，养成现代公民所必须遵守和履行的道德准则和行为规范，增强社会责任感，提升创新精神和实践能力，促进个人价

---

① ［美］罗伯特·K 默顿. 社会理论和社会结构［M］. 唐少杰，齐心，译. 南京：译林出版社，2006：349.

值实现，推动社会发展进步，发展成为有理想信念、敢于担当的人（赵婀娜，2016）[①]。这就不难发现，核心素养的落脚点是"人"。因为其目标是育人而非选拔，其教育指向是过程而非结果，尤其应关注学生的感想和体悟，所以学校教育最重要的任务应该是培养学生健全的人格。这不仅回答了教育要"培养什么样的人"的问题，指明了学生未来的发展方向和奋斗目标，而且彰显了学生理想信念和个人价值的重要性。

核心素养是确保我国第九次基础教育课程改革万变不离其宗的"DNA"。学校教育最重要的功能是立足学生未来的终身发展和社会需要，培养他们良好的素养。基础教育学校在课程改革时应聚焦三个方面：将身心健康放在课程目标的首位，课程教学要培养学生终身学习的能力，课程内容及实施要为学生打下走向社会的基础（顾明远，2015：17）[②]。中小学生正处于生长发育的关键时期，心理素质不强、自控能力弱、学业压力大、情感过度焦虑、人际交往障碍等心理问题有所出现。学校首先应开足开齐健康教育课程，根据学生的身心发展特点开展形式多样的活动，通过多种方法和途径提高学生的心理健康水平，优化他们的心理素质，培养他们的良好个性品质，促进他们的身心全面和谐发展，才能适应未来社会发展需求，提升个人的就业竞争力。《普通高中课程标准（2017年版）》将体育与健康学科核心素养凝练为运动能力、健康行为和体育品德三个方面。《义务教育体育与健康课程标准（2022年版）》在此基础上，以核心素养为导向贯穿课标始终，注重体育与德育、智育、美育、劳动教育及国防教育的融合。身心健康不仅是学生应该具备的基本素养，也是他们未来参与社会竞争与发展的核心条件。

（二）教学变革

核心素养在课程实施方面突出表现为具体化、素养化、校本化和人文性。核心素养要求课程目标的"具体化"，因为课程目标是对育人价值和任务的高度概括。基于核心素养的课程目标应在深刻把握学科本质的基础上明确课程在核心素养实现方面的独特价值和贡献，并在不同学段上实现目标的具体化（解建团，汪明，2016：26）[③]。核心素养强调课程内容的"素养化"。以培养"批判性思维""问题解决能力"等核心素养为目标的课程必须把学科知识的批判

[①] 赵婀娜. 今天, 为何要提"核心素养"[N]. 人民日报, 2016-10-13 (20).
[②] 顾明远. 核心素养：课程改革的原动力 [J]. 人民教育, 2015 (13)：17.
[③] 解建团, 汪明. 基于核心素养的课程体系构建 [J]. 当代教育与文化, 2016 (4)：26.

性、假设性和实践性置于首位；要大力倡导个性化学习与人性化学习，鼓励学生通过深度学习发展批判性思维、问题解决能力和创造性，实现学生学习的"素养化"（张华，2016：9）[①]。核心素养提倡课程设置的"校本化"。学校课程应贴近学生的生活实际，要提供满足他们现实生活、未来发展需要的通识教育课程，要特别关注核心价值观、生涯指导和终身发展的前瞻性，要把培养学生创新能力与合作精神作为课程建设的重中之重。在现实中，教师过度依赖课标和教材，往往把教材上的知识、技能作为"硬目标"，忽视了教材背后的"软目标"。三维目标是为了让"课程目标"不失真，但"软"不及"硬"，而"核心素养"的出发点和落脚点是"人"，被遮蔽的育人目标、综合素养得到了重视，所以核心素养解决了我国基础教育"三维目标"割裂的问题，实现了学习方式和教学模式的根本转型（杨向东，2016：6）[②]。一些学者将核心素养视为"课程发展与设计的关键DNA"和"教育基因改造的核心"。因此，核心素养更加关注课程建设的综合化、主体化发展趋势，强调课程的整体育人功能与价值。

  核心素养是课堂教学改革与创新的新推力。核心素养、学生核心素养和学科核心素养三者之间是层级关系，而学生核心素养与学科核心素养是包含关系。学科核心素养是学生核心素养的逻辑基础，是学生核心素养在特定学科教学活动中的养成，因为学生的核心素养只有通过各门学科核心素养和其他教育活动的核心素养才能达成。狭义地讲，核心素养是跨学科素养，任何核心素养不是一门单独的学科可以完成的，任何学科都有其对于核心素养发展的共性贡献与个性贡献（石鸥，2016：10)[③]。从课程教学维度看，核心素养既包括学科核心素养，又包括跨学科核心素养。一方面，核心素养起到指导、引领、辐射学科课程教学的作用，彰显学科教学的育人价值与功能，使之自觉地为"人"的终身发展服务，使"教学"上升为"教育"。另一方面，核心素养的达成依赖着各个学科独特育人功能的发挥、学科本质魅力的发掘，只有各学科达到教育目标与课程目标，才能顺利达成培养学生核心素养的目标要求。从这个意义上讲，核心素养是强调全人教育的素养，是学科壁垒的"溶化剂"，只有构建核心素养体系，各学科教学才能实现统筹统整，突出实践育人的价值。因此，

[①] 张华. 核心素养与我国基础教育课程改革"再出发"[J]. 华东师范大学学报（教育科学版）. 2016（1）：9.

[②] 杨向东. 核心素养与我国基础教育课程改革的深化 [J]. 上海课程教学研究，2016（2）：6.

[③] 石鸥. 核心素养的课程与教学价值 [J]. 华东师范大学学报（教育科学版），2016（1）：10

没有核心素养，课程教学改革就缺了灵魂（钟启泉，2015）[1]。

核心素养能够将知识与技能用于解决复杂问题和处理不可预测情境所形成的能力和道德。核心素养的实施要求教师能够创设与现实生活紧密关联的、真实性的问题情境，让学生通过基于问题或基于项目的活动方式，开展体验、合作、探究或建构式的学习（何云，崔永利，2020：194）[2]。课堂教学改革要实现教师教学的"素养化"（张华，2016：9）[3]。学校应大力倡导研究性教学（project work）与合作性教学（team work），要围绕核心素养改进教学方法，采用启发式、探究式、讨论式、参与式教学，营造独立思考、自由探索、勇于创新的良好环境，让学生学会发现学习、合作学习、自主学习。教师首先应具备学科和跨学科素养。学科素养是未来学科的思维、方法、实践能力、学科精神和价值趋向。如果一个教师没有学科素养，就只能站在学科的外围教学生怎么解题；如果一名学生没有学科素养，就会成为一个只会做题的"机器"。一个优秀的教师要用学科思维和方法去指导、引导学生深度学习、探究性学习。核心素养要求"知识型"课堂转向"素养型"课堂，以提高学生的学科思维、学科方法、学科技能、学科精神和学科价值趋向为目的。在教学中，教师应树立大学科素养观，要站在学科和跨学科视野的高度进行授课，把培养学生的学科思维、学科素养渗透到课堂教学之中，引发学生深度思考、质疑和表达；教师要培养学生综合运用（跨）学科观念、思维模式和探究技能，在探究和合作的过程中形成分析情境、提出问题、解决问题的创新知识与素养；教师要转变"一言堂""灌输式"的课堂教学模式与方法，实施基于知识横向联系的整体化教学、基于知识纵向联系的主题化教学、基于知识横纵联系的问题化教学、基于学生差异化需求的分层教学、基于迁移能力形成的情景化教学（何云，崔永利，2020：195）[4]；教师还应根据学生课堂所学知识，布置项目作业或项目学习，引导他们在生活中实践、探究，让生活与社会变成"教""学"的活教材。简言之，课堂的核心目标不再是学习知识，而是使学生在学习知识的过程中提高素养。

---

[1] 钟启泉. 核心素养的"核心"在哪里 [N]. 中国教育报，2015—04—01（7）.

[2] 何云，崔永利. 以"核心素养"为本的课堂教学改革 [J]. 教育教学论坛，2020（17）：194.

[3] 张华. 核心素养与我国基础教育课程改革"再出发" [J]. 华东师范大学学报（教育科学版）. 2016（1）：9.

[4] 何云，崔永利. 以"核心素养"为本的课堂教学改革 [J]. 教育教学论坛，2020（17）：195.

（三）评价改革

核心素养应实现评价的"素养化"。基础教育课程改革最难的是评价，这是教育研究者、教育管理者、一线教师和学生及社会关注和关心的重点。如果评价体系不优化，仍然以分数和升学率作为考核的主要指标，那么，核心素养在教育教学改革的落实仍是步履维艰。有学者指出，中小学教育中为考试而教、课程窄化、内容碎片化的教学倾向，一定程度上导致部分学生的社会责任感、创新精神和实践能力的薄弱，表现为"个人主义膨胀、民主教育崩溃、教师能力丧失、师生关系更糟"（崔允漷，2016：3）[①]。2020年10月，中共中央、国务院印发《深化新时代教育评价改革总体方案》，旨在完善立德树人体制机制，扭转不科学的教育评价导向，系统推进教育评价改革，发展素质教育。2021年7月，国家印发《关于进一步减轻义务教育阶段学生作业负担和校外培训负担的意见》（简称"双减"）。"双减"的目的是要在减轻学生过重的作业负担和校外培训负担的基础上，构建高质量的教育体系，改变灌输式的"浅层学习"，转为基于核心素养的"深度学习"，培养学生的批判性思维、创新能力、合作精神和学习能力。可以肯定地说，学生的课业负担将会进一步减轻，课后作业的形式及总量也将发生较大变化。

中小学应转变教育管理和评价方式，推进核心素养在教育教学改革中的落实。基于核心素养的课堂评价应改变过分关注碎片化、过分重视知识传授和标准答案的现状。在教学管理上，教育行政部门应赋予学校充分的办学自主权，而学校要保障教师的教学自主权和学生的学习自主权，尤其是"走班选课"的权力。在学科教学方面，教学目标的评价应看是否与学生发展核心素养相一致。就单元或课时内容来讲，教师是否充分挖掘了学科特有核心素养，是否兼顾了学科公共核心素养；教学模式或方法是否与教学目标相匹配，是否有利于所选定的学生核心素养的发展和养成（南纪稳，2019：82）[②]。在学生评价方面，学校应将"能创新""善合作"素养纳入对学生的评价标准。基于核心素养的评价倡导通过创设整合性的、情景化的真实任务，关注学生在真实任务情境中提出和形成问题，形成解决错综复杂问题的能力，能够有效表达自己的理解和认知，能够与同伴或团队成员进行有效沟通。这就要求通过正式或非正式

[①] 崔允漷. 素养：一个让人欢喜让人忧的概念[J]. 华东师范大学学报（教育科学版），2016(1)：3.

[②] 南纪稳. 学生核心素养、学科核心素养与教学改革[J]. 当代教师教育，2019(4)：82.

观察、讨论、展示项目、同伴或自我评估、自我反思、成长记录档案袋等多种方式，收集学生基于不同场合、时间和形式的多方面证据，从而实现对学生核心素养发展水平的全面而合理的评价（何云，崔永利，2020：194）[①]。教育行政部门和中小学校应立足互联网、大数据、人工智能，不断地探索，强化对于"微技能""软环境""显特长"的评价，对每个学生在受教育过程中的数据和信息进行过程性"画像"保存和追踪溯源，并进行深入分析、个别指导，从而为核心素养的落实和综合素质评价提供技术支撑。

（四）育人功能

随着经济全球化、社会信息化与知识经济时代的到来，我们应该培养什么样的人？他们应该具备哪些核心素养？基于学生核心素养的教育教学改革已经成为国际组织、许多国家和地区制定教育政策、实施教育改革的基础。基础教育阶段是学生人生发展的重要时期。我国基础教育改革从"双基"到"三维目标"再到核心素养，折射出育人目标在不同教育阶段的表现，落实了"立德树人"的根本任务，体现了课程改革的时代性和国际视野，解决了"三维目标"的割裂问题，实现了我国课程目标的科学化与具体化，带来了启发式、探究式、合作式等教学模式与方法的变革，这是一个从知识本位向学生本位、从教书到育人、从教学到教育、从国内向国际逐渐转变的过程。核心素养的发展是一个可持续性、与时俱进的动态优化过程，关注的焦点是学生的个性发展和全面发展，将"学什么"（知识与技能）、"怎样学"（过程与方法）、"学会什么"（能力、品格、观念）构建为一个整体，具有内在的一致性。以培养"全面发展的人"为核心，回归素质教育的本真，充分反映了未来经济社会发展对人才培养的新要求。培育学生的核心素养，让他们在"学得"知识的过程中，"习得"学习知识的能力和方法，获得解决问题和学会生存的技能，这在一定程度上改变了教师的"教"和学生的"学"。核心素养不只是教育理念，而是可以践行的教学改革行动。从教育指向看，核心素养是育人而不仅仅是学科本位教育，关注个人终身发展和社会发展的品格与能力；从教育功能看，核心素养是知识、技能、情感、态度、价值观等的综合体，从应试教育导向转向培养学生解决实际问题的能力；从教育目标看，核心素养当属于大众教育而不是少数精英教育，旨在培养未来社会需要的合格公民。

核心素养的落脚点旨在促进学生的终身发展和全人发展。核心素养与"双

[①] 何云，崔永利. 以"核心素养"为本的课堂教学改革[J]. 教育教学论坛，2020（17）：194.

基"、问题解决、学科思维的关系可表达为核心素养三层结构（图1-2）。这三层结构在垂直水平上形成层叠状，强调自下而上、自上而下的结构关系，它们之间有着紧密的互动和映射关系。而且三层结构决定了中层"问题解决"目标的实现需要建立在底层"双基"目标的达成之上，而上层的"学科思维"目标必须基于"问题解决"层和"双基"层（钟柏昌，李艺，2018：59）[①]。概而言之，"双基"层主要是单纯的知识和技能学习，"问题解决"层上升到了知识与技能、过程与方法、情感态度与价值观三维目标，而"学科思维"层将解决问题的能力提升为价值观或世界观，聚焦学科核心素养，注重学生思维培养。

图1-2 核心素养三层结构

综上可见，核心素养具有高级性和关键性、可培育性和发展性、国际性与本土性以及多层次性的特征。核心素养的"核心"主要体现为关键能力、批判性思维、创新潜能、全球胜任力，具有较强的育人导向、教学变革、评价改革、育人功能。

---

① 钟柏昌，李艺. 核心素养如何落地：从横向分类到水平分层的转向[J]. 华东师范大学学报（教育科学版），2018（1）：59.

第二章 四大国际著名核心素养

国际组织和经济体极为重视各成员国公民的素养，旨在适应时代变化与未来发展的社会需要。联合国教科文组织的核心素养以终身学习为导向，经合组织的核心素养突出个体的成功生活与社会和谐发展，欧盟的核心素养聚焦关键能力，被誉为"教育界的世界杯"的国际学生评价项目强调培养具有全球胜任力的"全人教育"。

第一节 欧盟核心素养

欧盟核心素养的产生历经了逐渐发展和完善的过程。作为全球实力最雄厚的区域性组织，欧盟针对全球化和知识经济的到来，十分重视教育对经济与社会发展所起的作用。欧盟成员国在政府的协调下开展了大规模的"核心素养"行动研究。欧盟自1993年成立后就组建了数学、科学、技术工作组（MST），足以表明欧盟极其重视科学教育。

2000年3月，欧盟15国领导人在葡萄牙首都里斯本举行特别首脑会议，就欧盟未来10年的经济发展规划达成了共识，这就是著名的"里斯本战略"（Lisbon Strategy），旨在把终身学习作为提高欧盟竞争力的策略之一。针对传统"读、写、算"基本能力已无法适应知识经济社会需求，欧盟提出了"新基本能力"，即在"读、写、算"基础上增加了技术文化、信息技术、外语、创业精神及社会技能5项基本技能（European Council，2000）[1]，这构成了欧盟核心素养的雏形。

2001年，欧盟发布《教育与培训2010规划》，成为欧盟首次制定的欧洲

---

[1] European Council. Lisbon European Council 23—24 March 2000 Presidency Conclusions[EB/OL]. (2013-08-28)[2014-07-20]. http://www.europarl.europa.eu/summits/lis1_en.htm.

第二章
四大国际著名核心素养

教育"十年规划",强调培养数学科学与技术人才。2002年,欧盟工作报告提出"核心能力"(key competence)的概念,又将人际关系与公民素养、学会学习和文化常识三项内容纳入其中(裴新宁,刘新阳,2013:94)[①],形成了八项核心素养的教育主张。2003年,欧盟又对八项核心素养进行了文字表述修饰。2004年,欧盟委员会和欧盟理事会对关键能力提出了指导意见,主张每个人应该能获取关键能力,未来学习成功都取决于关键能力。关键能力被定义为通用能力(generic competence)或横向能力(transeeral competence),重在实现迁移,可应用于多种情境之中(Rychen,Salganik,2007:24)[②]。关键能力可以理解为个人实现自我、终身发展、融入社会,以及充分就业所必需的知识、技能和态度之集合体,在义务教育阶段起着关键性作用,在后续的终身学习中发挥着基础性作用。

2005年,欧盟委员会向欧洲议会和欧盟理事会提交《以核心素养来促进终身学习》的议案。同年,欧盟发表的《终身学习核心素养:欧洲参考架构》正式提出终身学习的八大核心素养框架:母语沟通,外语沟通,数学能力及基本科技能力,数字能力,学会如何学习,人际、跨文化与社会能力,公民能力,创业家精神和文化意识与表达。同时提出贯穿于八大核心素养之中的"共同能力",如批判性思维、创造力等。终身学习被认为是实现"里斯本战略"的关键性工具,旨在一个相对较短的时间内,充分发挥人的最大潜能,使其具有较强的竞争力和发展力,成为一个以知识为基础的经济体,以实现经济和社会的共同发展。

2006年,欧洲议会和欧盟理事会将核心素养定义为"在知识社会中每个人发展自我、融入社会及胜任工作所必需的一系列知识、技能和态度的集合"(李艺,钟柏昌,2015:18)[③],正式确定了八项核心素养的议案,确立了欧盟核心素养结构模型(表2-1)。其也被称为"终身学习核心素养",每项素养蕴含知识(knowledge)、技能(skills)和态度(attitudes)三个维度(褚宏启,2016:1)[④]。值得注意的是,该结构中各素养属于平级分类(李新,2016:30)[⑤],各素养之间界限模糊。同时,该模型强调跨学科综合性能力的培养,

---

① 裴新宁,刘新阳. 为21世纪重建教育——欧盟"核心素养"框架的建立[J]. 全球教育展望,2013(12):94.
② Rychen D S, Salganik L H. 勾勒关键能力,打造优质生活——OECD关键能力框架概述[J]. 滕梅芳,译. 远程教育杂志,2007(5):24.
③ 李艺,钟柏昌. 谈"核心素养"[J]. 教育研究,2015(9):18.
④ 褚宏启. 核心素养的概念与本质[J]. 华东师范大学学报(教育科学版),2016(1):1.
⑤ 李新. 核心素养结构的四种类型比较研究[J]. 上海教育科研,2016(8):30.

注重素养之间的整体互动，但是没有对具体学科制定细化的核心素养实施方案。

表 2-1　欧盟八项核心素养结构模型

母语交流能力 (Communication in the Mother Tongue)	学会学习 (Learning to Learn)
外语交流能力 (Communication in Foreign Languages)	社会与公民素养 (Social and Civic Competences)
数学素养与科学技术基本素养 (Mathematical Competence and Basic Competences in Science and Technology)	主动意识与创业精神 (Sense of Initiative and Entrepreneurship)
信息素养 (Digital Competence)	文化意识与文化表达 (Cultural Awareness and Expression)

2010 年，为实现"里斯本战略"提出的总目标，欧盟发布了一系列有关教育与培训的政策报告，形成"2010 欧盟教育与培训行动计划"（简称"教育与培训 2010 计划"，ET2010），为欧洲各国的教育与培训的发展提供了未来十年（2010—2020 年）的重要参考和政策指南。从表面看，"教育与培训 2010 计划"聚焦于教育和培训。事实上，在当时，信息和通信技术在推动生产力增长方面已经走在了教育与社会发展的前面，而信息通信技术是欧盟整体战略的重要组成部分，因为信息通信技术能够提高欧洲民众的生活质量。换言之，正是信息通信技术对欧盟经济生活的重要性及数字融合产生的技术变化，倒逼欧盟领导层进行"教育与培训 2010 计划"的变革，使得该计划以信息空间、创新与研究、包容与服务作为支柱。

全球性的挑战仅靠教育推动是远远不够的。调整欧洲教育和培训系统、发展人的潜能、提高基础能力，以适应竞争不断加剧的全球环境，实行终身学习成为缩小欧洲差距的重要决策。至此，"终身学习核心素养"方案成为欧盟成员国引领本国终身学习和教育与培训改革的参照体系，即欧洲的每一位公民为应对日益复杂的环境和挑战所必须拥有的关键技能。

2010 年，在欧盟《面向变化中的世界的核心素养》报告中，"核心素养"一词出现了 381 次。欧盟将核心素养界定为一系列可移植的、具有多种功能的知识、技能和态度，是个体获得个人成就和自我发展、融入社会、胜任工作的必备素养（常珊珊，李家清，2015：31)①。这些素养的培育应该在义务教育阶段完成，并且成为欧盟公民终身教育的基础，以期具备终身学习的能力，这就确立了个人、社会和经济三个方面的目标与追求。核心素养必须为个体追求个人生活目标提供支持，为个人兴趣、梦想及终身学习的愿望提供动力；应该帮助个人建立公民身份、行使公民权利、积极融入社会；应该让每个人都具备工作的能力，在劳动市场中找到合适的工作，为欧盟的全球竞争力提供保障。核心素养在国际上获得了越来越多的关注（刘新阳，裴新宁，2014：77)②。

欧盟"终身学习核心素养"方案被认为是实现"里斯本战略"目标体系的关键性工具，目的是使欧盟在相对较短时间内变得具有竞争力，实现经济和社会的共同发展。面对人口老龄化和全球挑战，为实现欧盟的这一目标，欧洲需要实行终身学习和充分发挥人的潜能。因此，欧盟各成员国就构建了以知识、技能和态度三个维度为参考的能力框架。

欧盟核心素养是在制订"教育与培训 2010 计划"与"终身学习计划"的时代背景下逐步发展、演进而形成的，正是在这一过程中逐渐产生了欧盟八项核心素养结构模型。欧盟核心素养将问题解决能力、跨文化能力、批判性思维、创业精神置于突出地位，回应了教育国际化进程中学习者所需的全球素养，强调培养学习者的基础技能（"硬技能"）和关注适应信息化、网络社会所需的高阶素养（"软技能"）。

欧盟核心素养重视跨学科学习。"跨学科"指为了达到明确的目标或完成特殊的任务，通过两门及以上学科实现知识和方法的整合。该术语常被视为对复杂问题的全局性思考的结果（陈涛，2013：63)③。欧盟提出的跨学科概念并不局限于此。它在强调不同课程科目之间联系的同时，也注重通过不同教育伙伴、不同部门之间的合作，强化教学内容与社会变革之间的关联（李保强，陈晓雨，2019：76)④。

欧盟核心素养倡导创业学习。欧盟及各成员国特别注重发展公民的创业能力，并将其作为政策制定的关键目标之一，其也是核心素养关键能力的重心所在。欧盟倡导学校让学生自主开展商业模拟、企业项目学习、访问企业家和创

---

① 常珊珊，李家清.课程改革深化背景下的核心素养体系构建[J].课程·教材·教法，2015(9)：31.
② 刘新阳，裴新宁.教育变革期的政策机遇与挑战——欧盟"核心素养"的实施与评价[J].全球教育展望，2014(4)：77.
③ 陈涛.跨学科教育：一场静悄悄的大学变革[J].江苏高教，2013(4)：63.
④ 李保强，陈晓雨.欧盟培育公民新核心素养的举措及其启示[J].教师教育论坛，2019(2)：76.

业挑战等活动,主张地方学校特别是农村地区的学校建立与社区和企业的合作关系,从而进一步推进创业教育(李保强,陈晓雨,2019:77)[1]。

欧盟核心素养将"创业精神、数字化素养、公民意识"三大跨学科核心素养融入学校活动课程、融入学科课程、单独设置学科课程。

第二节 联合国教科文组织核心素养

核心素养的研究最早可以追溯到1972年联合国教科文组织《学会生存》(*Learning To Be*)一书。该书提出,发展的目标是"人的完整实现"(the complete fulfillment of men),是人具有丰富内涵的个性的"全面实现"(Faure, 1972)[2]。

1996年,联合国教科文组织发布《教育:财富蕴藏其中》(*Learning: The Treasure Within*)报告,提出"21世纪社会公民必备的基本素质",从新的理论高度和政策视角,将"终身学习"作为一切重大教育变革的指导原则,把建立"学习型社会"作为21世纪教育的终极目标。

该报告界定了21世纪社会公民必备的基本素质,把学会求知(Learning to know)、学会做事(Learning to do)、学会共处(Learning to live together)、学会生存(Learning to be)作为终身学习的"四大支柱"(联合国教科文组织,1996)[3]。学会求知包括学会如何学习、注意力、记忆力和思维品质,学会做事包括职业技能、社会行为、团队合作、创新进取、冒险精神,学会共处应具有认识自身和他人的能力、有同理心、实现共同目标的能力,学会生存指促进自我、丰富人格、多样表达和责任承诺。2003年,联合国教科文组织又提出了"学会改变"(Learning to change)的主张,即接受改变、适应改变、主动改变和引领改变,并将其作为终身学习的第五支柱(表2-2)。其中,学会求知是终身学习的基础,强调学习过程与工作经验的结合。因此,教科文组织的核心素养模型由5个一级指标和20个二级指标构成。

---

[1] 李保强,陈晓雨. 欧盟培育公民新核心素养的举措及其启示 [J]. 教师教育论坛,2019 (2): 77.

[2] Faure E. Learning to be: The world of education today and tomorrow [M]. Paris: UNESCO, 1972.

[3] 联合国教科文组织. 教育——财富蕴藏其中 [M]. 联合国教科文组织总部中文科,译. 北京:教育科学出版社,1996.

表 2-2　UNESCO 终身学习五大支柱指标

五大支柱（一级指标）	具体指标（二级指标）
学会求知 (Learning to know)	学会学习、注意力、记忆力、思维品质
学会做事 (Learning to do)	职业技能、社会行为、团队合作、创新进取、冒险精神
学会共处 (Learning to live together)	认知自身和他人的能力、有同理心、实现共同目标的能力
学会生存 (Learning to be)	促进自我、丰富人格、多样表达、责任承诺
学会改变 (Learning to change)	接受改变、适应改变、主动改变、引领改变

这是联合国教科文组织对教育目标认识的重大转变，从"工具性目标"（instrumental aim）转向"人本性目标"（humanist aim），即从把学生培养成提高生产率的工具，转变为使人的情感、智力、身体、心理诸方面的潜能和素质都能通过学习得以发展，旨在把提高教育质量的出发点和着眼点从"教"转向"学"，强调教育的使命就是使人学会学习，使学习成为每个学生的课题和全体社会成员借以发展的"内在财富"（张娜，2015：95）[①]。这表明教育的目标更加关注人的终身、发展、全面发展，为以人为本的教育理念奠定了思想基础。

2004 年，联合国教科文组织提出教育质量框架和支持有质量教育 10 个关键方面的标准。其中，联合国将学习结果作为其中的一个重要方面，包括知识、价值、技能与能力、行为。同年，联合国教科文组织出版了《发展教育的核心素养：来自一些国际和国家的经验和教训》。该书指出，核心素养是使个人过上他想要的生活和实现社会良好运行所需要的素养（Rychen & Tiana，2004）[②]。可以说，核心素养是覆盖多个生活领域、促进成功的生活和健全的社会的重要素养。这是联合国教科文组织基于人本主义思想首次在终身学习视阈下使用"核心素养"的表述。

2010 年，联合国教科文组织启动了基础教育质量分析框架项目。该框架将素养作为其中的重要组成部分，并将核心素养的要素作为教育质量分析、监

[①] 张娜. 联合国教科文组织的核心素养研究及其启示 [J]. 教育导刊，2015 (7)：95.
[②] Rychen D S, Tiana A. Developing key competencies in education: some lessons from international and national experience [M]. Paris: UNESCO International Bureau of Education，2004.

测和诊断的依据（张娜，2015：94）[①]。2012年，联合国教科文组织《全民教育全球监测报告（2012）》的主题是"青年，能力与工作"（Youth, Skills & Work）。该报告探讨了如何建立能力发展改进计划，增加年轻人获得体面的工作和更好的生活的机会。随着"全民教育"运动的发展，联合国教科文组织于2012年联合布鲁金斯学会成立了"学习成果衡量特设工作组"（LMTF），进行核心素养的研究。LMTF确定了核心素养指标体系的七个学习领域（图2-1）。

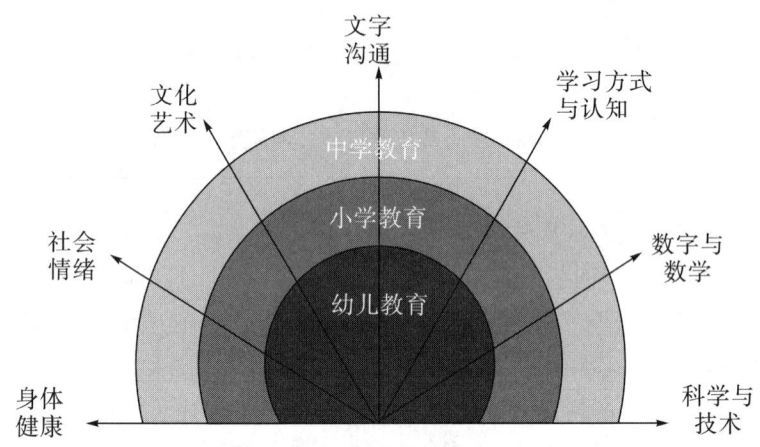

图2-1 联合国教科文组织核心素养的学习领域框架

在七大学习领域内，LMTF又对各个领域的内涵进行了描述，并确定了其子领域（表2-3）。

表2-3 联合国核心素养的学习领域内涵界定

学习领域	内　涵	子领域举例
身体健康	儿童和青年能合适地运用身体，发展运动控制力，对于营养、运动、健身以及安全等方面具备一定的知识并能付诸行动	身体健康与卫生 食品与营养 体育活动
社会情绪	儿童和青年能发展和保持与成年人和同伴的关系，懂得如何看待自己和他人	社会与共同体观念 公民观念 心智健康与幸福

---

① 张娜. 联合国教科文组织的核心素养研究及其启示[J]. 教育导刊，2015（7）：94.

续表2-3

学习领域	内 涵	子领域举例
文化艺术	能够创造性地表达，包括音乐、戏剧、舞蹈、视觉、媒体、文学艺术或其他创造性活动。同时，了解家庭、学校、社区以及国家的文化经验	艺术创作 文化知识 自我或共同体身份认同 尊重多元
文字沟通	能在社会生活实践中运用第一语言进行交流，包括听、说、读、写，并能听懂或读懂各种媒体的语言	说与听 词汇 写作 阅读
学习方式与认知	学习者投入、参与学习的过程就是学习方式，认知则是指通过各种方式开展的心理过程	坚持与专注 合作 问题解决 自我导向 批判性思维
数字与数学	能广泛应用数字与数量语言科学描述和表征在生活中所观察到的现象	数字概念与运算 几何与模型 数学应用 数据与统计
科学与技术	科学素养指掌握包括物理规律和一般真理在内的具体科学知识或知识体系。技术素养则是要求开发或运用技术来解决问题	科学探究 生命科学 物理学 地理学 数码技术的意识与运用

联合国教科文组织特别强调可持续发展和数字素养，将其作为公民参与经济和社会生活的必备"生存技能"（郑彩华，2019：1)[①]。2015年9月，联合国举行了第70届大会，这是一次具有历史意义的联合国峰会。大会一致通过了2015年后新的全球发展议程："改变我们的世界：2030年可持续发展议程"（简称"2030年议程"）。"2030年议程"涉及六个基本支柱——地球、繁荣、人、和平、地方和伙伴关系，代表了2030年全球教育界的愿景和抱负。

"2030年议程"有17个可持续发展目标，其中教育领域列第四位，称为可持续发展目标4（SDG 4）。该目标的具体内容是"确保具有包容性的、公平的优质教育，并为所有人提供终身学习机会"，它取代了千年发展目标和"全民教育"的优先目标。SDG 4的第四个具体目标是：到2030年为止，具有相

[①] 郑彩华. 联合国教科文组织《数字素养全球框架》：背景、内容及启示[J]. 外国中小学教育，2019（9）：1.

关技能（包括技术和职业技能）的青年和成年人数大幅度增加，使他们能够就业、谋求体面工作和创业。联合国教科文组织统计所还专门开展了一个数字素养全球框架项目。数字素养就是为了就业、体面工作和创业，通过数字技术安全适当地获得、管理、理解、整合、沟通、评价和创造信息的能力，它包括计算机素养、ICT 素养、信息素养和媒体素养。

可持续发展目标确定为 2030 年前全球共同努力的目标，其关键在于所有人的能力提升，这些能力覆盖知识、技能、态度和价值观等多方面（OECD，2005）[①]。联合国教科文组织的核心素养基于人本主义思想，聚焦"人"的全面发展，强调人与工具、人与人的互动；将自主和认同作为素养的"核心"构成，将民主价值观和可持续发展作为核心素养的首要原则，将个人的成功和社会的良性发展界定为核心素养。因此，核心素养的"核心"应是人的主动反思，应从知识灌输转向技能与能力培养再到解决实践问题，培养目标应从"工具性"上升到"人本性"，教育质量的着眼点应从教师的"教"转向学生的"学"。

第三节　经合组织核心素养

"核心素养"一词最早出现在经合组织的研究报告之中。1997 年 12 月，经合组织启动了"素养的界定与遴选：理论和概念基础"（Definition and Selection of Competencies: Theoretical and Conceptual Foundations，即 DeSeCo）研究项目。该项目聚焦个体的成功生活与社会和谐发展，关注 21 世纪学生应该具备哪些最核心的知识、能力与情感态度，在满足个人自我实现需要的同时推动社会发展。

2003 年，经合组织 DeSeCo 项目通过前期定量和定性研究，在出版最终研究报告《核心素养促进成功的生活和健全的社会》（*Key Competencies for a Successful Life and a Well-Functioning Society*）时首次使用"核心素养"一词，从"人与工具、人与自己、人与社会"三个角度，将核心素养的构成概括为"使用工具互动、自主行动、在异质群体中互动"三个方面。这三个方面作为一级指标，每个指标包含三个二级指标，形成了三维度九项目"层级并列

[①] OECD. The Definition and Selection of Key Competencies: Executive Summary[EB/OL]. (2005-05-27)[2016-11-25]. http://www.oecd.org/pisa/35070367.pdf.

型"核心素养结构（表2-4），强调个人在社会中与他人的互动关系。

表2-4 "层级并列型"核心素养结构模型

一级指标（维度）	二级指标（项目）
使用工具互动（人与工具）	1. 互动使用语言、符号和文本 2. 互动使用知识和信息 3. 互动使用技术
自主行动（人与自己）	1. 在复杂的大环境中行动 2. 形成并执行个人计划或生活规划 3. 保护和维护权利、利益、限制与需求
在异质群体中互动（人与社会）	1. 与他人建立良好关系 2. 团队协作 3. 管理与解决冲突

2005年，经合组织又发布了《核心素养的界定与遴选：行动纲要》（*The Definition and Selection of Key Competencies: Executive Summary*），以增强核心素养应用于教育实践的可操作性。该纲要提出知识社会要求三种关键能力：第一种关键能力是交互作用地运用社会、文化、技术资源的能力，包括运用语言、符号与文本互动的能力，尤其强调阅读素养、数学素养；运用知识、信息互动的能力，突出科学素养；运用科技互动的能力。第二种关键能力是在异质社群中进行人际互动的能力，特别是同他人建构和谐人际关系的能力、团队合作能力、管理与解决冲突的能力。第三种关键能力是自立自主行动的能力，包括在广泛脉络情境中行动的能力，设计并执行人生计划、个人计划的能力，表达并维护权利、利益、责任、限制与需求的能力（邵朝友，2014：10）[1]。坦率地讲，经合组织提出的"关键能力"明确了知识类型和技能范畴，强调学生关键能力培养；倡导各成员国课程改革不断深化，整合目标、能力和素养培养（胡军，2019）[2]。

经合组织认为，核心素养应该是人人所需的，并在多个实用领域都有其特殊价值。素养的选择应该考虑其在多种情境中的适用性，包括在经济与社会、个人生活的各个领域以及一些特定领域，如商业等行业。经合组织分别于2009年、2013年与2015年开展了针对核心素养发展状况的后续研究。尽管这些研究的侧重点各有不同，但是它们都关注社会的热点问题，强调21世纪的

---

[1] 邵朝友. 经合组织公民关键能力的建置及启示 [J]. 江苏教育研究. 2014（1）：10.
[2] 胡军. 面向未来的学习：经合组织《教育2030学习指南》解读 [N]. 中国教育报，2019-10-18（5）.

教育系统应帮助学生发展与社会进步相适应的技能和素养。2009年和2013年的经合组织年度报告，强调信息技术的发展对社会与个人的影响，提出个人应具备与之相适应的新素养。2013年与2015年的经合组织报告，基于新劳动力市场对技能和素养的需求，提醒各成员国帮助年轻人发展适应劳动力市场需求的各项素养。

经合组织基于核心素养对人与工具、与自己、与社会的研究虽然各有侧重，但它们都紧跟时代变化，关注社会中的热点问题，强调21世纪教育系统应帮助学生发展与社会进步相适应的技能和素养，尤其是关键能力。公民关键能力事关国家教育总目标，直接体现教育体系的终极追求。经合组织公民能力是当今令人瞩目的公民典范，其目的指向成功人生与健全社会（邵朝友，2014：8)①。核心素养是指"覆盖多个生活领域的，促进成功的生活和健全的社会的重要素养"（张娜，2013：42）②。DeSeCo项目以"人的发展"为中心，构建了"社会愿景、个人生活需求、成功的生活、健全的社会"结构模型（图2-2），对世界各国的"核心素养"模型产生了深远影响（辛涛，姜宇，刘霞，2013：11)③，后来成为多个国家和地区的核心素养本土化建构的参照（李新，2016：29）④。

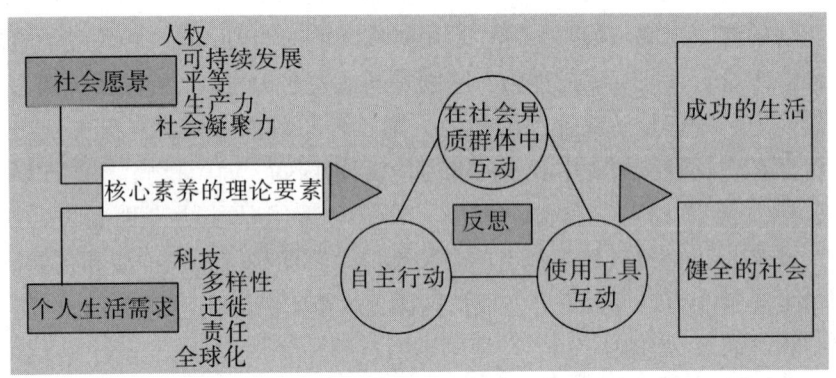

图2-2 以经合组织项目为代表的并列交互型

经合组织积极回应时代挑战，其"关键能力"是公民素养的核心表征，代表公民必须具备的统整能力，非常值得关注。经合组织坚信，核心素养的获得

---

① 邵朝友.经合组织公民关键能力的建置及启示[J].江苏教育研究.2014（1）：8.
② 张娜.DeSeCo项目关于核心素养的研究及启示[J].教育科学研究，2013（10）：42.
③ 辛涛，姜宇，刘霞.我国义务教育阶段学生核心素养模型的构建[J].北京师范大学学报（社会科学版），2013（1）：5—11.
④ 李新.核心素养结构的四种类型比较研究[J].上海教育科研，2016（8）：29.

是后天的、可教可学的，具有发展连续性，也存在发展阶段的敏感性；强调人与社会的互动与反思、信息技术与素养的重要性，要求从"教书"转向"育人"、从"学业发展"转向"全面发展"、从"教师中心"转向"学生中心"。

第四节 PISA 全球素养框架

经合组织推出的 PISA（Program for International Student Assessment）核心素养框架吸收了欧盟的跨课程能力项目（cross-curricular competencies, CCC）、DeSeCo 关键能力的研究成果。因此，跨课程能力成了 PISA 核心素养框架的一大特点，而英国将 PISA 喻为"教育界的世界杯"竞赛。值得一提的是，PISA 并不排斥"基于课程的知识"，只是更倾向于在应用的领域考察这些知识和技能（贺阳，2019）[1]。PISA 核心素养框架自推广以来便具有工具性功能，即以推动经济和社会发展为宗旨。

PISA 作为一个国际大规模教育评价手段具有一定的教育导向作用。它将素养视为个体工作、学习和生活中必不可少的能力，将更好的生活和终身学习作为基本价值取向。尽管有专家学者认为，建立在人力资本理论上的 PISA 核心素养框架是一种狭隘的知识观，忽视了教育对个体在身体、情感、艺术和精神多方面发展中的作用。然而，随着经合组织内部教育政策"经济化"和经济政策"教育化"趋势的形成，技术和人力资本在组织内部的重要性不断增加（Ellar & Lingard，2013：927）[2]。PISA 核心素养评价意在推动世界共同体的发展，促进全社会的公平与正义，提高人类福祉为价值取向，如全球胜任力（也称"全球素养""国际力"）。

PISA 是一种测试，用来评估学生的素养，每三年进行一次，每次都有不同的测试主题。PISA 与传统学校考试的区别在于，学校考试的关注点是学生能否把自己所学复述出来，而 PISA 测试学生能不能在新的情景下进行推断、创新，并且运用。PISA 首次正式测评开展于 2000 年，通常也被称为 PISA2000。2000 年、2003 年和 2006 年分别以阅读素养、数学素养和科学素养为主题，2009 年又重新开始以阅读素养为主题。虽然 PISA2015 侧重于科学

---

[1] 贺阳. PISA 核心素养的价值逻辑研究［D］. 广州：广州大学，2019.

[2] Ellar S, Lingard B. The OECD and the expansion of PISA: new global modes of governance in education［J］. British Educational Research Journal，2013（6）：927.

素养，但是三个领域的评价维度有共同之处，尤其突出情境（表 2—5）。PISA 强调的情境源于生活，与个人、公共社区、未来职业密切相关，强调个体对能力的要求。因为"能力"是评价的核心，现实生活"情境"引起个体对能力的要求，"知识"和"态度"则影响能力的形成。

表 2—5　PISA2015 不同测评领域评价维度

测评领域	评价维度
阅读素养	文本、认知、情境
数学素养	内容、过程、情境
科学素养	情境、知识、能力、态度

2017 年 12 月 12 日，经合组织教育与技能司和哈佛大学教育研究生院零点项目（Project Zero）共同主持了 PISA 全球素养框架的研究，为决策者、领导者和教师设计了全新的素养框架（图 2—4）。该框架旨在为有意培养青少年全球素养的决策者、领导者和教师提供一个工具，用以解释、发展和评估青少年的全球素养。PISA 核心素养聚焦"政治—经济—文化"三位一体终身学习的价值取向。

图 2—4　PISA 全球素养框架

第二章
四大国际著名核心素养

PISA2018再次将阅读素养作为主要评估领域，更加凸显目标导向的阅读观与基于情境的评估，强化多重文本阅读与导航能力，重视读者的评价及批判性阅读能力三个方面的特征（王晓诚，2019：171）[1]。随着世界格局和环境的变化，对学生素养要求的侧重点也在发生转移。2018年，PISA新增加了全球胜任力（global competence）测试项目，包括全球性问题的知识和理解、跨文化知识与理解、分析与批判思维三个要素。

PISA2021首次引入创造性思维测评。测评从文字表达、视觉表达、社会知识创造和问题解决、科学知识创造和问题解决四个维度考查学生在生成多样化的想法、生成创造性的想法、评估和改进想法三个能力维度上的表现。测试题型包括选择题、建构题和交互式仿真任务三种。创造性思维测评对于培养学生的创造性思维有积极的作用。

PISA核心素养的理论基础可以追溯至心理学、伦理学、经济学、社会学等领域，涉及阅读、数学、科学等多个学科领域。虽然PISA核心素养以学科知识和技能为基础，但是阅读素养可以促进学生科学素养的发展，而且应当将阅读素养的重要性置于科学素养之前（Cromley，2009）[2]。PISA自2000年第一次开始测试，阅读素养是每轮测试必备的项目，足可见其重要性。换言之，在阅读、科学和数学三大素养之中，阅读素养因其基础地位具有一定的价值优先性。而斯泰西和特纳（Stacey & Turner，2015：102）认为，将建立数学模型和进行内部数学思维的能力视为在解决生活问题时最需要的能力，即数学核心素养[3]。

PISA评价所反映的世界教育中的问题引起了许多国家的重视。了解和研究PISA测试的目的在于洞察世界成功的教育。首先是知识，对于人的成功起着重要的作用，既包括内容知识，也包括知识论方面的理解。其次是技能，包括一个人在遇到问题时，能否换一个视角重新尝试，从错误中学习到新东西；能否与同事进行良好的合作，有没有愿意为他人做事或者是否具有领导力。最后也是最重要的，是态度与价值，即教师需要传授给学生一生都需要的东西，就是那些带有指示性质的，能够让他们自己在未来具备处理复杂问题的能力，

---

[1] 王晓诚. PISA2018阅读素养评估的特征解读［J］. 首都师范大学学报（社会科学版），2019（3）：171.

[2] Cromley J G. Reading achievement and science proficiency：International comparisons from the programme on international student assessment［J］. Reading Psychology，2009（2）：89—118.

[3] Stacey K，Turner R. Assessing Mathematical Literacy［M］. Cham：Springer International Publishing，2015：102.

换句话讲，是解决问题的能力而不是"解题"能力，正所谓"授人以鱼不如授人以渔"。

当今社会，随着信息技术、经济社会等的国际化，全球素养在人们相互联系和多元化的社会中变得越来越重要。对年轻人而言，既获得了参与跨文化交流活动的机会，也将面临更多的竞争与挑战。全球素养是指青少年能够分析当地、全球和跨文化的问题，理解和欣赏他人的观点和世界观，与不同文化背景的人进行开放、得体和有效的互动，以及为集体福祉和可持续发展采取行动的能力。这表明，教育应当且必然要走开放化、国际化的道路。

计算思维将被纳入PISA测试项目。经合组织指出，计算机科学和计算思维可以培养学生解决问题、创造和协作的能力。学校将被问及计算机科学是否被优先考虑，学生的参与或需求如何变化。这项调查将有助于全球决策者评估下一代学生是否为日益数字化的工作环境做好了充分准备。因为今天的学生不仅要知道如何使用技术应用，而且要知道如何创造、理解和管理技术（白宇，2019）[1]。

PISA评价项目组织指出，在知识、技能、态度与价值三者中，技能是最为重要的。一是创造新价值，也就是"创新"。在人工智能时代，人区别于计算机或有别于人工智能的关键技能就是创新，能够创造新的价值。二是具备处理紧张局势的能力，具备判断正确与错误的能力，具备进退与取舍的能力。三是富有责任感，这意味着人的道德和智力的成熟。

PISA评价项目组织认为，素养是可以学习的，而且能力总是与知识相关，内容知识仍然很重要。PISA核心素养依据情境、知识和能力的功能与特征，将问题解决能力和思维能力作为素养的核心，突出素养的"反思性"和"应用性"，有助于应对现实生活的复杂性，充分考虑社会的需要、学生的认知和兴趣特点、学科知识的特殊性、反思能力的重要性。

综上可见，欧盟的核心素养强调公民的终身学习，突出人才培养的"人本性"。联合国教科文组织特别强调公民的可持续发展的"生存技能"。经合组织积极回应时代挑战，将"关键能力"作为公民素养的核心表征。PISA核心素养着力发展公民的全球胜任力。

---

[1] 白宇. 计算思维将被纳入PISA2021测试［N］. 中国教育报，2019-11-15（5）.

第三章　世界主要国家核心素养

世界各国不断发展学生的核心素养，以应对经济社会的发展和技术创新的挑战，旨在提高国民的综合素质和全球胜任力。英国、美国、德国、澳大利亚、日本等国的核心素养以能力为目标，芬兰、新西兰、新加坡、俄罗斯等国突出素质、素养特征，而法国的核心素养以共同文化为导向。特别值得注意的是，我国的核心素养在他国"关键能力""必备品格"的基础上突出"正确的价值观"，在美国"4C素养"的基础上增加了"跨文化交流"，构建了"5C素养"框架。国际社会核心素养的研究与实施既是教育改革与发展的潮流趋势，也是"培养什么样的人"的进一步追问。

第一节　英国核心素养

一、发轫于职业教育

英国核心素养突出"能力为本"的导向。20世纪90年代以来，世界科技、经济的飞速发展和深刻的社会变革，引发英国高等教育关于社会责任和教育质量、效益的改革，促使英国大学开始更多地关注社会的需求，注重学生作为教育用户的要求与感受，改革人才培养模式，致力于提高教育的"社会相关性"，培养适应社会、经济、科技发展需要的社会人才。"能力教育"运动是这场教育改革的主要推动力量之一（张彦通，2000：11）[1]。进入21世纪，英国政府不断推进职业技能（技术）教育与培训改革，旨在加速培养大批高技能人才。英国政府于2003年发布《21世纪技能：实现我们的潜能》。2008年，英

---

[1] 张彦通. 英国高等教育"能力教育宣言"与"基于行动的学习"模式[J]. 比较教育研究，2000（1）：11.

国发布《世界一流学徒制：解放天赋，发展所有人的技能》的战略计划，提出建立"世界一流学徒制"的设想（郭达，2012：50）[①]。英国突出未来劳动者发展起关键性作用的"技能"（skill），以统整新时代背景下的人才素质结构。英格兰的"关键技能"（key skills）指当今社会培养公民必需的综合性、学科性的知识和能力体；苏格兰的"核心技能"（core skills）则指成为充实、积极、负责的社会一员所需要的宽泛的可迁移的技能。两者均表现出技能在应用上的基础性和广泛性。可见，英国核心素养综合了21世纪初对国家劳动力现状、未来人才技能的反思，包容了特定学科素养、通用能力（common skills）和核心能力。

英国学生核心素养源起于职业教育，后来在教育的各个领域逐渐进行推广，如课程改革、学制修改和职业教育的发展等领域。事实上，英国并未提出"核心素养"的系统框架，其内涵主要聚焦于"21世纪技能""关键技能"或"核心技能"等，以应对不断变革的社会、多元文化的碰撞、日益关联的国际背景。英国几个地区对"核心素养"的理解和实施也有差异性。英格兰、威尔士、苏格兰地区均持"核心素养"的整体观，提倡在课程中渗透关键技能的培养，而北爱尔兰地区则以学生的思维能力、自我发展和跨学科能力为价值取向，要求教师应从课程的宏观领域和学生的综合素质角度理解课程和执行课程。

二、突出技能导向

英国核心素养的发展具有深厚的历史基础。1979年，英国"皇家文学、制造和商业促进会"（RSA）颁布了《能力教育报告》（*Education For Capability Manifesto*），明确指出当时的教育与培训缺乏对"问题解决、计划、行动、组织"等能力的重视，导致教育在培养人才的素质构成方面存在严重缺陷（沈伟，2017：5）[②]。同年，继续教育部在《选择的基础》文件中，第一次对英国职业教育中的关键能力做出了规定，其基本思想是将经济需要与社会需求相结合，提出"读写能力、数理能力、图表能力、问题解决、学习技巧"等11项关键能力。1982年，继续教育部出版了《基础技能》，描述了核心能力的两条特性——"迁移性"（transferability）和"普通性"（genericness），

[①] 郭达.《面向增长的技能——英国国家技能战略》白皮书述评[J]. 职教通讯，2012（4）：50.
[②] 沈伟. 英国能力导向的"核心素养"的实践与反思[J]. 湖北教育（教育教学），2017（6）：5.

指导英国职业教育核心能力的发展（李建英，许海元，2011：78）[①]。1983年，继续教育部在《青年培训计划设计增补》中，根据时代性、迁移性和普遍性的要求，将核心能力减少为五个，即"交流能力、数理能力、信息技能、问题解决和动手灵巧"（关晶，2003：34）[②]。1988年，英国正式颁布《教育改革法案》，要求设立《国家课程》，规约了课程目标和教学大纲，明确了学生的核心素养既包括跨领域的涉及学生精神、道德、社会性和文化等方面发展所需的核心能力，也包括与学科领域紧密结合的关键能力（胡娟娟，宗权，2019：87）[③]。

1989年，教育与科学部在英国产业联盟《通向技能革命》的影响下，将核心技能变更为交流能力、数学应用、熟悉技术、熟悉系统、熟悉变化和个人技巧。1990年，国家课程委员会制订了若干课程计划，并列出了六项关键能力：交流能力、数学应用、信息技术、问题解决、个人技巧和外语能力。1992年，国家职业资格委员会将核心素养能力分为强制性和非强制性两类，强制性能力为"交流能力、数理能力、信息技术"，非强制性能力为"问题解决、个人技巧、外语"。1996年的《迪林报告》（Dearing Report）对关键能力的演变产生了很大的影响。该报告将核心能力分为核心素养（沟通、数字应用、咨询技术）和一般核心素养（国际合作、问题解决、自我学习管理）两类，既强调社会经济需要，也强调个人需求[④]。1997年，英国政府提出了"教育优先"口号，目的是使教育适应21世纪世界的需要。1999年，英国资格与课程委员会将核心素养能力概括为交流能力、数字应用、信息技术、问题解决、学习和业绩的自我提高、与他人合作。2003年，为进一步开发受教育者的潜能，提升14~19岁国人在21世纪中的竞争能力，英国教育与技能部公布《21世纪核心素养——实现潜力》（21st Century Skills—Realizing Our Potential）和《高等教育的未来》（The Future of Higher Education）白皮书。《21世纪核心素养——实现潜力》对高中生应该掌握的核心素养进行了规约，包括六个方面的技能（交流、数字、运用信息技术、与他人合作、改善自学与自做、解决问题），并且将每种素养又划分为不同的级别水平。

[①] 李建英，许海元. 高职院校学生职业能力培养述评 [J]. 河北广播电视大学学报，2011（4）：78.
[②] 关晶. 关键能力在英国职业教育中的演变 [J]. 外国教育研究，2003（1）：34.
[③] 胡娟娟，宗权. 世界各国开发核心素养框架的路径 [J]. 辽宁教育，2019（10）：87.
[④] Dearing S R. Review of qualifications for 16−19 year olds [R]. London：School Curriculum and Assessment Authority，SCAA，1996.

英国自1979年《选择的基础》第一次对职业教育提出关键能力之后，从1982年至2003年，继续出台相关政策，核心素养体系及内容不断演进、完善和发展（表3—1）。这表明，英国核心素养特别关注国民的技术技能。

表3—1 英国核心素养能力内容演进概况

年份	执行部门	关键能力
1979	继续教育部	读写能力、数理能力、图表能力、问题解决、学习技巧、政治和经济读写能力、模仿技能和自给自足、动手技巧、私人和道德规范、自然和技术环境
1989	英国工业联盟	交流能力、数理应用、信息应用、问题解决、价值与正直、理解工作、个人技巧、处理变化
1989	教育与科学部	交流能力、数学应用、熟悉技术、熟悉系统、熟悉变化、个人技巧
1990	国家课程委员会	交流能力、数学应用、信息技术、问题解决、个人技巧、外语
1991	商业与技术教育委员会	交流、数理应用、信息技术应用、问题解决、与他人合作、自我提高和管理、设计与创造力
1992	国家职业资格委员会	交流能力（强制性）、数理能力（强制性）、信息技术（强制性）、问题解决（非强制性）、个人技巧（非强制性）、外语（非强制性）
1993	伦敦城市与行会协会	交流能力、数字应用、信息技术、问题解决、个人技巧（学习和业绩的自我提高）、个人技巧（与他人合作）
1996	学校课程与评价委员会	交流能力、数字应用、信息技术、问题解决、自我学习管理
1999	资格与课程委员会	交流能力、数字应用、信息技术、问题解决、学习和业绩的自我提高、与他人合作
2003	英国教育与技能部	交流、数字、运用信息技术、与他人合作、改善自学与自做和解决问题的技能

英国的核心素养表现出较强的技能导向。苏格兰政府在2010年《为了苏格兰的技能：促进经济复苏与可持续增长》（*Skills for Scotland. Accelerating the Recovery and Increasing Sustainable Economic Growth*）中，提出"沟通、计算、问题解决、信息技术、合作"五项核心技能，将其与个体学习能力、读写能力、就业能力与生涯管理能力并称为"必要技能"（essential skills）。政府和民间有关"核心素养"的术语有素养（competency）、技能（skills）、基础技能（core skills）或关键技能（key skills）等表述（Halász & Michel，2011）①。

本土化是理解英国"核心素养"的首要关键词，多样性是另一个关键词。英格兰、威尔士更加强调基本学科素养、与时代要求相符的关键能力，而苏格兰、北爱尔兰在"学科素养"的基础上更加强调可迁移的通用能力。英国的"核心素养"具有层级性，"功能性技能"和"个体学习和思考技能"主要依赖学科教学和整合的跨学科教育而完成（沈伟，2017：6）②。2013 年，OECD 主持的成年人技能评估报告发现，英格兰人的读写素养处于经合组织成员的平均水平，但数学素养低于平均水平，且 16~24 岁的年轻人群体相较于其他国家同类人群也处于"低技能"状态。在对此现象进行分析时发现，低标准的初等教育是重要原因之一，故而开发贯通教育各阶段的"基本能力"（basic skills）成为重要对策（沈伟，2017：6）③。

三、注重课程开发

英国核心素养落点于学校课程的开发。英国 2007 年版的《国家课程》对核心素养有了更为清晰和全面的表述，分别从课程目标、学科重要性、关键概念、关键过程和内容范围几个方面，对跨领域和学科特异性的学生发展所需具备的素养和能力进行了系统而完整的阐述（王烨晖，辛涛，2015：22）④。英国国家课程包括功能性技能（英语、数学、ICT）、个人学习与思维技能（Personal Learning & Thinking Skills，PLTS）。PLTS 课程是学校校本课程开发的依据。英国各类校本课程开发主要参考英国皇家艺术制造与商业协会（RSA）的开放思维能力框架（Opening Minds Competence Framework）。该框架具体包含公民素养、学习素养、信息管理素养、人际关系素养、形势管理素养 5 个维度的素养结构，还涉及时间管理、创业精神与主动意识、冒险精神和文化意识等（张紫屏，2016：5）⑤。该框架的目标旨在为应对不断变化的社会与科技发展。不同的学校会依据自身的特点选择不同的素养开发校本课程。

---

① Halász G，Michel A. Key Competences in Europe：interpretation，policy formulation and implementation [J]. European Journal of Education，2011.
② 沈伟. 英国能力导向的"核心素养"的实践与反思 [J]. 湖北教育（教育教学），2017（6）：6.
③ 沈伟. 英国能力导向的"核心素养"的实践与反思 [J]. 湖北教育（教育教学），2017（6）：6.
④ 王烨晖，辛涛. 国际学生核心素养构建模式的启示 [J]. 中小学管理，2015（9）：22.
⑤ 张紫屏. 基于核心素养的教学变革——源自英国的经验与启示 [J]. 全球教育展望，2016（7）：5.

学校以 RSA 框架作为素养课程实施基本参考准则（Candy，2011：285）[①]。

"开放思维"课程蕴含的能力与 PLTS 的子能力存在部分呼应的关系，这反映了学校实施国家课程界定的"关键能力"的载体较为灵活。在能力导向、融合式的课程学习中，跨越学科、职业领域可迁移的通用能力和应对时代变革所需的关键能力得到培养。英国没有明确提出"核心素养"的框架，但是围绕育人的基本规律，教育政策的回应更多的是立足英国实际，思考"培养什么样的公民"以及"如何培养公民"，并且与个体就业、国家经济繁荣联系在一起（沈伟，2017：6）[②]。由于英国地方呈现出"素养"的多元性，使得英国国内缺乏必要的对话基础，也造成国际交流中的片面性。所以，有学者认为英国的"核心素养"等同于国家课程目标。

英国"核心素养"的层级性强调"功能性技能"和"个体学习和思考技能"，其"核心"凸显在"能力本位"中。英国核心素养主要依靠学科教学和整合的跨学科教育来完成，突出了本土化和多样性的特点，提醒人们在课程开发与设计时应与时俱进，着眼点在课程的实施和学法的指导上，鼓励教师关注学生的态度与价值观，促进学生发展其自身的潜能，提升其反思性、综合性思维，培养判断和解决问题的能力。

第二节　美国核心素养

一、源于职业技能

美国课程改革的目标定位于维护美国的全球领导地位。"能力为本"的教育改革对美国教育起到极大的推动作用。第二次世界大战以后，美国持续进行教育改革，旨在提高学生的创新能力，其核心素养研究主要体现为核心课程的研究（刘义民，2016：72）[③]。1958 年，美国颁布《国防教育法》，悄悄开启了"能力为本"的教育改革，并且一直处于现在进行时（沙原，张晓顺，2019：

[①] Candy S. RSA Opening Minds: a curriculum for the 21st century [J]. Forum for Promoting 3—19 Comprehensive Education，2011（2）：285.

[②] 沈伟. 英国能力导向的"核心素养"的实践与反思 [J]. 湖北教育（教育教学），2017（6）：6.

[③] 刘义民. 国外核心素养研究及启示 [J]. 天津师范大学学报（基础教育版），2016（2）：72.

31)[①]。20世纪70年代，美国发布《帕地亚建议》报告，转变以往过分注重选修课程的做法，为所有学生提供相同课程（刘义民，2016：72）[②]。20世纪70年代后，美国教育又发起了"回归基础教育运动"（back to basics），旨在加强普通学校学生的"读写算"基本知识和基本技能，要求各州制定最低学业标准和最低能力测试。作为学生核心素养的读、写、算（Reading, writing, arithmetic, 3Rs）被视为教育目标（邓莉，彭正梅，2017：37）[③]，也是引领整个美国教育发展的指向标。

1983年4月，美国高质量教育委员会发布《国家处在危险中：教育改革势在必行》研究报告，认为高中毕业生必须具备英语、数学、科学、社会、计算机5门学科的基础知识（孔锴，2006：48）[④]。1985年，美国民间科学团体科学促进协会以及上百名科学、数学和技术界知名专家学者，开始研究设计美国基础教育中的科学、数学和技术教育，于1989年形成《2061计划：为了全体美国人的科学》，呼吁美国基础教育要加强科学、数学和技术教育，目的是要强化"教育的中心目标"。20世纪80年代，美国发布《国家在危机中：教育改革势在必行》报告，再次引发了对基础教育质量的担忧与重视。该报告提出了"五项新基础课"和重视外国语的建议，指出"五项新基础课"是现代课程的核心，并且提出了九条课程改革的建议（刘复兴，1998：66）[⑤]。美国各州还设定内容标准（content standard）与表现标准（performance standard），以改善和提升基础教育的质量与水平。

经济全球化推动美国的职场发起了技能标准化运动。进入20世纪90年代，美国校本管理仍然是教育改革的重心和学校的特色。1990年，美国劳工部成立了职场基本技能达成秘书委员（Secretary's Commission on Achieving Necessary Skills, SCANS），以探寻和确立青年人在职场中获得成功所必需的技能。1991年，该委员会发表了《职场对学校教育的要求》（*What Work Requires of Schools*），提出美国五大职场基本素养（资源管理、人际素养、信

[①] 沙原，张晓顺. 美国核心素养对我国中小学教育的启示[J]. 吉林省教育学院学报，2019（8）：31.

[②] 刘义民. 国外核心素养研究及启示[J]. 天津师范大学学报（基础教育版），2016（2）：72.

[③] 邓莉，彭正梅. 面向未来的教学蓝图——美国《教学2030》述评[J]. 开放教育研究，2017（1）：37.

[④] 孔锴. 浅谈20世纪80年代以来的美国基础教育课程改革[J]. 外国教育研究，2006（2）：48.

[⑤] 刘复兴. 美国当代基础教育改革的特点与启示[J]. 当代教育科学，1998（3）：66.

息素养、系统化素养、技术素养）（U. S. Department of Labor，1991）[1]。同年，美国发布《美国 2000 年：教育战略》，要求建立全美教育目标，要求政府为学生创办更好、更有成效的学校，使学生在英语、数学、科学、历史、地理五门学科方面达到世界领先水平。

1994 年，克林顿政府签署《2000 年目标：美国教育法》，将教育目标正式写入法律，要求建立全国课程标准，另外增加外语和艺术两门学科，使核心素养课程增至七门。不过，国家课程标准只是建议性的，是一个自愿采用的蓝图，但有助于各州和学校开创和执行自己的教改计划（王桂，1995：368）[2]。校本课程与国家课程的开发处于进一步的融合与转型之中，这为美国的 21 世纪核心素养研究奠定了一定的基础。

二、重构教育体系

人们的"能力观"随着社会的变化也在逐渐改变，传统的知识与技能目标已经无法满足时代对学生学习结果的期待与要求。于是在 20 世纪 90 年代后期，美国的教育评价指标做了相应的调整和变革，从基础的知识技能目标转向"掌握核心内容、培养态度倾向、运用整合推理"三者整合统一的综合性指标。这就为美国 21 世纪核心素养指标体系的建构奠定了现实的基础。2003 年是 21 世纪核心素养指标体系建构与美国新一轮教育改革的里程碑。原因是美国 15 岁学生在 40 个参与国家中的 PISA 测验结果排名第 29 名，这样的结果既让美国多数民众感到失望，又激起美国政府对教育质量的忧虑。美国的每个孩子要想成为合格的公民、劳动者或者领导者，需要 21 世纪的知识与技能（张义兵，2012：86）[3]。美国提出培育公民的"21 世纪技能"，意在总结经验教训，将核心课程和支持系统整合进教育系统中，重新建构基础教育体系。

自 20 世纪 90 年代以来，美国先后出台《不让一个孩子掉队》和《改革蓝图——对初等与中等教育法的重新授权》两个法案，并制定了一系列教育发展战略文件如《普及科学——美国 2061 计划》《美国 2000 年教育目标法》《美国教育部 2001—2005 年战略规划》《美国教育部 2002—2007 年战略规划》《美国教育部 2007—2012 年战略规划》等。这些教育发展战略着眼于时代的要求，

---

[1] U S Department of Labor. What work requires of schools [R]. The Secretary's Commission on Achieving Necessary Skills, 1991.
[2] 王桂. 当代外国教育——教育改革的浪潮与趋势 [M]. 北京：人民教育出版社，1995：368.
[3] 张义兵. 美国的"21 世纪技能"内涵解读——兼析对我国基础教育改革的启示 [J]. 比较教育研究，2012 (5)：86.

作为核心素养教育目标有效落实的法律保障，是美国教育发展的根本性的指导思想，在较长时期影响着美国教育的发展（陈赟，2003：1)[1]。

2002年，美国正式启动21世纪核心技能研究项目，创建美国21世纪技能联盟（Partnership for 21st Century Skills，P21），努力探寻那些可以让学生在21世纪获得成功的技能，建立21世纪技能框架体系，在世界范围内产生了广泛的影响。美国P21框架的核心技能、与之配套的课程以及支持系统之间的相互关系以彩虹图呈现。此次教育改革寄托着双重价值取向，即帮助个人在21世纪获得成功的同时，维持和提升本国全球竞争力，促进美国社会持续繁荣（彭正梅，2017：5)[2]。

2006年，美国公布了一项重要计划——《美国竞争力计划》，提出培养具有STEM素养的人才，称其为全球竞争力的关键。STEM代表科学（Science）、技术（Technology）、工程（Engineering）、数学（Mathematics）的教育。自2009年起，美国就以国家力量推广STEM教育，以期以融合科学、技术、工程、数学的知识打造科技创新的新世代，并提高美国的竞争力。教育界认为艺术的价值与科学技术同等重要，偏重于科学技术无法达到全人教育的目标。随后，STEM+ART（人文艺术）＝STEAM的口号应运而生（Maede，2013)[3]。因为艺术创作过程中特有的创造力、解决问题、灵活思维和勇于承担是开启STEM教育的钥匙。近年来，有教育学者认为应加个"R"弥补更多的教育缺口，将阅读（Reading）、写作（Writing）、研究（Research）纳入STEM教育之中。从STEM到STEAM再到STREAM，表明了美国教育界对"跨科共存"的理念越来越认同。

三、构建21世纪素养

步入21世纪，美国企事业和教育界提出了"21世纪型能力"（21st Century Skills）的研究性课题（钟启泉，2016：5)[4]。2007年，美国制定了《21世纪技能框架》（也称"21世纪素养框架"），将21世纪人们应具备的基本技能整合起来，绘制了学习者的学习设计和培养技能蓝图。该框架主要的4个内容是核心课程和21世纪教育主题（Core Subjects and 21st Century

---

[1] 陈赟. 20世纪90年代以来美国教育发展战略分析[J]. 外国中小学教育，2003（11）：1.
[2] 彭正梅. 中美教育在学生"核心素养"培养上的比较[J]. 湖北教育（教育教学），2017（7）：5.
[3] Maeda J. STEM+Art=STEAM[J]. The STEAM Journal，2013（1）：1-3.
[4] 钟启泉. 基于核心素养的课程发展：挑战与课题[J]. 全球教育展望，2016（1）：4.

Themes），分为两个部分：第一部分是学习效果部分，包含学习与创新技能（Learning and Innovation Skills），信息、媒体与技术技能（Information, Media and Technology）、生活与职业技能（Life and Career Skills）三项技能领域，将五个21世纪议题（全球意识、理财素养、公民素养、健康素养、环保素养）纳入，构成彩虹拱形结构。第二部分为支持系统部分，将标准与评价学、课程与教学、教师专业发展、学习环境等支持系统整合到核心素养结构中，形成"彩虹"的底座（辛涛，姜宇，2015：56）[①]。学习成果与支持系统两个部分构成了美国"21世纪素养框架"（图3-1）。

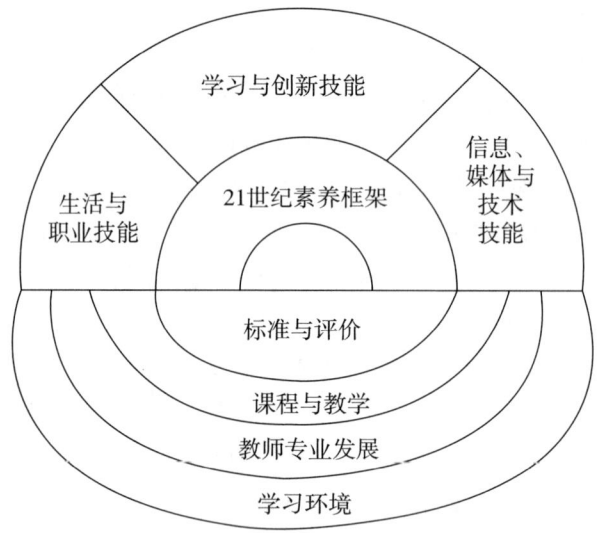

图3-1 美国"21世纪素养框架"

美国21世纪素养框架有两个显著的特点：一是素养教育过程与结果的结合，二是重视支持体系的作用（师曼，刘晟，刘霞，等，2016：31）[②]。因此，其核心素养的提出与落实，需要回应如何与已有教育系统相衔接的问题。换言之，针对已有的3Rs（Reading, Writing, Arithmetic，即读、写、算）教育目标，美国国家教育协会提出了涵盖"4Cs"新教育目标体系的18种要素（图3-2），以培养适应全球化的沟通者、创造者、思想家、合作者。

[①] 辛涛，姜宇. 全球视域下学生核心素养模型的构建[J]. 人民教育，2015（9）：56.
[②] 师曼，刘晟，刘霞，等. 21世纪核心素养的框架及要素研究[J]. 华东师范大学学报（教育科学版），2016（3）：31.

第三章
世界主要国家核心素养

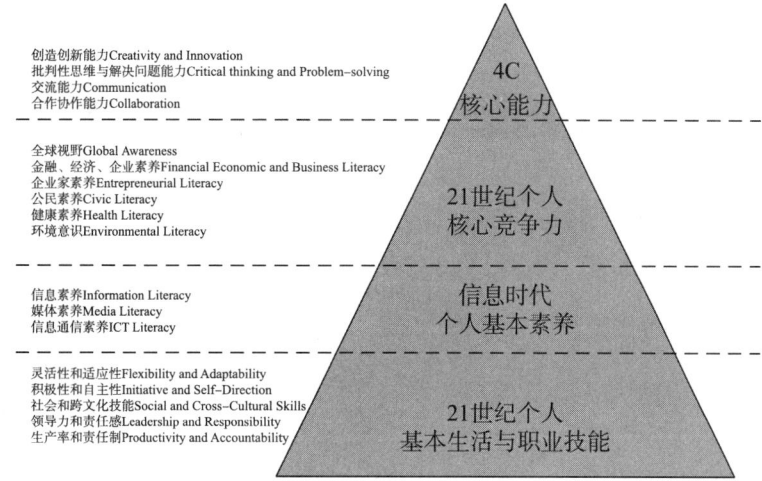

图 3-2 21 世纪素养框架中人才培养的 18 条要素

这些"4Cs"核心技能被视为美国教育革新的核心任务，辐射教育的各个环节，融入整个教育体系中。当然，对于 21 世纪能力的不同理解，也会使教师在教学过程中以差异化的知识观组织教学过程（Voogt & Roblin，2012）[①]。可见，美国核心素养的"核心"地位是基于核心知识之上的"思维能力"，是由解决和发现问题、创造力、逻辑思维能力、批判思维能力、元认知、适应力等构成的。支撑"思维能力"的是"基础能力"，即"通过熟练使用语言、数字、信息等来实现目标的技能"（辛涛，姜宇，2015：56）[②]。

纵观美国教育改革与发展的历程发现，美国课程改革的目标总是定位于维护美国的全球领导地位。课程改革一直在学生学习知识与掌握能力、课程知识结构与学生兴趣特点、学生成长与社会需求等之间寻求平衡点，形成了美国既着眼于本国的教育质量优化，又兼顾学生终身发展与生存需要能力的教育改革传统，既重视对以往课程教育改革的升华与追问，又重视教育知识内容的时代契合性、能力素养的实用性、情感品质人文性与科学性的结合，以迎接时代挑战与国际竞争的需要（刘畅，王书林，2018：155）[③]。可以说，美国的核心素养框架完整地融入国家中小学课程设计中，而且每一项核心素养的落实都依赖

[①] Voogt J, Roblin N P. A comparative analysis of international frameworks for 21st century competences: implications for national curriculum policies [J]. Journal of Curriculum Studies，2012（3）：299-321.

[②] 辛涛，姜宇. 全球视域下学生核心素养模型的构建 [J]. 人民教育，2015（9）：56.

[③] 刘畅，王书林. 美国 21 世纪核心素养框架要素的探析与启示 [J]. 教育评论，2018（9）：155.

于基于核心素养的核心科目与21世纪主题的学习。

第三节　法国核心素养

一、开启素养教育

20世纪90年代，法国针对中小学生以及完成基本学业后的青年没有很好地获得使其成功生活与工作的关键知识、能力与态度，即核心素养缺失的现象，实施了一系列改革。1990年，法国教育部颁布了"小学新政策"，其新课程总目标是：为培养未来能适应21世纪生活的成人，教授现代化知识与技能、社会与职业所需的基本常识和工作方法；培养儿童继续接受更多教育的意愿和探索精神，奠定从事高深研究的基础。1993年，教育部发表了《普及初中》的白皮书，围绕初中阶段的任务、学生、环境、教师、课程和教学法等9个主题，提出了40条建议。1994年6月，教育部提出了"学校合同"计划，以此为契机改革初中教育。1995年7月，法国通过《教学大纲法》，简化内容，突出重点，让每一个接受完义务教育的青少年具备必不可少的基础知识与能力。

基于前期基础教育改革成效与经验，法国启动了新一轮基于学生核心素养的教育改革。这一改革建立在核心素养的遴选、界定和评价等方面。在法语中，"素养"（compétence）有着不同的解释：合法的资质证书、某个体的整体品质、某领域的技能等。Le Guy Boterf认为素养是一种用于解决某一问题的能力（ability）或能力倾向（aptitude），具体体现在"知道怎么做"，知道怎么调动工作环境中的各种资源条件；体现在应用之中的，对于个体来说，就是在特定的突发情境中从"知道方法"（knowing how）到"知道行动"（knowing how to act）（王重洋，2017：8）[1]。布鲁塞尔自由大学的Bernard Ray教授则认为，素养的最大意义是让学生充分参与到广泛的、有明确功能和意义的活动中来。Ray团队还将素养分为三级：初级素养（技能）、素养框架（情境）、复杂素养（回应）（王重洋，2017：9）[2]。

法国学术界对"素养"有着特别的界定。"素养"从20世纪70年代开始源自职业领域，用于替代"资历"（qualification），用以定义一个人或者一个

---

[1] 王重洋. 法国"核心素养"的实施与变革[J]. 湖北教育，2017（1）：8.
[2] 王重洋. 法国"核心素养"的实施与变革[J]. 湖北教育，2017（1）：9.

雇员在突发情境中所承担的角色。"素养"也被用于成人教育和职业教育领域，用来识别和保证高效率活动所包含的"行动知识"（knowledge in action）。从20世纪90年代起，随着科技和社会的发展，素养开始走进学校教育，用于描述个体在新情境中发展而来的应变力与适应力。在教育领域，素养可以定义为一种整体的素养能力（接近"核心素养"），也可以表示知识或专长的基础，或者使用某工具的能力。法国在欧盟核心素养的基础上创立了自己的核心素养框架（图3-3）。

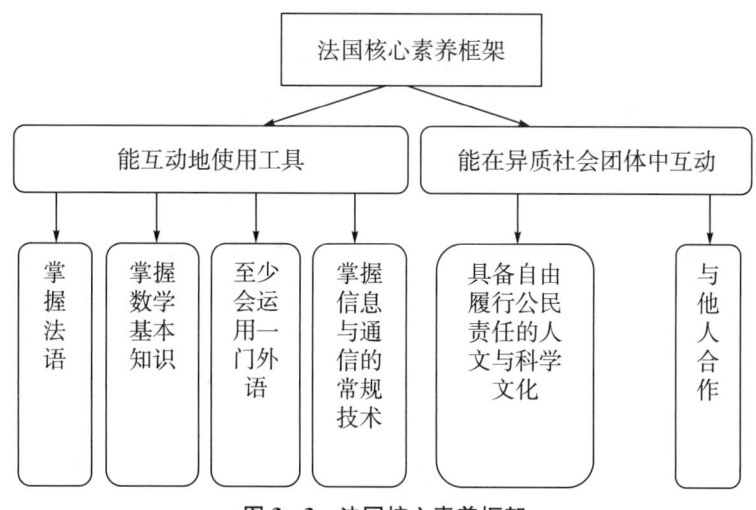

图3-3 法国核心素养框架

二、探索共同基础

2003年8月，法国政府开始筹备酝酿新课程改革。由社会学家克洛德·泰洛特（Claude Thélot）牵头，经过为期一年的研讨，于2004年发布了《为了全体学生的成功》的报告，详尽地阐述了学校必须使学生获得的基本知识。在经历2003—2005年的"学校大讨论"之后，法国于2005年4月23日颁布了新的教育基础大法《教育指导法》[也称《费永（Fillon）法律》，费永时任法国教育部部长]。该部法律全称为《教育指导法和未来学校计划》，规定义务教育阶段小学、初中（6~16岁）所教授的知识从此之后都必须架构在陈旧的学科传统之外，并且这些知识的选择都必须从知识与能力的共同基础出发，以达到所有学生习得为目标，即"共同基础"（罗杰-弗朗索瓦·戈蒂埃, 赵晶,

2017：23)①。"共同基础"的实施，对学生未来的学习产生了深远的影响，教育系统中的所有要素都参照"共同基础"展开工作。2006年7月11日，法国颁布了《共同基础法令》，以教育法的形式将核心素养指标融入课程目标之中。该法案提出，核心素养代表了一系列知识、技能和态度的集合，它们是可迁移的、多功能的，这些素养是每个人发展自我、融入社会及胜任工作所必需的；在完成义务教育时这些素养应得以具备，并为终身学习奠定基础（Working Group B，2002)②，用以取代传统的以"读、写、算"为核心的基本能力。

值得注意的是，2005年，法国《知识与能力的共同基础》法案通过，主要针对"法语、数学基本元素、人文科学文化、信息通信技术基础"四个领域。2006年，受欧洲核心素养框架的启发，该法案得到进一步明确，形成法语、外语、数学与科学技术文化、生活通信技术应用、人文文化、社会与公民素养、自主与首创精神七个核心素养，将"人文文化"列为主要素养之一。之后，法国不断提炼形成了八大素养：母语、外语、数学与科学技术素养、信息素养、学习能力、社会与公民素养、自主与首创精神、艺术素养。法国八大素养将欧盟的"首创精神与创业意识"简化为"自主与首创精神"，且欧盟素养框架只提到了"文化意识与表达"（夏尔·提于斯，林静，2018：150)③。"共同基础"的八大核心素养包含了基础知识、能力运用、态度，这是法国自19世纪末以来首次通过政治力量将"共同"和"素养"引入课程。但是，有学者认为共同基础的维度和之前目标教学法的知识、态度和技能二个分类没有太大区别。也有学者认为该法案和欧洲核心素养类似，没有提到对日常生活有用的具体技能，也没有详细阐述素养发展的情境或者系列情境（王重洋，2017：9)④。

2015年7月，法国在《教育指导法和重建共和国学校计划》中重新修订了"共同基础"，名为《知识、能力和文化的共同基础》。新"共同基础"从五大领域界定义务教育目标：①用于思考和交流的语言；②学习方法与工具；

---

① [法]罗杰－弗朗索瓦·戈蒂埃，赵晶. 法国中小学的"共同基础"与课程改革[J]. 全球教育展望，2017 (11)：23.

② Working Group B. The Key Competencies in a Knowledge－Based Economy：A First Step Towards Selection, Definition and Description[EB/OL]. (2002－03－27) [2022－09－01]. http://archivio. invalsi. it/ri2003/moe/sito/docCD/Altri% 20documenti% 20Commissione% 20Europea/key% 20competencies _ 27 _ 03 _ 02 _ en. Doc.

③ [法]夏尔·提于斯，林静. 法国中小学生核心素养要求及评价——夏尔·提于斯与林静的对话[J]. 华东师范大学学报（教育科学版），2018：150.

④ 王重洋. 法国"核心素养"的实施与变革[J]. 湖北教育，2017 (1)：9.

③个体和公民教育；④自然和技术的相关体系；⑤表征世界和人类活动。可见，新"共同基础"的五大领域所指的不是某一项能力或素养本身，而是从更综合、更全面的角度提出人类理解世界的能力（领域4、领域5）、人类思考与交流的能力（领域1）、学习的能力（领域2）以及作为公民的能力（领域3）等，进一步强调个体的整体素养发展（朱莹希，裴新宁，2016：38—39)[①]。

法国"共同基础"要求，在义务教育阶段学生必须获得一系列的知识与能力，并且能够在校内外的生活中加以运用。2015年"共同文化"版核心素养比2006年的"共同基础"更综合、更概括，更加凸显全球和全人类视野。从2017年起，素养评价结果纳入了法国初中文凭考试。

第四节　德国核心素养

一、聚焦关键能力

"关键能力"的"关键"在德语中原意为"钥匙"，即"处于中心地位的"，指代"核心"的意义。而"能力"则涵盖诸如专业能力、方法能力、社会能力、自我能力、应用能力和环保能力等综合方面。换言之，"关键能力"即指核心素养。这与德国教育个性化、多元化、多样化、开放性特点具有关联性。事实上，1972年，德国社会学家梅滕斯向欧盟提交了《职业适应性研究概览》的相关报告，提出"核心素养"即"关键能力"的概念。1974年，他在《核心素养——现代社会教育的使命》一书中对其相关概念做出系统论述。他指出，"关键能力"由技能、水平能力、可迁移知识原理和传统经久不衰的能力四个要素组成（楼飞燕，王曼，杜学文，2018：56)[②]。可见，德国关键能力的内涵与分类具有很强的实践性。

"关键能力"概念的产生有其深刻的社会经济背景，其主要集中地体现在两个方面（Prim，2004)[③]。一方面，技术进步加速了具体职业知识技能的老

[①] 朱莹希，裴新宁. 法国义务教育的"新共同基础"解读[J]. 比较教育研究，2016（8）：38—39.

[②] 楼飞燕，王曼，杜学文. 德国职业教育核心素养的探究及启示[J]. 黑龙江高教研究，2018（1）：56.

[③] Prim R. "Sehlttsselqualitlkationen" Ein Programm der beruflichen Bildung erreicht die Paedagogischen Hochschulen[EB/OL]. (2004—12—22)[2020—09—04]. http//www. uni-heidelberg. de/stud/fsk/referate/hopoko/sclduess. hun.

化;另一方面,教育对劳动力培养的针对性变得更加困难。德国职业教育界20世纪70年代提出的"关键能力"得到很大发展,已成为世界各国对受教育者从事职业工作,保障职业发展能力的共识(徐朔,2006:66)[1]。20世纪80年代,德国着力培养学生的"关键能力",并把它分解为专业能力、方法能力和社会能力。德国认为这种"关键能力"的获得必须在某种工作情境中来实现。因而,对于跨情境的素养需要在不同的工作环境中以任务为导向进行训练。核心素养是伴随跨学科或者是跨职业领域的内在关键素养。基于德国著名心理学家韦纳特对能力的定义以及德国教育学家莱茨建立的关键能力模型,德国"关键能力"培养主要聚焦于个人能力、社会能力、方法能力和专业能力四个维度(闫瑾,2006:24)[2],其结构内涵见表3-2。其中,前三个维度是个人组织未来生活和构建未来社会所需要的跨专业素养,是习得任一专业能力的前提条件,是"关键能力"中的关键。基于20世纪90年代逐渐渗透到高等教育领域,并取得了突破性进展。

表3-2 德国学生"关键能力"结构内涵表

关键能力	指标内涵	具体表述
个人能力	自我认识与发展的能力,具有较成熟的人生观、价值观以及制订个人发展计划并付诸实施的能力	独立性、批判性、专注性、自信、可信赖性、责任感和业绩创造等能力
社会能力	建立、发展社会关系的能力,合理、负责地对待他人并理解他人的能力	团队合作精神、解决冲突、宽容与团结精神、有集体感、乐于助人和沟通交流的能力
方法能力	了解处理事务或解决问题的程序及方式	思维方式、工作程序、独立运用专业和非专业知识、制定、修改并完善学习方案的能力
专业能力	具有相应的专业知识及素养	独立运用知识处理事务、解决问题,实现既定目标,并对结果进行客观评估的能力

四维"关键能力"成了德国以"素养"为导向的教育改革和国家教育标准的根基与灵魂,其国家教育标准中的学科核心素养体现并服务于总体性的核心素养(顾娟,2017:8)[3]。

---

[1] 徐朔. "关键能力"培养理念在德国的起源和发展[J]. 外国教育研究,2006(6):66.
[2] 闫瑾. 德国中小学的"关键能力"培养[J]. 基础教育参考. 2006(6):24.
[3] 顾娟. 德国如何在学科层面发展学生"核心素养"[J]. 湖北教育,2017(6):8.

二、强调能力产出

梅滕斯"关键能力"的提出是基于知识技术更新的半衰期不断缩短，学校以碎片化的知识、技能培养为特征的教育，远不能适应企业界对人才的要求，必须集中于培养不易被淘汰的综合能力，如终身学习能力（赵长林，孙海生，陈国华，2016：15）[①]。2001年，德国在PISA测试成绩不佳的情况下，开始制定国家教育标准，确定若干核心学科的核心素养，以加强国家层面的教育质量监测。2003年，德国将10年级德语课程教育标准划分为"探究语言和语言运用、听说、写作、阅读"四大能力范畴。2006年，德国教育质量发展研究所结合国际能力测试能力等级规定，制定小学三到四年级学生数学能力等级模型。

德国教育标准强调学生的能力产出，即学生运用所学知识解决实际问题的能力，体现了德国对于核心素养的重视，体现了从知识投入（knowledge-based input）到能力产出（competency-based output）的能力导向教学观（顾娟，2017：9）[②]。后来，德国进一步将素养分为基础素养和进阶的核心素养。基础素养包括理解知识、应用知识、学习素养、使用工具的素养、社会素养、价值导向，进阶的核心素养包括互联网素养、后设认知与后设知识、沟通素养、媒体素养、经济素养、文化素养、跨文化素养、情绪智能、动机等（蔡清田，2019：20）[③]。这个分类方法受到欧盟等国际组织及其会员国的重视。

德国基础教育实行"分轨制"，一般分为三轨。侧重于实践学习的学生进入双元制职业学校，侧重于理论研究的学生进入完全中学，侧重理论和实践相结合的学生进入完全中学或双重职业学校。德国允许学生根据自己的学习情况调整学校类型，即"分轨后的再分轨"。进入21世纪，全球化和信息化使得21世纪的公民面临更加严峻的挑战。为培育学生适应个体终身发展和社会发展需要的必备品格和关键能力，德国在学科层面、职业能力方面发展学生的核心素养，目的是实现个人、社会和经济发展的统一。

德国学生核心素养在结构方面与经合组织和欧盟的核心素养密切相关，但是在内涵表述方面有较大的差异。德国核心素养突出国家课程教育标准，强化教育质量监测；着力跨学科知识素养，凸显跨专业胜任能力；聚焦个体发展的

[①] 赵长林，孙海生，陈国华. 核心素养的结构和社会文化性分析［J］. 湖南师范大学教育科学学报，2016（5）：15.
[②] 顾娟. 德国如何在学科层面发展学生"核心素养"［J］. 湖北教育，2017（6）：9.
[③] 蔡清田. 国际视野下核心素养教育理念之研究及其实现［J］. 当代教育科学，2019（3）：20.

关键能力，注重与适应社会发展的能力。

第五节　芬兰核心素养

一、倡导全纳教育

芬兰高品质的基础教育在国际上享有盛誉。促进教育公平是芬兰教育最重要的目的，是整个教育系统中相关教育政策制定的核心原则和基本价值取向。为所有公民提供高质量和平等的教育机会，是芬兰教育的主要目标（Fnae，2017）[1]。全纳教育理念是芬兰教育的特色，凸显学生在基础教育阶段的个性化发展。终身学习是芬兰教育系统的另一项核心原则，其教育目标是为学生提供教育并为他们一生的不断发展做好准备（Basic Education Act，1998）[2]。芬兰基础教育质量取得了举世瞩目的成就，吸引了各国教育研究者的关注。芬兰学生在国际学生测评项目（PISA）中取得了优异的成绩，2000年、2003年、2006年连续三届蝉联第一。其中，2006年和2015年的主要测试科目为科学，芬兰学生的科学测试排名全球第五（OECD，2017）[3]。在2018年的测试中，芬兰学生以36小时左右/周的阅读时间、520分的阅读能力高居"学习效率"第一名。这与芬兰制定国家层面的课程标准密不可分。

1994年，芬兰颁布的《高中教育课程大纲》明确规定了高中教育的目的：培养综合素质高、个性健康全面发展、有创造力和合作精神、能够独立探求知识、热爱和平的社会成员。在2004年颁布的《基础教育国家核心课程》中，芬兰对培养的学生设置了七个明确的主题：成长为人，文化认同与国际化，信息素养与交际，参与行使公民与企业家的权力，对未来环境、健康和可持续发展的责任感，安全与交通，技术个体。在每个主题下，都有对具体目标和核心内容的明确规定。这些规定都是跨学科的，体现的是教育与教学过程中最为核心的部分，凸显了核心素养与整体的课程设计一体化（王烨晖，辛涛，2015；

---

[1] Fnae. Support for Pupils and Students[EB/OL]. (2017-04-23)[2022-07-26]. http://oph.fi/english/education_system/support_for_pupils_and_students, 2017a.

[2] Basic Education Act. Basic Education Act 628/1998[EB/OL]. (2017-04-23)[2022-07-26]. http://www.finlex.fi/en/laki/kaannokset/1998/en19980628.pdf.

[3] OECD. PISA Database[EB/OL]. (2017-06-05)[2022-07-26]. http://www.oecd.org/pisa/data/.

23)[1]。芬兰的《基础教育国家核心课程》对学生核心素养的要求与其课程的研制紧密结合。从国家宏观的教育目标到学校中观的核心素养再到教师微观的学科目标，各层级之间有较好的衔接，核心素养与整体的课程设计融为一体，这样就能有助于教师对教育目标的把握和对课程的实施。

二、注重跨界能力

芬兰为迎接社会发展带来的挑战，从2012年开始进行了第五次基础教育课程改革。该次新课程改革强调21世纪技能以及涵盖广泛的专业知识（Niemi，Multisilta，Lipponen，2014：21）[2]。虽然芬兰因在PISA测试中表现突出而闻名世界，但其还在随着时代的变化不断更新着本国的教育体系。2014年，"Transversal Competence"一词第一次出现在芬兰的《国家基础教育核心课程》中，直译为"横贯能力"或"跨界能力"，意译为"核心素养"（康建朝，2017）[3]。芬兰在具有法律效力的《国家基础教育核心课程》中明确规定了学生的核心素养，根据当代以及未来社会和欧洲国家对公民的要求，将素养划分为七大不同的横贯能力（表3-4），在每个能力下又细分为小目标和核心内容，并将其融入各学段、各学科的教学目标和教学内容与教学活动中。

表3-4 芬兰七大横贯能力的具体内涵（殷建华，韦洪涛，2019：65）[4]

横贯能力	具体内涵
思考与学会如何学习	教育应培养学生学习的动力和兴趣，为学生提供多种学习的方式方法，帮助学生进行反思并评价自身的学习；培养学生探究、评价、整理、分享信息的能力；鼓励学生正确面对模糊或冲突信息，积极寻找具有创新性的答案
文化感知、互动沟通与表达能力	教育应促进学生成为适应多种文化、语言、宗教和哲学观念世界的个体；帮助学生学会尊重人权、学会沟通交流，让他们理解文化和传统在维持个人及他人幸福上的意义，甚至能够创新文化和传统

---

[1] 王烨晖，辛涛. 国际学生核心素养构建模式的启示［J］. 中小学管理，2015（9）23.
[2] Niemi, H. et al. Finnish Innovations and Technologies in Schools: Towards New Ecosystems of Learning［M］. Rotterdam: Sense Publishers, 2014: 21.
[3] 康建朝. 从中芬对比视角看芬兰核心素养［N］. 中国教育报，2017-05-12（5）.
[4] 殷建华，韦洪涛. 核心素养落地的路径探析——芬兰的经验与启示［J］. 基础教育课程，2019（9）：65.

续表3—4

横贯能力	具体内涵
自我照顾与日常生活技能	教育应培养学生应对健康、安全、人际关系、社会流动和交通等多方面生活的能力,让学生学会理财和消费,学会参与学校、社区事务,理解日常生活技能对于自己和他人生活的影响
多元识读能力	教育应提升学生对不同类型文本进行阐述、生产以及有效评估的能力,提升学生感知文化差异、解释周围世界的能力
信息通信技术能力	教育应让学生运用计算机、多媒体等进行自主学习和管理日常生活,并与同学和教师进行良好互动,能够收集、整理、批判和思考相关信息,在应用互动式信息工具时培养自己的责任感
职业技能与创业精神	教育应让他们理解课堂、课外学习对其未来职业的重要性,形成对待工作和生活的积极态度;培养学生创业兴趣和企业家精神,鼓励他们大胆尝试创业,小范围试验
参与、影响并构建可持续性未来的能力	教育应以促进可持续发展的未来为目标,培养学生自主学习能力与合作能力;培养学生民主决策的能力和积极参与社会生活的责任

芬兰核心素养是由知识、技能、价值观、态度和意愿等要素共同组成,是学生在特定情境中灵活运用知识和技能的一种综合能力(Harju,Niemi & 王岩,2017:12)[①]。学生的价值观、态度及意愿能够共同影响他们运用知识和技能的方式。芬兰国家课程标准将每个方面的核心素养,从其价值和意义、内容与要素、基础教育培养任务等维度做了进一步诠释。其中,"思考与学习"是其他素养发展的基础。"多元识读能力"是一种对多样化文本进行解释、加工并做出价值判断的综合能力。芬兰之所以特别强调多元识读能力,一是因为全球化视野下的语言与文化的多样化,二是因为互联网与多媒体技术的运用使得知识与信息传递模式的多样化,三是因为有助于促进学生批判性思维和学习能力的发展。这与国际学生评估项目(PISA)的发展方向和趋势具有一致性。芬兰强调"职业技能与创业精神"是由于社会和行业变迁日益加速,职业技能尤其是创业精神对未来的人才发展而言非常重要。事实上,横贯能力核心素养体系不仅重新界定了芬兰教育的目标,而且也把技能和能力置于芬兰新课改的核心。

---

① Harju V,Niemi H. 芬兰基础教育阶段核心素养的培养及评价[J]. 王岩,译. 教育测量与评价,2017(7):12.

三、开展现象教学

芬兰的核心素养框架强调学科交叉与互动,鼓励开设跨学科课程间的学科界限,倡导开展跨学科学习。这表明学校是一种学习共同体,体现的是教育与教学过程中最为核心的部分。由此可见,芬兰的核心素养框架强调学科交叉和互动,鼓励开设跨学科课程,倡导开展跨学科教学研究。"现象教学"因其充分体现"以学生为中心"的教学理念(姚娜,2022:141)[①],成为芬兰 2016 年新一轮课改首创的新概念,也是该次课改的重中之重。"现象教学"是基于探究和问题解决技能的多学科教学,即教师事先确定一些主题,然后围绕特定的主题,将相近的学科知识重新编排,形成跨学科的融合课程,并以模块式课程为载体实现跨学科教学。

芬兰对学生核心素养的界定与其课程的制定紧密结合,要求将学生核心素养的培养整合到每一门学科的教学中,这样就能够较好地把教育目标(国家层面)、核心素养(学校层面)、学科目标(教师教学)的课程设计一体化,使教育教学有机衔接。多种跨学科的教学方式被视为芬兰培养核心素养的必要方式。在芬兰,常用"全人教育"(holistic education)或"课程整合"(curriculum integration)指涉注重跨学科教学方式的教学法。这种跨学科的教学方式以与学生共同探究不同主题和现象为基本方式(Harju,Niemi,2017:12)[②],有助于教师对课程的实施和对教育目标的把握。

第六节 澳大利亚核心素养

一、强化能力取向

澳大利亚是较早着手研制与开发核心素养的国家之一。20 世纪 80 年代以来,澳大利亚启动了有史以来规模最大的课程改革,以建立覆盖所有教育阶段的课程体系。1984 年卡梅尔委员会成立,其主要目的是发展与提升中小学学生在沟通、语文及数学方面的能力标准,以改善中学教育与后续就业或教育之

---

① 姚娜. 芬兰现象教学对我国 STEAM 课程设计的启示[J]. 遵义师范学院学报,2022(4):141.

② Harju V,Niemi H. 芬兰基础教育阶段核心素养的培养及评价[J]. 王岩,译. 教育测量与评价,2017(7):12.

间的衔接关系。1985年4月,该委员会提出了"一般能力"(general competencies)的概念。1989年,澳大利亚联邦教育部部长与各州及其领地代表在塔斯曼尼亚首府霍巴特举行会议,发表了《全国学校政策》(也称"霍巴特宣言"),达成了十项学校教育的共同目标,作为日后课程发展的基础,其中便包括了对学生基本能力的描述(李月琪,2015:20)[①]。

20世纪90年代初,澳大利亚为提高产业工人的职业发展能力,进行了以核心素养为本的教育研究。澳大利亚使用"基本能力"或"关键能力"(competence),将素养与能力交互使用,并以此设计课程改革,旨在提高学生的毕业资格(胜任力),强化能力取向的学习结果(李湘,2017:79)[②]。1991年,澳大利亚教育审议委员会发布了《年轻人的后义务教育和培训参与》(*Young People's Participation in Post Compulsory Education and Training*)报告(也称《菲恩报告》),界定了与就业相关的能力——"语言和沟通、科学与技术理解、问题解决能力、文化理解力、个人和人际交往能力",提出"青年人于义务教育后的继续教育与培训参与",应当扭转过去以知识本位的教育,强调解决问题、沟通及信息、团队合作等生活及工作所需的素养,透过学校教育培养公民具备终身学习、职业投入及社会参与的核心素养,以"厚植国家竞争力"(蔡清田,2019:20)[③]。

1992年9月,梅尔委员会(Mayer Committee)发布"核心能力"的总结报告,界定了"核心能力"的基本范畴,指出青年人有效参与新兴工作的七项核心素养:收集、分析和整理信息的能力,交流思想和信息的能力,计划与组织活动的能力,与他人合作的能力,运用数学方法与数学技术的能力,解决问题的能力,使用技术手段。并指出这些都是公民准备就业的基础,是所有类型职业都适用的一般能力(江丰光,陈慧,2016:12)[④]。可见,核心能力即学生学以致用的学习、工作及生活的基本能力。此外,该委员会又加入"自然生态、生命态度及生活规划、公民意识、文化尊重与理解"等方面的目标,使其架构更完整(蔡清田,2019:20)[⑤],并提出了一套全国性一致的评估原则。该核心素养体系在核心素养的内涵、构成、评价准则等方面的研究都取得了显著

[①] 李月琪. 澳大利亚义务教育阶段学生通用能力研究及启示——以数学学科为例[J]. 吉林省教育学院学报,2015(9):20.

[②] 李湘. 基于核心素养的澳大利亚国家课程标准研究[J]. 教育与教学研究,2017(8):79.

[③] 蔡清田. 国际视野下核心素养教育理念之研究及其实现[J]. 当代教育科学,2019(3):20.

[④] 江丰光,陈慧. 国际核心素养教育的典型案例分析与启示[J]. 中小学信息技术教育,2016(9):12.

[⑤] 蔡清田. 国际视野下核心素养教育理念之研究及其实现[J]. 当代教育科学,2019(3):20.

的成果。

2002年，澳大利亚发布《未来所需就业力技能》白皮书，提出"就业力技能架构"。2008年12月，澳大利亚制定了《墨尔本宣言》（*The Melbourne Declaration on Educational Goals for Young Australians*），为未来十年提出了两大教育发展目标：一是促进教育公平和卓越，二是使所有澳大利亚的年轻人成为成功的学习者、自信并有创造力的个体、积极并知情的公民。基于这个总体目标，澳大利亚概括出了公民所必须具有的七项通用能力（读写、计算、信息和通用技术、批判性和创造性思维、道德行为、个人和社会能力、跨文化理解）和三大跨学科主题（土著居民和托雷斯海峡岛民的历史和文化、亚洲文化及澳大利亚与亚洲的啮合、可持续发展）。2010年，澳大利亚将所需培养的核心素养正式纳入中小学课程纲要。由此，"核心素养"（General Capabilities）成为澳大利亚国家课程标准制定的基石。

二、倡导素质教育

澳大利亚的国家课程瞄准世界一流的标准进行设计，而且在各个学科的课程中融入了亚洲和澳洲土著居民的文化内容。《墨尔本宣言》明确提出将核心素养融入国家课程标准中，为澳大利亚基于核心素养进行课程标准研制提供了政策支持。该宣言要求国家和地方课程的开发应以核心素养支撑起学生灵活分析的思维能力，不同素养相互合作，通过跨学科的学习以提升发现新知识的能力（图3-4）。澳大利亚认为，核心素养是个体高效率地参与工作与融入社会所不可或缺的基本素养，指向能以整合的方式将知识和技能应用于工作情境中（李湘，2017：81）[1]。以跨文化理解素养为例，英语课程中要求"学生使用跨文化理解和创造一系列的文本，即呈现多元的文化视角和对各种文化背景的人与物的认同"，而科学课程中则指明"科学中有很多的机会来发展跨文化的理解，尤其是在科学作为人类活动的内容线及科学在多样文化背景的应用中"（王烨晖，辛涛，2015：23）[2]。

---

[1] 李湘. 基于核心素养的澳大利亚国家课程标准研究[J]. 教育与教学研究，2017（8）：81.
[2] 王烨晖，辛涛. 国际学生核心素养构建模式的启示[J]. 中小学管理，2015（9）：23.

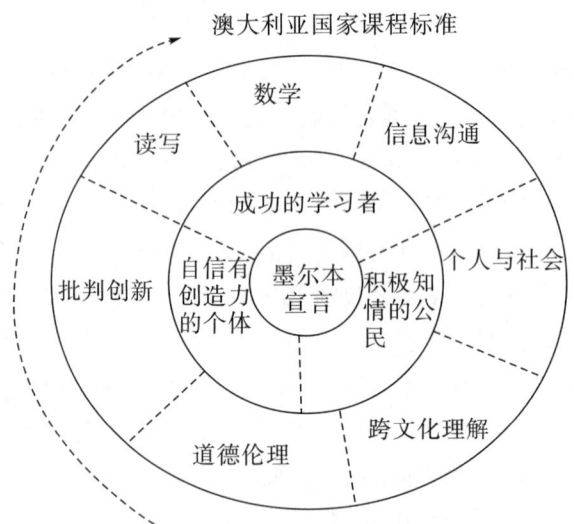

图3-4 澳大利亚核心素养与课程关系图

澳大利亚倡导素质教育，注重学生综合能力的培养。其教育改革整体体现为注重公平、追求卓越的教育理念。澳大利亚核心素养细化至各个学科，强调开展跨学科的主题教育，在课程总框架中发挥统领作用。核心素养既高于课程，又融入课程标准中。课程标准紧密联系学生的实际生活，让学生在实际生活中运用素养，培养批判与创造性思维能力。澳大利亚依据学科核心素养，重新确定与组织该学科的内容标准，开展教学评价和质量监控。

需要注意的是，澳大利亚并没有通过官方对"素养"下定义，主流社会认同的"素养"涵盖公民素质、个人成长、技能素质三个领域。尽管澳大利亚的历史不长，但是澳大利亚人取得的成就有目共睹：从盘尼西林、飞机黑匣子到Wi-Fi、智能电话芯片卡，澳大利亚人的创造发明不断涌现，个性发展不断造就神话。这与澳大利亚的全民素养和由此对每个个体所产生的积极影响密不可分。

第七节 新西兰核心素养

一、注重以人为本

新西兰基础教育具有完善的教育体制，核心理念是以人为本。"我们教的不是知识，而是人"成为新西兰学校校长的共识。围绕培养"人"的理念设计和安排课程，从校园环境、教学内容、教学方式、活动设置等多方面成体系地渗透以学生为中心的教育理念，体现新西兰对学生的尊重。新西兰基础教育的育人目标是：为生活做准备。教育实践与育人目标保持高度的一致性，非常注重教学内容的实用性和教学过程的实践性，注重帮助学生将学校学习与未来生活之间建立起联系（王薇，2013：19）①。

作为经合组织成员国的新西兰认为，核心素养是为了适应当前以及未来生活和学习的素养，提出了"基本技能"（essential skills）。1993 年，《新西兰课程框架》（The New Zealand Curriculum，NZC）提出"基本技能"（李庆华，2009）②，并将其分为八项（交际技能、计算技能、处理信息技能、问题解决技能、自我管理与竞争技能、合作技能、运动技能、工作和学习技能），作为培养青少年的课程框架（蔡忠，唐瑛，2003：76）③。随着国际上对核心素养的关注，新西兰将这八项主要技能进行重组、整合，并上升到素养层面。

新西兰在借鉴经合组织的核心素养定义的基础上，结合本国的教育理念，将"核心素养"界定为人们已经具备并需要发展的能力，这些能力是为了当前和未来更好地生活和学习的（Ministry of Education，2014）④。其核心素养以社会文化理论作为理论基础，主要体现在关注学习情境、以情境学习和分布式学习为主、以评价促进学生的适应能力、提倡反思和元认知四个方面。2003 年，新西兰教育部完成了基于实证的多个项目调研，其中将"自我调节的学习"（SRL）作为有效教学的十大特征之一，并从元认知、行为和参与、动机和情感三个维度分别呈现影响学习的内因（教室）与外因（教师）：元认知策略用于监测个人学习的有效性，动机和情感层面包括了解和应用学习成果的愿望和态度，行为和参与层面包括有目地使用特定的学习策略。

二、强调关键能力

2005 年，新西兰教育部颁布了四种核心素养的框架。"第三级教育的关键能力"（Key Competencies in Tertiary Education）报告根据新西兰所面临知识经济的社会环境，提出了四项第三级教育的关键能力。一是运作于社会团体

---

① 王薇. 新西兰基础教育的制度、特色及启示［J］. 外国中小学教育，2013（10）：19.
② 李庆华. 通过任务型英语教学提高大学生关键能力的实践研究［D］. 上海：华东师范大学，2009.
③ 蔡忠，唐瑛. 新西兰基础教育改革［J］. 全球教育展望，2003（12）：76.
④ Ministry of Education. Key competencies［EB/OL］.（2014－04－04）［2022－07－28］. http://nzcurriculum.tki.org.nz/Key-competencies#collapsible2.

(Operating in social group)：不论是在生活、工作还是娱乐中，与他人互动时所需的合作和分享的能力。二是自主地活动（Acting autonomously）：在工作、家庭或社区等不同场合中，个体能够适切地定义自己，并且有效地扮演不同的角色。三是互动地使用工具（Using tools interactively）："工具"泛指设备，如语言、资讯、知识和物理工具等；使用者有意义地使用工具，并且使工具适应不同的任务。四是思考（Thinking）：思考是运用其他三个关键能力时必要的能力；思考为内在监督和意识的重要历程，可以帮助人们在特定或是新的关系下，灵活地运用关键能力（杨雪艳，2010：85）[①]。

随着新西兰社会在工作性质、知识观、技术等方面都发生了巨大变化，这些变化影响到青年人所需的教育，进而影响教学的重点。因此，在新西兰的教学改革过程中，"基本技能"被"关键能力"替代。2006年，新西兰教育研究委员会发表的《关键能力的本质》文章认为，关键能力是学习者在复杂的、明确的、真实的环境中运用认知和其他能力进行学习的能力。它的理论基础是社会文化学习理论。这个理论认为，学习不是独立的个人行为，而是运用文化工具在社会情境中实现的行为，并明确规定了"关键能力"培养标准及其要求，以使学生更好地适应在社会性质、工作性质、知识观、技术等方面发生巨大变化的未来职业世界（杜惠洁，赵阳漾，于蕾，2014：424）[②]。正如时任新西兰教育部部长史蒂夫·马哈雷在"提升希望，挑战我们的时代"主题演讲中指出的，新西兰未来十年教育改革的核心，将是为经济转型做贡献和在培养国民的国家意识中发挥不可替代的重要作用，并将着力加强学校、家庭与社区的联系。

新西兰核心素养主要指基础教育阶段的学生素养发展要求。新西兰对学前教育和高等教育核心素养进行了相关界定，与基础教育阶段的核心素养分类相似，都是为了实现"自信、善于交流、积极参与的终身学习者"的育人目标。新西兰核心素养的模型（表3-5）以基础教育阶段的核心素养为中轴，连贯起学前教育和高等教育，将核心素养融入新西兰的整个教育阶段（董泽华，2018：88）[③]。

[①] 杨雪艳. 新西兰关键能力的内涵与培养 [J]. 中国职业技术教育，2010（4）：85.

[②] 杜惠洁，赵阳漾，于蕾. 论新西兰对关键能力的培养与过程监控 [J]. 浙江工业大学学报（社会科学版），2014（4）：424.

[③] 董泽华. 指向学生核心素养的课程体系构建：以新西兰为例 [J]. 现代基础教育研究，2018（1）：88.

表 3-5　新西兰各教育阶段的核心素养模型

学前教育	基础教育	高等教育	育人目标
探索	思考	思考	自信、善于交流、积极参与的终身学习者
交流	使用语言、符号和文本	使用工具沟通互动	
幸福感	自我教育	自主行动	
奉献	人际关系	在社会团体中工作	
归属感	参与和分享		

三、深化课程改革

2007 年，新西兰初等教育课程内容以新西兰课程架构为准则，颁布了新的课程标准与课程目标，明确提出了学校课程设置应遵循的四条原则：以结果为核心、以发展主要能力为目标、以符合有目的的评价为标准、以促进可持续发展为标准（祝怀新，陈娟，2007：40)[①]。2007 年 11 月，新西兰正式颁布了修订的《新西兰课程》(*The New Zealand Curriculum*)，并于 2010 年开始实施。修订后的国家课程成为新西兰有史以来最为广泛的课程标准，提出了"思考力、人际关系的能力、使用语言及符号和文本、自我管理能力、参与及贡献"五种核心素养，并建构了相应的发展核心素养的网络。课程标准规定了课程的基本原则，设计了独有的课程体系，由"核心素养、学习领域、基本技能、态度与价值观"构成。此纲要不仅提供学校教与学的方向，而且包含学生所应具备的五种关键能力：思考能力，使用语言、符号和文字能力，人际交往能力，自我管理能力，参与和贡献能力（杨雪艳，2010：85)[②]。

新西兰课程改革最突出的特点在于，把"关键能力"正式纳入教育课程框架，构建了"国家—学校—班级"三级课程体系，并进入课堂教学内容。因为发展学生核心素养的重要途径就是课堂层面的教师教学，但学校和教师在校本课程开发的层面有着极大的自由度。新西兰核心素养引领各教育阶段课程的连贯与整合，通过对课程内容、课程目标、教学方法和学习评价的重组和深化，呈现学习领域与核心素养的呼应关系。课程体系由关键能力、学习领域、基本技能、态度与价值观构成，旨在使学生获得全面、均衡的发展，所有学生都有

---

① 祝怀新，陈娟. 新西兰课程改革新动向——新课程计划草案解析[J]. 基础教育参考，2007 (12)：40.

② 杨雪艳. 新西兰关键能力的内涵与培养[J]. 中国职业技术教育，2010 (4)：85.

机会涉猎主要知识领域，提高必需的基本技能，培养正确的价值观，使学生能在社会中和不断竞争的世界经济中有效地、成功地参与其中（王薇，2013：19）[①]。

新西兰国家课程方案主要包括愿景（vision）、原则（principle）、价值观（values）、核心素养（key competencies）、学习领域（learning areas）、成就目标（objective achievements）等方面内容，最终目标是发展学生的核心素养。所谓愿景，就是新西兰课程的育人目标，即培养什么样的人的问题。它以课程具体内容为载体，充分融入核心素养，呈现核心素养的跨学科性。正如石鸥（2016：10）所言，核心素养是跨学科素养，任何核心素养都不是一门单独的学科可以完成的；任何学科都有其对于核心素养发展的共性贡献与个性贡献[②]。新西兰的学科素养与核心素养较好地体现了这一关系，学科内容更多的是学科特定核心素养，只有在学习的过程中才能体现学科的独特育人价值。

第八节 新加坡核心素养

一、21世纪素养

新加坡政府对比了21世纪与20世纪所需劳动力的特点，在已有的《理想的教育目标》（*The Desired Outcomes of Education*）基础上，提出了建设"思考型学校和学习型国家"的愿景。全球化、人口变化和科技进步成为21世纪社会的主要推动力量。为了应对挑战，适应社会的迅猛发展，2010年3月，新加坡教育部公布了《21世纪素养与学生学习结果的框架》（*Framework for 21st Century Competencies and Student Outcomes*）。该框架聚焦培养学生的"21世纪素养"（21CC），旨在培养自信的人、自主学习者、积极贡献者和热心的公民（左璜，莫雷，2017：3）[③]。

新加坡提出了在整个学习过程中贯穿学生21世纪技能培养的要求。《21世纪素养与学生学习结果的框架》被转化为教育系统每个关键阶段的一系列发展成果。关键阶段的教育成果阐明了教育服务部门希望通过小学、初中和高中

[①] 王薇. 新西兰基础教育的制度、特色及启示[J]. 外国中小学教育，2013（10）：19.
[②] 石鸥. 核心素养的课程与教学价值[J]. 华东师范大学学报（教育科学版），2016（1）：10.
[③] 左璜，莫雷. 核心素养：为未来培养高智能优质人才[J]. 高等职业教育探索，2017（3）：3.

教育在学生中发展什么能力。每一个教育水平都是建立在前一阶段的基础之上的，并为以后的教育奠定基础。

为了实现这一理想的教育目标（也被称为"四个教育成果"），新加坡提出，21世纪技能是为了培养自信的个体、自主的学习者、有担当的公民和积极的贡献者。只有具备了这些21世纪技能，新加坡新一代青年才能抓住信息时代带来的各种机遇，使新加坡的发展焕发新的生机。2014年4月，新加坡教育部发布《新加坡学生21世纪技能和目标框架》。在该框架中，21世纪技能包括价值观技能、社交和情感技能、全球化技能三个部分。该框架还指出全球化进程、人口问题和科技进步是未来发展的核心驱动力，新加坡学生需要通过发展21世纪技能来迎接挑战、抓住机遇（刘菁菁，2014：72)[①]。

二、21世纪技能

新加坡提出，21世纪的教育应以价值观为核心。围绕价值观，学生必须培养自我意识、自我管理能力、社会性意识、人际素养以及自我决策等核心素养。尤其是在21世纪，学生还需具备公民素养、全球意识、跨文化素养、批判与创造思维、信息沟通素养等核心素养。

新加坡实行"学生中心、价值观导向"的教育。这个架构图分为三层（图3-5），其中框架的中心环（核心价值观）代表知识和技能必须以价值观为基础，价值观决定一个人的性格，它塑造了一个人的信念、态度和行动，因此构成了21世纪能力框架的核心。核心价值观包括尊重、责任感、正直、关爱、韧性、和谐。框架的中间环（社交和情感能力）表示社交和情感能力，这是识别和管理自己的情绪、培养对他人的关心和关注、做出负责任的决定、建立积极关系以及有效处理挑战所必需的技能。社交和情感能力包括自我意识、自我管理、社会意识、人际关系管理、负责任的决策。框架的外环（21世纪新兴能力）代表了人们生活在全球化世界所必需的21世纪新兴能力。这些新兴能力包括公民素养、全球意识和跨文化交流技能，批判性、创造性思维，交流、合作和信息技能。

---

① 刘菁菁. 新加坡发布学生21世纪技能和目标框架［J］. 世界教育信息，2014（8）：72.

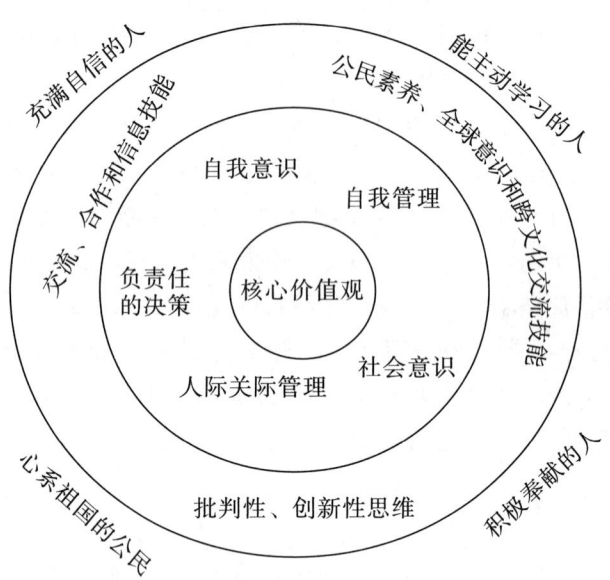

图 3-5 新加坡 21 世纪技能和目标框架

新加坡的核心素养框架将价值观和态度摆在十分凸显的位置。新加坡政府希望学校所有的教学都能够通过这三部分的核心素养环环相扣,最终达到和实现新加坡政府提出的四个理想的教育成果的目的。核心素养除了注重全人教育外,特别加强体育、艺术与音乐教育,以提高学生的创作力与表达力,以及塑造个人的文化与情感特色。这个架构图以人为中心,强调"以人为本"的思维,而非以知识灌输为中心。以上三个同心圆组成的"21 世纪技能",是新加坡全面教育的基础,旨在培养有价值观和有竞争力的新一代国民,因为核心价值决定一个人的品格,能够塑造一个人的信念、态度和对他人的行为。

值得一提的是,新加坡提出要在整个学习过程中贯穿对学生 21 世纪技能的培养,如学术课程、课外活动、品德与公民教育及应用性学习课程,而不是仅限于课堂教学。同时,框架提出,还要培养具有胜任力和发展性的教师,让他们能使用创新的教学法扩展学生思维的深度和广度。

第九节 日本核心素养

一、新学力

日本以"教育立国"著称,其核心素养研究是以能力为目标的教育改革体现的。1951 年版《学习指导要领（试行）》明确提出实施基于经验主义的学校课程。1977 年版《学习指导要领》首次提出"有宽松度的教育"，强调培养学生的情感、态度和人格等（刘玥，沈晓敏，2020：24)[①]。20 世纪 80 年代，日本中央教育审议会提出学校贯彻基础和基本教育，尊重学生个性和创造性发展，尊重文化传统，培养学生的"自我教育能力"（彭寿清，2004：46)[②]。1989 年，日本修订的中小学《学习指导要领》提出以"兴趣、态度、意愿"和"思考、判断、表现"为中心的教育理念，即"新学力观"。与以往只强调知识和技能相比，"新学力观"首次提出要注重情感、态度与学习的兴趣，尤其强调要培养学生的思考力、判断力与表现力（罗朝猛，2017：37)[③]。

20 世纪 90 年代，日本将"新学力"教育主张进一步具体化。1996 年，日本中央教育审议会发布《关于面向 21 世纪的我国教育》报告，提出培养学生"生存能力"的教育改革目标，并就改革方针、课程建设、教育内容等重大问题进行研讨。"生存能力"是日本面对新时期国际化竞争日趋激烈的挑战而提出的教育改革，注重和强调学生自身能力与个性的发展。也就是说，作为一个明确的学力概念，"生存能力"引领了 21 世纪初的日本教育改革。

1998 年，日本教育课程审议会具体阐述了以"生存能力"为目标的基础教育课程改革宗旨：培养丰富的人性和社会性；培养具有国际视野的日本人；养成学习和思考的自觉能力；掌握基础知识和基本技能，充分发展个性；推进特色教育和特色学校建设（李协京，2003：104)[④]。1999 年，日本政府颁布青少年核心素养"国际理解、环境保护、信息能力、批判性思考"框架。

二、扎实学力

进入 21 世纪，日本国立教育研究所构建了本国"21 世纪型能力"框架，从以"生存力"为核心向以"思考力"为核心转变，强化语言力、数理力、信息力和实践力，形成了日本独具特色的核心素养理论。2002 年，日本文部大臣远山敦子提出"扎实学力"的概念，包括：基础知识与基本技能，思考力、判断力、表现力及其他能力，主动学习的态度。日本中小学开始实施新的《学

[①] 刘玥，沈晓敏. 21 世纪型能力：日本核心素养建构新动向［J］. 比较教育学报，2020（1）：24.
[②] 彭寿清. 日本基础教育课程改革及特点［J］. 当代教育科学，2004（18）：46.
[③] 罗朝猛. 21 世纪型能力："核心素养"的日本表达［J］. 教书育人（校长参考），2017（3）：37.
[④] 李协京. 对日本基础教育课程改革的考察［J］. 教育评论，2003（1）：104.

习指导纲领》，标志着以能力为核心的基础教育课程改革全面展开。"扎实学力"的提出，标志着日本教育改革进入了"2.0时代"（罗朝猛，2017：37)[①]。2004年，日本发布的《我国高等教育的未来》倡导未来的高等教育以培养"21世纪型公民"为目标。2007年，日本发表的《教育课程分会关于全部审议结果的总结报告》提出，学力要素包括：基础知识与基本技能的掌握，应用知识和技能解决问题所需的思考能力、判断能力、表现能力等，学习意愿。

2008年，日本发布《学习指导要领》，对教育法作出一系列修改，制定了新的教育方针，提出要培养能够担负起日本未来发展使命的日本公民。日本的《学习指导要领》指出生存能力的主要表现形式为"确切的学力"，特别强调提升问题解决的素养和能力，尤其关注学生的语言能力、科技应用能力、外语能力、注重传统文化、实践能力、道德素养、身体健康、参与社会活动八个方面的素养。在2003至2008年五年间，日本根据自身所需人才的规格与要求，提出了"完整的人素养""职业素养""公民素养"和"大学生素养"培养目标，构建了从"知识素养""社会与人际关系素养"到"自我管理素养"三个维度的指标体系，为"21世纪型能力"框架建构奠定了基础（罗朝猛，2017：38)[②]。

2009年，日本修订颁布的课程标准——《学习指导要领》将培养学生的"生存能力"定为日本义务教育的基本目标。《学习指导要领》所倡导的培养"生存能力"的教育目标是指"扎实掌握基础知识和基本技能，在复杂变化的社会环境中独立发现问题、主观判断、自主行动、妥善解决问题的素质和能力，自律、协作、爱心、感动等丰富的内心世界"（田辉，2009：62)[③]。这是日本根据教育现状和21世纪社会发展提出的基本理念。

从2009年开始，日本国立教育政策研究所教育课程研究中心根据社会的变化、世界的教育动向和教育教学研究的成果等，历经数年，对上述四部门所提出的"核心素养"进行了研究、完善与提炼。

三、21世纪型能力

2013年3月，日本向社会公布了《培养适应社会变化的素质与能力的教

[①] 罗朝猛. 21世纪型能力："核心素养"的日本表达[J]. 教书育人（校长参考），2017（3）：37.

[②] 罗朝猛. 21世纪型能力："核心素养"的日本表达[J]. 教书育人（校长参考），2017（3）：38.

[③] 田辉. 日本将生存能力写入教育基本目标[J]. 山西教育（教育管理），2009（2）：62.

育课程编制的基本原理》的研究报告,提出了面向国际、立足本国的"21世纪型能力"核心素养框架。从此,日本学校以培养学生基础能力、思考能力和实践能力"三位一体"的"生存力"为具体方向,引起了全日本社会的广泛关注(罗朝猛,2017:38)。

日本"21世纪型能力"框架(图3-6)即日本学生核心素养表述。"21世纪型能力"框架内核是基础能力,中层为思维能力,最外层是实践能力,用三个圆表示三种能力的关系,基础能力支撑着思维能力,而实践能力则引导着思维能力。同时,这三个圆是重叠的,意味着基础能力、思维能力和实践能力不是孤立存在的,都是相互依存的,无论何种课程,都要共同体现这三方面的能力(辛涛,姜宇,2015:56)[①]。

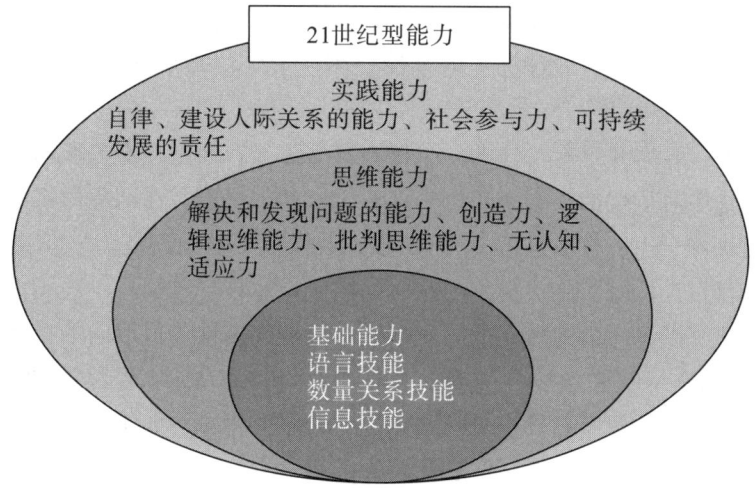

图3-6 日本"21世纪型能力"框架

2016年,日本全面修订《学习指导要领》,旨在将课程改革理念外显化。其中,"生存能力"强调学生在急剧变化的社会中为了更好地生活所必备的能力,并将"资质与能力"培养列为首要目标。从内涵上看,"资质与能力"是"生存能力"的具体化,包括"知识、技能、情意"三大要素。这三要素之间的关系并非单向的,而是相辅相成、相互促进。此次课程改革将《学习指导要领》(2008年)中的"思考力、判断力"丰富为"思考力、判断力和表现力",还将强调"知识与技能"和"思考力与判断力"两者之间的平衡转变为强调"知识与技能""思考力与判断力""学力与人性"三者之间的均衡性、结构化

---

① 辛涛,姜宇. 全球视域下学生核心素养模型的构建[J]. 人民教育,2015(9):56.

和关联性（图 3—7）（李婷婷，王秀红，2019：107）[1]。

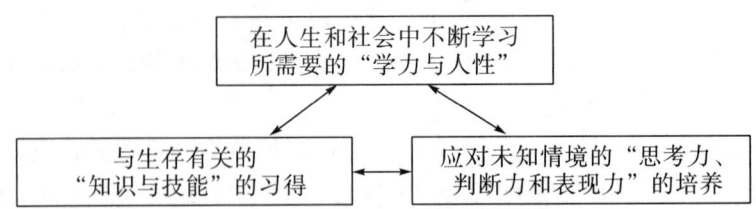

图 3—7 "资质与能力"三大要素框架

2017 年版的《学习指导要领》提出素养和能力是"生存能力"培养的首要目标，围绕素养和能力以推动课程结构化（文部科学省，2018）[2]。这就意味着"学力"教育内涵的再次转向为注重素养和能力，即培养学生在 21 世纪社会生存所必须具备的素养和能力，形成真实的学力，已成为日本教育的中心课题。这表明日本是通过课程标准内容设置体现学生核心素养的（辛涛，姜宇，王烨辉，2014：8）[3]。

事实上，日本并没有单独的学生核心素养体系，而是在课程标准和相关教育政策文件中对学生的核心素养培养作出了专门的规定，在课程体系中明确体现了如何培养学生的核心素养。可以说，日本"21 世纪型能力"承袭了生存能力的教育目标，赋予了终身学习的时代内涵，体现了跨学科、通用性的综合素养，突出了以思考力为核心的高阶性，凸显了人文性价值取向的教育理念。

如果 1989 年的"新学力"被誉为日本教育改革的"1.0 版"，那么 2002 年的"扎实学力"标志着日本教育改革进入了"2.0 版"时代。从 1989 年至 2013 年 24 年间，日本教育改革完成了从"新学力""1.0 版"到"21 世纪型能力""3.0 版"的转变。2016 年"资质与能力"培养被列为日本基础教育首要目标，并在新一轮课程改革中具体化，凸显了日本教育对"生存能力"的新视野。

---

[1] 李婷婷，王秀红. 日本新一轮基础教育课程改革新动向 [J]. 外国教育研究，2019 (3)：107.
[2] 文部科学省. 幼稚園教育要領、小•中学校学習指導要領関係 [EB/OL]. (2018—07—29) [2022—08—09]. http://www.mext.go.jp/a_menu/shotou/new-cs/1384661.htm.
[3] 辛涛，姜宇，王烨辉. 基于学生核心素养的课程体系建构 [J]. 北京师范大学学报（社会科学版），2014 (1)：8.

第十节　韩国核心素养

一、研制背景

韩国核心素养是在国际教育潮流的接纳与本国的排斥中博弈的结果。受1997年经合组织"学习者素养"和2002年美国"21世纪技能"的影响,韩国学者着手研究"核心素养"理论并以此推动韩国的教育改革。最具代表性的人物是韩国教育课程研究院李光愚,他极力主张以核心素养为基干的课程标准。其理由有三个:一是美国、新西兰、德国等国已提出了本国的"核心素养"体系,二是未来韩国应通过培养学生的核心素养使他们具有终身学习的能力,三是韩国应在核心素养的体系下加强融合课程的设计(姜英敏,2016:61)[①]。当时的韩国不仅没有自己的"核心素养",而且终身学习的理念也不够深入,仍然处于以学科课程为主、以知识传授为中心的传统教育阶段。

自然地,2009年课程改革没有将"核心素养"纳入课程内容之中,反映出韩国对舶来理论的谨慎态度。但是地方教育部门频频出台各类"核心素养"的教育项目,一些教师在中小学教学中运用"核心素养"理念指导教育教学改革。值得肯定的是,2009年课程改革时,教育部提出,基础教育培养出的人才必须从"以技能型人才为中心向以创造型人才为中心"转换,从"国内型人才向世界型人才"转换。

进入21世纪以后,在学科交叉、知识融合和技术集成等综合因素作用下,社会经济发展急需复合型人才。基于这一认知,韩国政府从2011年开始推进了一系列政策措施,力求培养兼具人文底蕴、科学素养和创新能力的"创新融合型人才",如开始大力推进STEEM教育、STEAM教育和SMAERT教育。2011年,韩国小学生参加国际教育评价研究和测评,在50个参与国的排名中,数学成绩排名第二,但对数学的学习兴趣排名在第50位;科学成绩排名第一,但学习兴趣排名在第48位。相似的测评结果也发生在对初中学生的测试中(吕君,韩大东,2019:94)[②]。这表明,韩国的基础教育课程结构、课程

[①] 姜英敏. 韩国"核心素养"体系的价值选择[J]. 比较教育研究. 2016 (12):61.
[②] 吕君,韩大东. "核心素养"理念下的韩国新一轮基础教育课程改革述评[J]. 基础教育,2019 (1):94.

教学亟待完善。

韩国基础教育存在的诸多问题成为韩国政府推进课程改革的重要原因。一是韩国从初中起学校教育大都是围绕大学升学考试进行的，造成应试教育背景下的"教育热"顽疾，学生学习负担过重，对身心健康造成严重影响，直接导致中小学生的学习兴趣不浓。二是韩国当时的基础教育课程设置不利于复合型人才的培养。基础教育的原有课程体系是按照学科划分的，文理分科体系仍然存在。因此，韩国希望通过改革课程设置，减少课程科目，减轻学生学习负担，旨在培养"创新融合型人才"。

韩国在基础教育上实施创新性的课程教学改革。

第一，对课程设置进行全方位改革。韩国首先规定学科群，强调课程的综合性，增加"融合课程"的比例。尽管韩国在课程模块中也有跨学科或综合性课程，但是其地位和占比自然无法与国语、数学等主科相比。在核心素养思路下，韩国取消高中文理分科制度。在课程设置方面，原有的物理、化学等科目被新设的"统合社会""统合科学"取而代之。"融合课程"带来了教学方法的变革，教师采用讨论、实验、情节设计及研究课题等形式，充分发挥学生主动思考和创意的潜能。在教学评价方面，教师减少笔试测评，增加叙述性和过程性评价的比例。

第二，对学期设置进行调整创新。在初中一、二年级选出一个学期设为"初中自由学期"。自2013年开始在实验学校试行的"自由学期制"逐渐推行至全国。自由学期有三大特点：一是在初一或初二的一个学期内实行上午上课、下午参加各类体验活动的"自由课程"学习，增加学生的职业体验；二是取消各种形式的考试，让学生尝试认识自己和世界；三是改变学习时空，增加学校、社会、家庭联系，将学习地点扩展至校外、企业或服务行业等（姜英敏，2016：64）[1]。在自由学期，各学校将通过职业探索类、主题选择类、艺术或体育类、学生社团类四大类活动达到学习目的，以此达到培养学生各类潜能和自主解决问题的能力。

第三，增设未来职业计划选修类课程。在高中阶段，为了增强高中生未来职业规划生涯，大量增加职业选修类课程。2013年，韩国宣布制定《全国从业能力资格标准》，首先制定出"推理能力""人际交往能力""信息处理能力""自我发展能力"等职业都需要的核心能力。职业教育机构和部分大学根据这些核心能力标准，在课程体系中植入相应的职业类课程。在基础教育高中阶

---

[1] 姜英敏. 韩国"核心素养"体系的价值选择［J］. 比较教育研究. 2016（12）：64.

段，学生根据自己的兴趣和未来的职业规划，选择全国从业能力资格标准指导下的课程，以增强职业体验感。

第四，建立"先就业、后学习"的制度。韩国构建终身学习体系，建设国民在一生中都可以反复工作和学习的环境。在高中阶段，韩国打破原有普通高中与职业高中之间课程的"双轨"藩篱，完善职业高中课程体系，并在高等教育选拔中增加职业高中学生的机会。在高等职业教育阶段，韩国通过增设网络大学、企业内大学，增加企业与大学的联合培养模式，在职业大学内设置硕士、博士课程，为职业高中学生提供更多发展机会，特别是高中毕业后即就业的学生也有机会能够回到学校再学习。

2014年，在新一轮教育课程改革酝酿之际，韩国教育课程评价院再次提交"国家教育课程标准总论改革基础研究"，重议核心素养体系建构之必要。此次咨询报告特别强调核心素养教育已成为世界教育改革潮流，呼吁教育部积极采纳（姜英敏，2016：62）[①]。大势所趋，2015年韩国教育课程评价院宣布将"核心素养"作为韩国初中等教育课程的设计理念和依据。韩国政府最终实行了新的课程改革，但其根本内容与其不断强调的培养学生综合能力、创造力、解决问题的能力等一脉相承，可以说韩国的"核心素养"是国际教育潮流与本土教育需要相结合的产物。

二、体系特征

纵观韩国历史，"弘益人间"是古朝鲜的建国理念，旨在培养作为地球共同体的一员所应具备的品质，具有先进的教育理念。韩国学者重解并赋予"弘益人间"时代的生命力，它仍然作为韩国的教育目的和基础教育课程开发的基本原则（姜英敏，2016：62）[②]。"全人教育"思想始于韩国末代国王高宗1895年的诏书，意在培养"德、智、体"全面发展的韩国人。"全人"式发展是韩国教育所追求的目标。进入21世纪，韩国明确提出"建设人才强国"的构想，决心成为"教育竞争力世界排名前10位国家"，其教育政策致力于培养创新人才。这些理念是韩国历经岁月积淀而成的教育理想与目标，也成了本土化"核心素养"继承与发展的必然价值选择。

2015年9月，韩国政府颁布"核心素养"框架并据此设计初中等教育课程，在全国产生了巨大的影响，引起了不小的争论。争论的焦点集中在新的

[①] 姜英敏. 韩国"核心素养"体系的价值选择［J］. 比较教育研究，2016（12）：62.
[②] 姜英敏. 韩国"核心素养"体系的价值选择［J］. 比较教育研究. 2016（12）：62.

"核心素养"与韩国一直秉承的"全人教育"理念的差别。"核心素养"的推动者批评"全人教育"是传统教育时代的产物，过度强调智育、德育、体育的全面发展而没有突出未来韩国人必须具有的核心能力，因为"核心素养"体系才能反映全球化时代不可或缺的教育理念。"核心素养"的反对者认为，韩国既有的"全人教育"理念已经包含核心素养的所有要素，无需再用新的核心素养取而代之。

韩国政府在接纳西方舶来品"核心素养"理念的同时，重新定位原有的教育理念，明确这些理念与核心素养的关系。最具有代表性的是"弘益人间"教育目的、"全人教育"目标、"创造力与人性"核心品质。负责韩国初中等教育课程改革方案设计的李光愚认为，"核心素养"（Core competency/Key competency）是为有效、合理地解决复杂多样的现象或问题要求学习者形成的知识、技能、态度之总和。该素养不是特指学习者（或社会人）所具有的特殊能力，而是指所有人通过初中等教育应形成的基本、普遍、共同能力。韩国核心素养包括个人与外部世界的关系、自身的内涵发展、生存技能的习得三个维度（表3-6）。

表3-6 韩国核心素养体系（姜英敏，2016）[①]

维度	素养内容
个人与外部世界的关系	具有作为地区、国家、世界共同体成员所应具备的价值和态度，积极参与共同体发展的"共同体素养"
	在各种情形下有效表达自己想法和情绪并尊重和倾听他人想法的"交流沟通素养"
自身的内涵发展	具有明确的自身定位和自信，得以自主生活的"自我管理素养"
	以对人的同情、理解及文化感受能力为基础，发现生命意义与价值的"审美感性素养"
生存技能的习得	以广博的知识为基础，融合多种专业领域的知识、技术、经验，创造新知的"创造性思维素养"
	正确处理和运用各领域知识信息，从而合理解决问题的"知识信息处理素养"

韩国核心素养的选择反映出国家对当今社会教育问题的认识和对未来人才

---

① 姜英敏."核心素养"成为韩国教改主调[N].光明日报，2016-06-05（8）

的期待，是今日韩国必然的价值选择。

三、课程改革

韩国 2015 年颁布新的初等、中等教育课程标准，计划从 2017 年开始逐步启用新课程，直到 2020 年 3 月覆盖至所有学段。韩国基础教育课程改革虽然是针对第七次课程改革的修订和调整，但此次课程改革不仅仅是在教材、教学设备等物质层面上的革新，更重要的是在教育理念层面上进行了革新。"核心素养"理念下的新课程将在课程设置、课程内容和评价方式、教学方式等方面迎来翻天覆地的变化。

核心素养体系在基础教育课程框架中被提出，成为贯穿教育课程的设计理念，被视为实现"全人"培养目标和"弘益人间"教育目的的途径和手段。在韩国，"全人教育"被认为是 21 世纪教育中应该强调的教育目标。即使韩国颁布了本国的核心素养体系，新教育课程仍然将"全人教育"作为培养目标，可见韩国对"全人"理念的重视程度。韩国教育部颁布新的初中等教育课程，提出将以"核心素养"作为课程设计的思路，旨在培养创造型、复合型人才，通过核心素养教育使学生具备"正直的人品""基于人文素养的想象力"和"科技创造力"。

韩国"核心素养"具有其价值特征。韩国的教育目标突出培养具有四大特征之人：一是确立自我认同感，主动开拓前途和生活的"自主之人"；二是懂得多角度思考，勇于挑战自我，不断创建新知的"创意之人"；三是在理解文化素养和多元价值的基础上，共享并发展人类文化的"有教养之人"；四是具有共同体意识，争当民主市民/公民，懂得关爱的"共生之人"（姜英敏，2016：64）[1]。可以看出，韩国"核心素养"表面上看是回应了世界教育的潮流，但从设计思路上仍然扎根韩国教育现状，呈现出鲜明的本土特色与特质。

韩国新一轮基础教育课程改革主要强调培养具备"核心素养"的"创新融合型人才"（图 3-8）。韩国对小学阶段的教育目标进行了修正，培养小学生在学习及日常生活中所必需的基本习惯和基础能力，帮助小学生形成良好品格；课程结构依然沿用科目群的设置方式。对初中阶段的教育目标稍微作了修订，提升学生在日常生活和学习中所必需的基本能力，提高国民应具备的基本素质；减少选择科目的课时，增加信息技术课的课时；在课程结构上，将"创意性体验活动"与"自由课程"相结合。高中阶段培养学生具备国民的基本素

---

[1] 姜英敏. 韩国"核心素养"体系的价值选择［J］. 比较教育研究，2016（12）：64.

质、跨文化交流能力及能够根据自己的个性和素质选择、规划人生道路的能力；课程结构的改革力度最大，取消文理分科制度并新设"融合课程"，纳入学校课程体系（吕君，韩大东，2019：97）[①]。韩国经历了两轮课程改革周期才完成核心素养体系的建构。

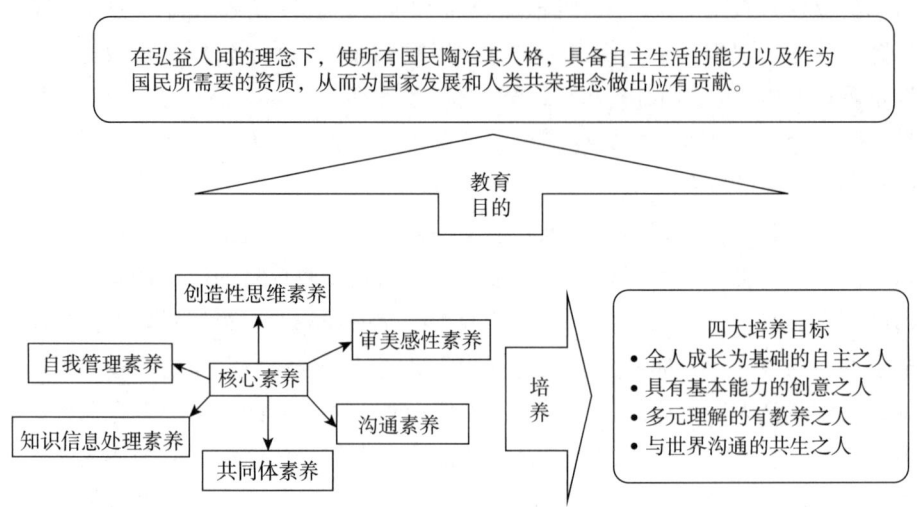

图3-8　韩国2015年基础教育课程体系中"核心素养"的定位

第十一节　俄罗斯核心素养

一、素养的细化

在20世纪30年代的苏联时期，每个公民都可以免费接受七年教育，这在当时的全世界都是绝无仅有的。1988年，苏联开启了以"多元化""国民化"和"个性化"为指导原则，旨在建立人道化、个性化、人文价值取向的基础教育现代化改革。1992年，俄罗斯颁布的《教育法》标志着基础教育现代化改革走向制度化。早在20世纪90年代初，俄罗斯就提出了"终身职业教育"的理念。这表明俄罗斯核心素养的研制不仅时间早，而且将基础教育与高等教育进行纵向一体化设计。

[①] 吕君，韩大东."核心素养"理念下的韩国新一轮基础教育课程改革述评［J］. 基础教育，2019（1）：97.

第三章
世界主要国家核心素养

进入 21 世纪，普京政府通过出台的一系列基础教育政策，全面推动基础教育现代化改革进程。其改革背景是俄罗斯学生在国际测评尤其是 PISA 测试中的结果不佳，表明俄罗斯教育与其他国家有一定的差异，其原因是俄罗斯教育注重知识的传承，在运用已有知识解决实际问题能力的培养方面比较欠缺。实际上，俄罗斯的传统教育理念比较重视能力教育，这种传统理念与欧洲教育一体化、国际测评融合，不断改进教育领域重知识传授、轻能力提高的人才培养弊端，推动俄罗斯迈向能力导向的"核心素养"教育，构建以"核心素养"为基础的创新人才培养模式。

俄罗斯是较早把"核心素养"作为教育改革重心的国家之一。2001 年，俄罗斯联邦教育部编制了《普通教育内容现代化战略》。该文件提出，俄罗斯的教育改革要把素养导向作为核心，从注重知识的传授转向注重能力的培养。普通教育要培养的能力包括自主认知素养、日常生活素养、公民团体素养、社会劳动素养、文化休闲素养五大"核心素养"（陈亭秀，2017：10）[①]。俄罗斯明确指出，素养不仅包括认知、操作和技术层面，还涉及动机、道德、社会和行为层面，是学习成果（知识与能力）、价值取向体系和生活习惯的综合。虽然素养的形成主要源于学校的教育过程之中，但家庭、朋友、工作、政治、宗教和文化等因素有着重要的影响。所以，学生生活和成长的整体文化氛围对"核心素养"的形成起着决定性的作用。

2002 年，俄罗斯联邦教育与科学部对五大"核心素养"进行了细化。认知素养指获取信息和知识的能力，日常生活素养涉及个人健康、家庭生活等，文化休闲素养是公民能够利用闲暇时间丰富个人文化精神生活的保证，公民团体素养则帮助学生适应公民、选举人、消费者等角色，社会劳动素养是要教会学生分析劳动市场情况、评估自己的职业机会、处理劳动关系的伦理与道德、培养自我管理能力等（师曼，刘晟，刘霞，等，2016：32）[②]。2003 年，俄罗斯为了提高国家竞争力，开始了新时期的教育改革。这场改革是一场从基础教育的教育标准和教育质量监控到高等教育的学位体系都在发生深刻变化的系统性改革。

[①] 陈亭秀. 俄罗斯能力导向的"核心素养"实践与反思［J］. 湖北教育（教育教学），2017（7）：10.

[②] 师曼，刘晟，刘霞，等. 21 世纪核心素养的框架及要素研究［J］. 华东师范大学学报（教育科学版），2016（3）：32.

二、"两代"课标

2004年，俄罗斯颁布了《关于小学、中学与高中普通教育国家教育标准（联邦部分）》（简称"一代标准"）。"一代标准"将发展学生的潜能、学习兴趣以及良好的个性品质置于首要目标，并以保证"学生个体发展"作为主要的教育任务之一。2006年，莫斯科开启了旨在实现中小学教育现代化的"未来学校"项目，把培养学生的思维能力、主体性和行动力作为目的，将"关键能力"和"通用能力"作为评价学生学业成就的主要指标，将相互联系的任务贯穿在学习、教学和管理活动中，提倡以"超学科"的方式组织教学。"未来学校"项目以关键能力和通用能力作为评价学生学业成就的主要指标，要求毕业生具备思考和理解的能力、确定行为目标的能力、社会行动的能力、开展交往和沟通的能力，以及能够理解别人，并阐述个人思想的能力（陈亭秀，2017：12）[①]。

2007年，俄罗斯通过《关于在俄罗斯联邦法律中贯彻国家教育标准的概念和结构部分的改变》，确定必须在所有的教育水平以各种形式发展学生的核心素养，由此推动基础教育和高等教育标准的修订都以核心素养为基础（魏锐，刘晟，师曼，等，2016：47）[②]。2008年，俄罗斯通过的《全俄教育质量评价体系构想》中明确指出，要使用能力指向的测量工具，构建初等、基础和完全普通教育机构培养质量的监测体系。此举意在扭转人才培养中过分注重知识的弊端，目的是增强学生运用已有知识解决实际问题的能力。2009年，俄罗斯教育科学部通过了《我们的新学校》方案。该方案强调中小学生的能力导向，注重培养学生在分析、理解和解决问题等方面的基本能力，通过更新教育计划和教学方法给学生提供接受个性化教育的不同路径，帮助学生实现自己的理想。

俄罗斯意识到"一代标准"只靠教育内容的改革，无法彻底转变"知识传递式"的教学传统，难以培养出学生学习的能力以及适应未来社会的素养。为了加快深化教育改革的步伐，俄罗斯于2010年发布了《普通教育国家教育标准》（简称"二代标准"），规定了对学生学习成果的要求。一是个性修养：自我认知与规划、学习动机、社会交往、国家认同等方面的发展。二是通用的学

[①] 陈亭秀. 俄罗斯能力导向的"核心素养"实践与反思[J]. 湖北教育（教育教学），2017（7）：12.

[②] 魏锐，刘晟，师曼，等. 21世纪核心素养教育的支持体系[J]. 华东师范大学学报（教育科学版），2016（3）：47.

习能力：掌握跨学科知识和一般学习能力，应用跨学科知识解决问题和合作学习等方面的能力。三是学科学习成果：学科的知识与技能以及学科学习的活动、方法、思维模式及应用等（高玉洁，2007）[①]。这就是俄罗斯基于"通用学习行为"的基础教育核心素养框架（张艳，周武雷，潘苏东，2019：107）[②]。可见，俄罗斯长时期的个性化教育的改革发展最终为核心素养框架"通用学习行为"的提出提供了内在动力。

"二代标准"着力解决中小学"怎么学"和"怎么教"的问题，提出通过以"系统活动"的教学方式来培养学生的通用学习行为能力，以达到最终实现学生认知能力最大化发展的目的。"二代标准"要求普通教育要实现基础性知识与实践性知识的结合；教育过程不仅关注知识的掌握，还要关注思维能力的发展和实践技能的养成；增加实习课、互动作业和集体作业的比例；所学内容要与日常生活相联系等。"二代标准"尽力扩大各层次教学计划中开放教育的分量，培养学生在运用信息和通信技术方面的基本能力。值得注意的是，俄罗斯中小学课程结构突出完整性。其课程体系涉及品德与价值观、生命与健康、语言与文学、人文与社会科学与探究、信息与技术、艺术与审美等领域，体现学生核心素养的根基性、支撑性、生成性、可持续发展性"四性"价值与功能（成尚荣，2016）[③]。

三、素养的深化

俄罗斯不断加大创新性国家发展和高等教育核心素养的推进力度。2011年12月，俄罗斯政府出台《2020年前俄罗斯创新发展战略》。该战略确定了俄罗斯创新发展目标、重点方向和主要措施，提出支持创新型企业、培养创新型人才、建立创新型国家、走向全球化发展、创新基础设施、科研创新、区域创新和创新政策等主要措施。该战略对未来教师培养提出，创造性能力的培养要逐步超过教学法的传授，能力范式的人才培养将成为师范教育现代化的一个方向，未来教师不仅要掌握专门的职业知识，还要发展自身的职业能力，并且要掌握评价自身教育活动的能力（陈亭秀，2017：12）[④]。

[①] 高玉洁. 俄罗斯《普通教育国家教育标准》研究［D］. 南京：南京师范大学，2007.
[②] 张艳，周武雷，潘苏东. 通用学习行为——俄罗斯核心素养框架研究［J］. 中国矿业大学学报（社会科学版），2019（4）：107.
[③] 成尚荣. 核心素养的中国表达［N］. 中国教育报，2016-09-19（4）.
[④] 陈亭秀. 俄罗斯能力导向的"核心素养"实践与反思［J］. 湖北教育（教育教学），2017（7）：12.

2014年，各专业方向高等教育标准陆续出台，对本科毕业生学习成果的要求包括三类核心素养：一般文化素养、一般职业素养和专业素养。一般文化素养分为三个观点（个性文化观、活动文化观、人与其他人相互社会作用文化观），涵盖六个方向（文化关系和文化调节——个性文化，精神活动文化和物质活动文化——活动文化，行为文化和交际文化——社会相互作用文化）（刘玉霞，2011：130）[1]。一般职业素养体现为职业教育终身化、课堂教学内容多样化和个性化、人才培养目标与市场接轨（张凤珍，2016：111）[2]。专业素养也叫专业能力，包括价值观、普通文化、认知、信息方法、交际、社会活动、个人自我完善方面的能力（魏锐，刘晟，师曼，等，2016：47）[3]。

为了确保能力导向"核心素养"教育和创新发展战略的落实，俄罗斯尤其注重教师人才培养的创新，突出师范教育的人文性、专业性和实践性。在师资队伍培养方面，创造性能力培养应取代传统的知识性传授，能力导向的人才培养是师范教育的发展方向；教师既要掌握专门的学科性知识，还要发展自身的教学能力，更要具备评价自身教育活动的能力。

第十二节　中国核心素养

一、研制背景

自 21 世纪以来，核心素养理念对我国基础教育课程教学改革的影响日益凸显。在中国从 2001 年起实施的第九次基础教育课程改革中，情意目标主要包括情感、态度和价值观三个要素，体现为教学目标的多元整合，即知识与技能、过程与方法、情感态度与价值观的三维目标观，落实在各学科课程标准和教学、评价等各个方面。研制中国学生发展核心素养，根本出发点是全面贯彻党的教育方针，践行社会主义核心价值观，落实立德树人的根本任务，突出强调社会责任感、创新精神和实践能力，促进学生全面发展，使之成为中国特色社会主义合格建设者和可靠接班人。

核心素养是学生在接受相应学科学段的教育过程之中，逐步形成我国公民

---

[1] 刘玉霞. 俄罗斯教育中的人类文化素养与社会专业能力 [J]. 中国成人教育，2011 (7)：130.
[2] 张凤珍. 试论俄罗斯职业教育的特色 [J]. 语文学刊，2016 (24)：111.
[3] 魏锐，刘晟，师曼，等. 21 世纪核心素养教育的支持体系 [J]. 华东师范大学学报（教育科学版），2016 (3)：47.

应对未来社会发展需要的必备品格与关键能力。它是关于学生知识、技能、情感、态度、价值观等诸多方面要求的综合体，其关注点指向学生在培养过程中的体悟与感悟，而非学生培养的结果。核心素养具有稳定性、开放性、发展性，是一个伴随学生终身可持续发展、与时俱进不断优化的动态过程，是个体能够适应未来社会、促进终身学习、实现全面发展的基本保障。

我国核心素养的研制背景可以概括为四个方面。一是时代之需：培养21世纪信息时代、知识社会、全球化时代的新人。二是国际潮流：国际化教育的核心素养构建已经成为21世纪教育的主流话题。三是面向未来：教育要主动关切未来社会的关键、迎接未来公民素质的挑战。四是中国实际：教育既要立足我国传统，又要面向现代化，走开放、改革的道路。因此，核心素养的研制是深化课程教学改革和落实立德树人的关键因素。

二、研制过程

核心素养开启我国素质教育的新征程。2013年5月，北京师范大学林崇德教授带领5所高校90余名研究人员，开展"基础教育和高等教育阶段学生核心素养总体框架研究"，标志着我国核心素养的研究正式揭开了帷幕。2014年3月，"核心素养"首次出现在教育部颁布的《关于全面深化课程改革落实立德树人根本任务的意见》中。该意见明确提出将"立德树人"作为人才培养的根本任务，要求各类学校必须把核心素养扎实、稳健地落实到学校的教育教学中（钟启泉，2015）[1]，旨在以"核心素养"为突破口推动基础教育新一轮课程改革，从"完整的人""全人教育"视域进一步深化素质教育。

2016年2月，教育部公布《中国学生发展核心素养（征求意见稿）》。征求意见稿指出，学生发展核心素养是学生应具备的、能够适应终身发展和社会发展需要的必备品格和关键能力，体现为九大素养、二十五个基本要点（表3—7）、七十个关键表现（崔允漷，2016：5）[2]。其中"社会责任"名列首位。征求意见稿为我国"要培养什么样的人"做出了具体的回应（孙思雨，2016：15）[3]。中国教育学会就征求意见稿面向各省市学会等机构广泛征求意见。

---

[1] 钟启泉. 核心素养的"核心"在哪里 [N]. 中国教育报，2015-04-01（7）.
[2] 崔允漷. 素养：一个让人欢喜让人忧的概念 [J]. 华东师范大学学报（教育科学版），2016（1）：5.
[3] 孙思雨. 国内关于核心素养研究的文献综述 [J]. 基础教育研究，2016（17）：15.

表 3-7　中国学生发展核心素养（征求意见稿）

三个方面	九大素养	基本要点
社会参与	社会责任　国家认同　国际理解	诚信友善　合作担当　法治信仰 生态意识 国家意识　政治认同　文化自信 全球视野　尊重差异
自主发展	身心健康　学会学习　实践创新	珍爱生命　健全人格　适性发展 乐学善学　勤于反思　数字学习 热爱劳动　批判质疑　问题解决
文化修养	人文底蕴　科学精神　审美情趣	人文积淀　人文情怀 崇尚真知　理性思维　勇于探究 感悟鉴赏　创意表达

征求意见稿的发布引起了学界的热议。《中国学生发展核心素养》不仅拉动了各学科"内涵式"发展，而且核心素养成为一枚改变教育内涵的"楔子"（李帆，2015：18)[①]。

三、具体内容

经过三年的集中攻关，课题组于 2016 年 9 月 13 日在北京师范大学正式发布《中国学生发展核心素养》总体框架。中国学生发展核心素养，以科学性、时代性和民族性为基本原则，以培养"全面发展的人"为核心，分为"文化基础、自主发展、社会参与"三个方面，综合表现为"人文底蕴、科学精神、学会学习、健康生活、责任担当、实践创新"六大素养，具体细化为国家认同等十八个基本要点，每个基本要点涵盖若干测评点。因此，总体框架被概括为"三个方面、六大素养、十八个基本点（表 3-8、图 3-9）、N 个测评点"四级框架，随之启动了"核心素养"指导下的课程设计与发展工作（林崇德，2016：14)[②]。这既是中国教育改革的"关键"、新课标的"源头"，更是中高考评价的"风向标"，标志着中国基础教育改革进入"核心素养时代"。这一总体框架明确了学生应具备的适应终身发展和社会发展需要的必备品格和关键能力，可针对学生年龄特点进一步提出各学段的具体表现要求及要点内涵（表 3-9）。

[①] 李帆.核心素养，一枚改变教育内涵的"楔子"[J].人民教育，2015（24）：18.
[②] 林崇德.中国学生发展核心素养：深入回答"立什么德、树什么人"[J].人民教育，2016（19）：14.

表 3－8 中国学生发展核心素养

三个方面	六大素养	基本要点
文化基础	人文底蕴　科学精神	人文积淀　人文情怀　审美情趣 理性思维　批判质疑　勇于探究
自主发展	学会学习　健康生活	乐学善学　勤于反思　信息意识 珍爱生命　健康人格　自我管理
社会参与	责任担当　实践创新	社会责任　国家认同　国际理解 劳动意识　问题解决　技术应用

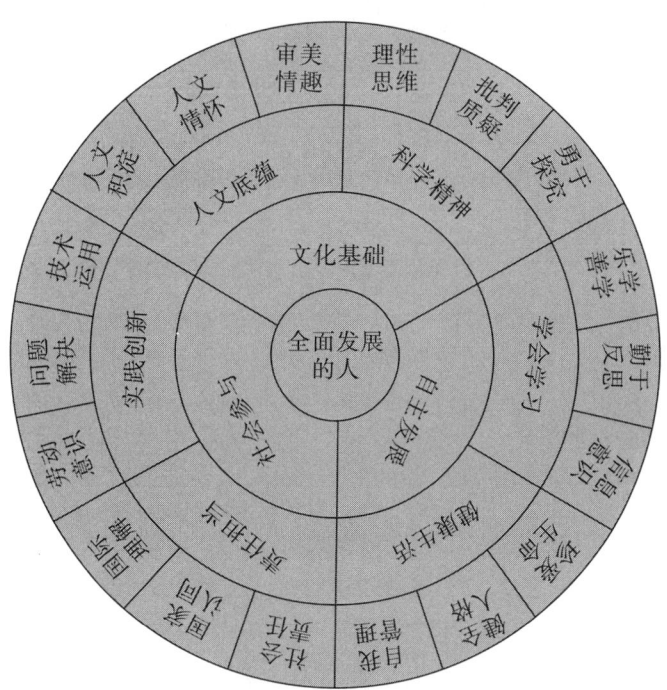

图 3－9 中国学生发展核心素养总体框架

表 3—9　中国学生发展核心素养要点内涵（核心素养研究课题组，2016）[①]

三个方面	六大核心素养	十八个基本要点	主要表现描述
文化基础	人文底蕴	人文积淀	具有古今中外人文领域基本知识和成果的积累，能理解和掌握人文思想中所蕴含的认识方法和实践方法等
		人文情怀	具有以人为本的意识，尊重、维护人的尊严和价值；能关切人的生存、发展和幸福等
		审美情趣	具有艺术知识、技能与方法的积累；能理解和尊重文化艺术的多样性，具有发现、感知、欣赏、评价美的意识和基本能力；具有健康的审美价值取向；具有艺术表达和创意表现的兴趣和意识，能在生活中拓展和升华美等
	科学精神	理性思维	崇尚真知，能理解和掌握基本的科学原理和方法；尊重事实和证据，有实证意识和严谨的求知态度；逻辑清晰，能运用科学的思维方式认识事物、解决问题、指导行为等
		批判质疑	具有问题意识；能独立思考、独立判断；思维缜密，能多角度、辩证地分析问题，做出选择和决定等
		勇于探究	具有好奇心和想象力；能不畏困难，有坚持不懈的探索精神；能大胆尝试，积极寻求有效的问题解决方法等
自主发展	学会学习	乐学善学	能正确认识和理解学习的价值，具有积极的学习态度和浓厚的学习兴趣；能养成良好的学习习惯，掌握适合自身的学习方法；能自主学习，具有终身学习的意识和能力等
		勤于反思	具有对自己的学习状态进行审视的意识和习惯，善于总结经验；能够根据不同情境和自身实际，选择或调整学习策略和方法等
		信息意识	能自觉、有效地获取、评估、鉴别、使用信息；具有数字化生存能力，主动适应"互联网+"等社会信息化发展趋势；具有网络伦理道德与信息安全意识等
	健康生活	珍爱生命	理解生命意义和人生价值；具有安全意识与自我保护能力；掌握适合自身的运动方法和技能，养成健康文明的行为习惯和生活方式等
		健全人格	具有积极的心理品质，自信自爱，坚韧乐观；有自制力，能调节和管理自己的情绪，具有抗挫折能力等
		自我管理	能正确认识与评估自我，依据自身个性和潜质选择适合的发展方向，合理分配和使用时间与精力，具有达成目标的持续行动力等

---

① 核心素养研究课题组. 中国学生发展核心素养 [J]. 中国教育学刊, 2016 (10)：1—3.

第三章 世界主要国家核心素养

续表3—9

三个方面	六大核心素养	十八个基本要点	主要表现描述
社会参与	责任担当	社会责任	自尊自律，文明礼貌，诚信友善，宽和待人；孝亲敬长，有感恩之心；热心公益和志愿服务，敬业奉献，具有团队意识和互助精神；能主动作为，履职尽责，对自我和他人负责；能明辨是非，具有规则与法治意识，积极履行公民义务，理性行使公民权利；崇尚自由平等，能维护社会公平正义；热爱并尊重自然，具有绿色生活方式和可持续发展理念及行动等
		国家认同	具有国家意识，了解国情历史，认同国民身份，能自觉捍卫国家主权、尊严和利益；具有文化自信，尊重中华民族的优秀文明成果，能传播弘扬中华优秀传统文化和社会主义先进文化；了解中国共产党的历史和光荣传统，具有热爱党、拥护党的意识和行动；理解、接受并自觉践行社会主义核心价值观，具有中国特色社会主义共同理想，有为实现中华民族伟大复兴中国梦而不懈奋斗的信念和行动
		国际理解	具有全球意识和开放的心态，了解人类文明进程和世界发展动态；能尊重世界多元文化的多样性和差异性，积极参与跨文化交流；关注人类面临的全球性挑战，理解人类命运共同体的内涵与价值等
	实践创新	劳动意识	尊重劳动，具有积极的劳动态度和良好的劳动习惯；具有动手操作能力，掌握一定的劳动技能；在主动参加的家务劳动、生产劳动、公益活动和社会实践中，具有改进和创新劳动方式、提高劳动效率的意识；具有通过诚实合法劳动创造成功生活的意识和行动等
		问题解决	善于发现和提出问题，有解决问题的兴趣和热情；能依据特定情境和具体条件，选择制订合理的解决方案；具有在复杂环境中行动的能力等
		技术应用	理解技术与人类文明的有机联系，具有学习掌握技术的兴趣和意愿；具有工程思维，能将创意和方案转化为有形物品或对已有物品进行改进与优化等

虽然两个文稿均有二十五项子素养，但是存在一些差异。"征求意见稿"为三层架构、九大综合素养，而"总体框架"为四级框架、六大素养。"总体框架"中核心素养的"核心"是"全面发展的人"。增加一级目标"文化基础、自主发展、社会参与"。将"征求意见稿"中的"身心健康"修正为"健康生活"，"社会责任"修订为"责任担当"，作为二级目标。将"人文底蕴、科学

精神、学会学习、实践创新"纳入二级目标。将"审美情趣"和"国家认同、国际理解"移入三级目标范畴,分别隶属"人文底蕴"和"责任担当"。"总体框架"在"征求意见稿"基础上对各基本要点的内涵进行了丰富和完善。

"总体框架"有助于高中育人方式的改革。2017年,教育部提出普通高中课程标准"学科核心素养",明确了具体的育人目标和任务。2019年6月19日,国务院办公厅印发的《关于新时代推进普通高中育人方式改革的指导意见》提出,到2022年,德智体美劳全面培养体系进一步完善,全面落实立德树人,大力培养创新人才。我们必须把创新作为引领发展的第一动力,把人才作为支撑发展的第一资源,把创新摆在国家发展全局的核心位置。

虽然不同的学段、不同的学科有着不同的"核心"素养,但是"总体框架"的核心是培养"全面发展的人",这就从顶层设计上回答了"培养什么样的人"的问题。"总体框架"将核心素养确定为所有学生的"共同素养",将知识、技能和态度等作为核心素养的综合表现,核心素养同时具有个人价值和社会价值,核心素养可以通过接受教育形成和发展。在测评方面,核心素养应采用定性与定量相结合的综合评价。在架构上,核心素养应兼顾个体与文化学习、社会参与和自我发展。在发展上,核心素养具有终身发展性,也具有阶段性。从总体看,核心素养的作用发挥具有整合性。

四、中国表达

中国核心素养具有十分明确的导向性。中国学生发展核心素养具有中国特色的"立德树人"的育人模式,是从中国学生发展的实际、特点和需求出发,植根于中华优秀传统文化元素并主动回应中国式现代化建设,对进一步深化课程改革的指导思想、基本原则、主要任务,以及关键领域和主要环节进行了规约。可见,中国学生发展核心素养是一个具有方向性、理念性、价值性、落实性的召唤性结构。

核心素养源于新课程标准,反哺新课程的实施。中国学生发展核心素颁布以后,育人导向更加注重学生理想信念和核心素养的培养,课堂教学更加关注课程建设综合化、主体化、个性化发展趋势,教学实践活动更加关注学生学习体验、动手实践及创新意识的培养。学生的学业负担、课业负担、课后作业进一步减轻,学校课程更加贴近学生的生活实际,尤其注重增加了国家课程和地方课程的适应性。

中国学生发展核心素养既基于素质教育,又是对素质教育的坚守、提升与超越。中国核心素养在内涵界定上,能力与品格并重;在价值取向上,个人发

第三章
世界主要国家核心素养

展取向和社会发展取向二者融合、统一；在具体实施上，落实在课程开发与设计中，落实在学科教学中。中国的价值取向非常鲜明："学生发展核心素养，是指学生应具备的、能够适应终身发展和社会发展需要的必备品格和关键能力。"（成尚荣，2016）[①] 值得注意的是，学校应基于核心素养的中国表达，具有自己的表达、发出自己的声音，寻找学生核心素养落地的关键点，实施校本化、特色化的课改、教改。

研究学生发展核心素养不仅是落实立德树人根本任务的重要举措，也是适应世界教育改革发展的趋势、提升我国教育国际竞争力的迫切需要。"核心素养"作为重要的国家战略，肩负着在相当长的时期引导基础教育变革的使命与责任。"原动力""风向标""关键词"等词汇成了基础教育新一轮课改的代名词，与之相应的课标修订、课程建设、教材变革、考核评价等一系列课改关键环节也随之落地。

概而言之，核心素养立足终身学习，发轫于职业教育的关键能力，其后延伸到了高等教育、基础教育乃至各个阶段的教育过程之中。国际组织和世界主要国家十分重视核心素养的研制。联合国教科文组织强调终身学习理念，提出学会求知、学会做事、学会共处、学会发展、学会改变"五大支柱说"。经合组织提出，知识社会要求人们具有运用社会、文化、技术资源，在异质社群中进行人际互动，自立自主地行动的"三种关键能力"。欧盟基于终身学习强调批判性思维、创造力，提出母语沟通，外语沟通，数学能力及基本科技能力，数位能力，学会如何学习，人际、跨文化与社会能力及公民能力，创业家精神和文化表达的"八大共同能力"。PISA核心素养突出终身学习的价值取向，强调知识、技能、态度、价值观"四个要素"。

不同国家对核心素养提出了不尽相同的理念或框架模型，但是培养公民面向21世纪的核心素养已经成为全球教育的共同追求。起初，英国提出了"核心技能"，美国提出"车间技能"，新西兰提出"基本技能"，新加坡提出"世纪技能"。之后，德国提出"关键能力"，芬兰提出"跨界能力"，澳大利亚提出"核心能力"，韩国提出"核心力量"。再后来，美国在技能的基础上提出"核心知识"，日本则侧重"基础学力"，而法国凸显"共同文化"，俄罗斯强调能力导向下的"核心素养"。中国聚焦"立德树人""全人教育"背景下的"核心素养"教育。站在全球的视阈下，核心素养从"基本技能"到"关键能力"

[①] 成尚荣. 核心素养的中国表达[N]. 中国教育报，2016-09-19（4）.

再到"知识、学力、文化"内涵的历时演变，并在各国教育改革中不断落地扎根、快速发展，归结起来形成了全球核心素养框架（表 3-10）（魏锐，刘晟，师曼，等，2020：21）①。

表 3-10　全球核心素养框架中关注的核心素养

维度	核心素养
领域素养	基础领域素养：语言素养、数学素养、科技素养、人文与社会素养、艺术素养、运动与健康素养 新兴领域素养：信息素养、环境素养、财商素养
通用素养	高阶认知：批判性思维、创造性与问题解决、学会学习与终身学习 个人成长：自我认识与自我调控、人生规划与幸福生活 社会性发展：沟通与合作、领导力、跨文化与国际理解、公民责任与社会参与

值得一提的是，中国学者魏锐等在美国"21 世纪技能"审辨思维（Critical Thinking）、创新（Creativity）、沟通（Communication）、合作（Collaboration）"4C 模型"基础上，创造性地引入"文化理解与传承素养"（Cultural Understanding and Inheritance Competence，简称 Cultural Competence），构建了"21 世纪核心素养 5C 模型"（图 3-12），并作为"5C 素养"的核心，为其他素养提供价值指引。因为创新离不开审辨思维，沟通是合作的基础；良好的审辨思维能够提升沟通与合作的效率，有效的沟通与合作有助于实现更高质量的创新。

图 3-12　21 世纪核心素养 5C 模型

---

① 魏锐，刘晟，师曼，等."21 世纪核心素养 5C 模型"研究设计［J］. 华东师范大学学报（教育科学版），2020（2）：21.

新增的"文化理解与传承素养"不仅对任何一个国家或民族的人才培养都具有指导意义,而且也得到美国"21世纪技能"专家大卫·罗斯(David Ross)的充分赞赏。该素养对于全球不同文化背景的学生都是适用的,并且是至关重要的,它可以很好地弥补"4C模型"的不足(大卫·罗斯,2020:19)[①]。审辨思维素养、创新素养、沟通素养、合作素养已为国际社会普遍共识,而"21世纪核心素养5C模型"既具有国际视野,又体现了中国特色。

[①] [美]大卫·罗斯. 致辞:从"4C"到"5C"——祝贺"21世纪核心素养5C模型"发布[J]. 华东师范大学学报(教育科学版),2020(2):19.

第四章 教师核心素养

教师核心素养体现了教师职业的特殊性、指向性、标志性和不可替代性。教师核心素养既包括从事教师职业所应具备的学科专业知识、学科教学知识、教育信息素养等基础性素养，也包括"教育人"应有的教育情怀、职业道德、交往能力、文化涵养、教育机制等教育性素养。教师核心素养不仅影响着教师的水平，而且关乎着其培养人才的质量。新型课堂教学呼唤教师核心素养。"知识本位"转向"素养本位"，需要教师的素养发生转型，需要各学科素养的融合，需要课程内容的更新，需要课堂教学的创新。

第一节 道德素养

一、教师道德素养的内涵

教师是教育思想的实践者、教育事业的建设者，肩负着贯彻国家的教育方针，培育社会所需人才的重任。21世纪是知识经济社会和信息化时代，也是人才竞争的时代，对人才的渴求比任何时候都更加迫切。国际竞争的实质是综合国力的较量，归根到底是人才的竞争，而教师的素养直接影响到人才质量的高低。因此，教师应立足国际视野，具有家国情怀，富有创新精神，不断提升自身的学识能力，才能做好"大先生"。

2014年9月，习近平总书记视察北京师范大学，发表了关于"四有"好老师的重要讲话。他强调，今天的学生就是未来实现中华民族伟大复兴中国梦的主力军，广大教师就是打造这支中华民族"梦之队"的筑梦人。打造一支有理想信念、有道德情操、有扎实学识、有仁爱之心的"四有"好老师队伍，是学校办学的重要任务（程建平，2017）[①]。这一重要论述旨在号召广大教师为党育人、为国育才，落实"立德树人"的根本任务，做学生锤炼品格、学习知识、创新思维和奉献祖国的"四个引路人"。其关键和核心是教师具有职业道德素养。

教师的身份认同是教师职业道德的前提。教师作为一种职业，指教师群体；从事教师职业的个人，则是教师个体。教师职业认同是教师从内心接受并认同师德的价值、理念、规范等制度，并在行为上与之保持一致的过程（谢延龙，2017：13）[②]。"师德"即教师职业道德的简称，常与"教师道德""教师伦理""教师专业道德"等概念等同。它主要包括两个方面：一方面是教师在从事教育活动时必须遵守的、调节各种教育关系的道德规范与行为准则；另一方面，教师的师德与职业密不可分，教师的角色扮演过程也是教师德性的展示过程（李清雁，易连云，2009：71）[③]，使教师在教育实践中不断发展和超越自我。简言之，"师德"即教师在从事教育劳动过程中所应遵守的道德规范和行为准则。

教师对职业道德的认同既是一个内在的认同过程，也是一个外化的行为过程。因为教师的道德素养包括道德认知素养、道德情感素养和道德行为素养三个维度（蔡辰梅，2019：47）[④]。教师作为培养人才的重要群体，其职业道德具有其特殊的、独特的表征，对学生的成长具有示范性、深远性和全面性的作用（姚晓萍，2018）[⑤]。青少年处于长身体、学知识、立德志的关键时期，具有较强的可塑性、模仿性等个性特征，教师的精神品质和模范榜样和对他们的健康成长起着最直接、最直观的引领示范作用。教师的职业道德和人格魅力是一种隐形的教育力量，对学生的成长与发展起着潜移默化和深刻而久远的影响。教师不仅要知识渊博、道德高尚，而且还应率先垂范、以身作则，才能培养和培育出德智体美劳全面发展的人才。

教师职业道德是教师素养的核心部分。2008年版本的《中小学教师职业道德规范》（教师〔2008〕2号）对中学教师职业道德的内容做了具体规定。其核心内容概括为"爱国守法、爱岗敬业、关爱学生、教书育人、为人师表、终身学习"六个方面："爱国守法"针对教师思想政治观念，"爱岗敬业"针对

[①] 程建平. 培养新时代"四有"好老师［N］. 人民日报，2017-11-23（17）.
[②] 谢延龙. 教师道德认同及其建构路径［J］. 教师教育学报，2017（6）：13.
[③] 李清雁，易连云. 身份认同视域下的教师道德发展［J］. 高等教育研究，2009（10）：71.
[④] 蔡辰梅. 在实践与研究中探析教师核心道德素养［J］. 中国德育，2019（4）：47.
[⑤] 姚晓萍. 中学教师职业道德现状及建设路径研究［D］. 兰州：兰州大学，2018.

教师工作态度，"关爱学生"针对教师在对待学生的态度，"教书育人"针对教师工作方式方法，"为人师表"针对教师自身思想道德素质，"终身学习"针对教师技能与素质提升方面。

目前，一些地方的教师队伍还存在专业精神淡薄、示范作用缺失、师生关系紧张等现象。一些教师对职业的自我认同度不高，致使其自主发展和自我成长的价值导向不明。调查发现，中小学教师在师德方面仍然存在对学生的教育关心不足、教学内容失衡、教学异化、教学中惩戒不当等问题（韩冰，2022：32）[①]。研究显示，乡村定向教师对乡村教育的教育情怀与政策期待有一定差距（曾晓洁，蒋蓉，2018：48）[②]。现实中，部分教师弱化对师德的追求，公众对一些教师的认可度有所下降。针对社会对教师的期望和期待，有必要借鉴国外师德教育的做法。

二、国外师德教育的做法

西方发达国家十分重视教师职业道德的养成教育，尤其注重将其融入和渗透在学校及社会的日常道德教育之中。从教育心理视域看，将教师职业道德教育有机地渗透于学科教学和对学生的日常教育教学管理中，采取"价值澄清"、隐形教育、通识教育等方法，使教师在潜移默化中形成教师职业道德品质，这种方法在信奉价值取向多元化的国家中，不易使教师产生被灌输、被强制的感觉，不易引发逆反心理和意义障碍。责任精神是公民教育的第一要义，在核心素养中占有主要的地位。将教师道德与责任义务教育融入"公民教育"与"责任公民"教育之中，能够培养教师的爱国精神，使其成为尽责尽义务的良好"公民"。这既是教师形成良好职业道德的前提，也是作为一名教师必须具备的道德品质与观念精神，还可以避免师德教育与公民教育"两层皮"现象。

世界各国非常重视对教师的培养和培训，强化师德素养的重要性。无论是教师的入职教育还是在职培训，其主要使命之一是在教师身上发展社会期待于他们的伦理的、智力的和情感的品质，以使他们日后能在学生身上培养同样的品质（联合国教科文组织，1996：143）[③]。这具体体现为：在职培训的立法化、制度化，进修目标的多元化、立体化，进修内容的多样化、系统化，进修方式

[①] 韩冰. 当前我国中小学教师职业道德问题探究 [D]. 石家庄：河北经贸大学，2022.

[②] 曾晓洁, 蒋蓉. 乡村定向教师职业道德素养的现状及其影响 [J]. 湖南第一师范学院学报，2018 (6)：48.

[③] 联合国教科文组织. 教育——财富蕴藏其中 [M]. 联合国教科文组织总部中文科，译. 北京：教育科学出版社，1996：143.

与渠道的灵活性与便利性。各国尤其重视教师的思想道德和职业品格素质，要求教师具有热情、坚定、同情心和同理心、关爱、耐心、自制等品质和献身未来的职业理想。英国提出教师要具有良好的个人素质，法国强调增强教师的职业责任，美国要求具有良好的品德等。有的国家还规定教师就职宣誓制度，以表明忠于教育事业，恪守教师职责（王颖，2010：221）[①]。

美国"年度教师"的道德素养核心内涵值得学习和研究。殷玉新和楚婷（2021）以71位美国"年度教师"为研究对象，采用"自下而上"归纳的方式，深度分析了美国最优秀教师群体所具备的道德素养。研究表明，坚定的道德信念、高尚的道德责任、丰富的道德知识、全面的道德能力、卓越的道德领导力是最优秀教师群体的主要道德素养。其中，坚定的道德信念主要体现在自由民主、教育理想、道德意志和教育观念四个方面，高尚的道德责任主要体现在职业认同、公平正直和自我效能感三个方面，丰富的道德知识主要表现为德育知识和德育理论两个方面，全面的道德能力主要指道德实践能力、道德教育方法和道德反思三个方面，卓越的道德领导力聚焦在道德影响和道德引领两个方面（殷玉新，楚婷，2021：132）[②]。这五个核心要素集合共同支撑着优秀教师道德素养的整体架构，构成了优秀教师道德素养的核心要素，也体现了优秀教师道德素养的基本特质。

三、教师道德素养的路向

教师的道德素养不仅对学生的成长起着塑形的作用，而且在一定程度上影响和决定着学生的未来发展。在教育教学过程中，教师的道德素养诸如言行举止、思维智慧、精神品质、处事风格等无形中会带给学生指导力、吸引力、感染力，对处在身心成长关键期的青少年学生产生潜移默化的影响，为学生的人格塑造和加速形成指明方向。在师生关系中，教师的道德素养所折射出的公平正义、仁爱和谐等情感，能够让学生从中感受到公正、温暖、尊重，就很容易发生情感真挚的共鸣，从而逐渐形成自己的精神品质。教师的道德素养在学生心目中是一种正确、严谨、规范的道德标准，因而他们在实际行动中就会自觉不自觉地将教师的道德规范作为范式和参照。教师的道德素养因其示范性，是学生修身养性、灵魂升华的前行路标。

---

① 王颖. 国外培养教师职业道德的做法和启示［J］. 社科纵横，2010（4）：221.
② 殷玉新，楚婷. 优秀教师具有怎样的道德素养？——基于对71名美国"年度教师"的深度分析［J］. 比较教育学报，2021（4）：132.

值得一提的是，我国的教师职业道德更多的是对所有教师在职业道德上的底线要求；教师道德素养则较多地用于人，更含主观性、个体意味，适合于诸如个人修养等实践范畴，更多地适合于对某些卓越教师在伦理或道德上线水平的追求（檀传宝，张宁娟，吕卫华，2019：12）[①]。

第二节 专业素养

一、教师专业素养的内涵

不同的学者对教师专业素养的内涵进行了不同的阐述。林崇德等学者（1996：16）从心理学角度对教师专业素养作出界定：教师专业素养即教师在教育教学活动中体现出来的心理品质的总和，它与教育教学效果关系密切，并对学生的身心发展起着重要作用[②]。叶澜教授（1998：46）认为，教师专业素养中教师职业信念包括博大的胸怀、崇高的敬业精神以及对学生无微不至的关怀；还需要有复合的知识结构以及富有时代精神和科学性的教育能力和科研能力[③]。

教育部师范教育司（2003：23）将教师专业素养定义为，以一种结构形态而存在，可以被看作是教师拥有和带往教学情境的知识、能力和信念的集合[④]。顾明远教授（2006：16）在《教育大辞典》中将教师专业素养定义为，教师为完成教育教学任务所应具备的心理和行为质量的基本条件[⑤]；将其界定为，教师从事教育、教学工作表现出来的素质，在教育教学中获得、在教师教育培训中习得、在教学活动中表现出来的，决定其教学效果、对学生身心发展具有影响力的知识、能力和情意的集合。

关于教师专业素养的结构要素，林崇德等学者将其划分为职业理想、知识水平、教育观念、教学监控能力、教学行为和策略。叶澜教授将其划分为教育理念、知识结构、能力结构、教育智慧。顾明远教授主要从心理素养和行为素

[①] 檀传宝，张宁娟，吕卫华. 教师专业伦理基础与实践 [M]. 上海：华东师范大学出版社，2019：12.
[②] 林崇德，申继亮，辛涛. 教师素质的构成及其培养途径 [J]. 中国教育学刊，1996 (6)：16.
[③] 叶澜. 新世纪教师专业素养初探 [J]. 教育研究与实验，1998 (1)：46.
[④] 教育部师范教育司. 教师专业化的理论与实践 [M]. 北京：人民教育出版社，2003：23.
[⑤] 顾明远. 教育大词典：卷 2 [M]. 上海：上海教育科学出版社，2006：16.

养两个方面进行定义，前者指教师的教育理念与职业意识，而后者包括教师的学科专业知识与教学的专业能力。刘秀荣和王晓霞（2004：70）认为，理想的教师专业素养主要由专业理想、专业知识和教育智慧构成。综合起来，根据教育部师范教育司的界定，教师专业素养分为专业知识、专业能力、专业情意，较为凸显教师的专业特性[①]。

二、国外教师的专业素养

国外学者更多地使用"教师专业素质"概念，但其实际意义或含义与"教师专业素养"基本相同。1896年，克拉茨（Kratz）最先采用问卷调查方法对优秀教师的素质进行研究。随着教师专业化运动的兴起和推进，国外教师素质得到广泛而深入的研究。

从情感要素看，澳大利亚教师专业标准提出，教师应该乐于学习与实践，热爱教师这一职业，具有奉献精神（赖炳根，2010）[②]。

从角色意识看，国外专家学者普遍认为，现代教师不仅应该成为知识传授的"严师"、着眼当下教学的"心灵导师"，更重要的是努力使自己成为拓展学生心灵智慧的"人师"。

英格兰教师专业标准的教师专业素质：专业知识与理解、专业技能、专业特质（许立新，2008：74）[③]。

对上述文献进行梳理、归类研究可见，国外对教师专业素质的表述主要集中在专业知识、专业情感、专业能力三个维度。虽然各国、各地区的观点有差异，但更多的是共性，都认同教师专业素质是教师必须具备的最基本的心理和行为品质。

教育随社会的发展而发生相应的变化，同时教育也影响社会进步。教师在社会变革中所肩负的使命及其角色也发生相适应的变化。各国已经达成共识，传统的单科教师和教师角色的历史使命将被取代，未来的教师将是"完整型"或"全能型"的人，现代教师应该全面发展（刘艳秋，2011：234）[④]。美国肯特州大学教师教育改革方案提出"完整型"教师的概念。俄罗斯要求 21 世纪

---

① 刘秀荣，王晓霞. 论教师专业发展及特质 [J]. 辽宁师范大学学报，2004（2）：70.
② 赖炳根. 澳大利亚国家教师专业标准研究 [D]. 重庆：西南大学，2010.
③ 许立新. 英格兰中小学教师专业标准：内容、特征与意义 [J]. 教师教育研究，2008（3）：74.
④ 刘艳秋. 国外教师素质的研究与借鉴 [J]. 赤峰学院学报（汉文哲学社会科学版），2011（9）：234.

教师是"全能型"的。日本把现代教师素质分成思想道德、科学文化、身体心理素质三个方面。因教师集学者、教育者、交往者、决策者等角色于一身，具有完整的、有学问的、有教养的社会个体特征，体现为全面发展的楷模。

三、教师专业素养的构建

教师专业素养在提出的初期，并未明确各个专业以及不同阶段的教师需要具备什么样的专业素养。随着不断的演进，学界开始有针对性地研究各个学科教师需要具备的素养类型。2003年，教育部师范教育司（现为教师工作司）在《教师专业化的理论与实践》一书中指出教师专业素养涵盖专业知识、专业情意和专业技能等三个维度。有学者提出，教师专业素养是学科素养和教育专业素养的复合，它是一种有关知识的理解并保存在头脑中、体现在教师的教育实践活动中（吴黛舒，2009：17）[1]。简言之，教师应兼具学科和教育"双专业性"素养。

教师专业素养是教师专业化发展的关键。它是教师经过系统的师范教育，建立在把教师职业作为"专业"的基础上，从事教育、教学工作的素质和修养，并在长期的教育教学中逐渐形成具有专门性、指向性和不可替代性的素养，强调的是教师职业的特殊性、标志性。教师专业素养的高低直接影响着教师的教育教学和教育管理水平。教师专业素养与教师素养并不矛盾，但却不能等同。教师素养包含教师基础性素养、教育专业素养和复合型专业素养三大类（图4-1）（教育部师范教育司，2003：34）[2]。

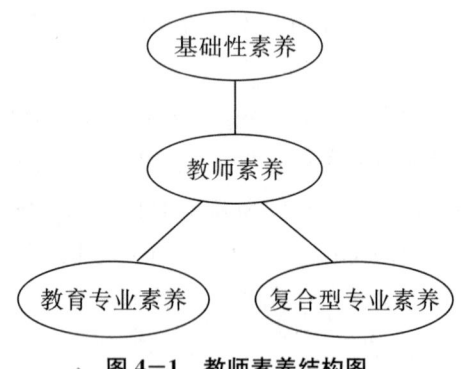

图4-1 教师素养结构图

基于教师的学科和教育"双专业性"，教师专业素养不仅强调教师对学科

---

[1] 吴黛舒. "新基础教育"教师发展指导纲要[M]. 桂林：广西师范大学出版社，2009：17.
[2] 教育部师范教育司. 教师专业化的理论与实践[M]. 北京：人民教育出版社，2003：34.

知识的掌握理解程度、育人态度，还重视教师教育行为的全部。教师专业素养不仅要求教师能够"教"给学生知识，更重要的是转化对学校教育、教学实践和学生的认识，并且在这个过程中不断地发展自我。教师应具有深厚的文化底蕴。文化底蕴即我们对于人类的精神成就的分享程度，它决定着我们对于世界理解的广度和深度（肖川，张文质，2005：50）[①]。教师是影响教育改革最直接的因素，提升教师专业素养是建设高质量教师队伍的重要基础，这不仅要教师从自发的"职业人"升华为自觉的"全人"，而且还需要教师具备深厚的专业潜质和良好的精神品质。

教师专业素养与教师素养是一种嵌套式的结构关系。准确地讲，教师专业素养是教师素养的一个子概念，或者说教师素养的概念、内涵和外延要比教师专业素养的范畴更大。换言之，教师素养呈现出发展性，而教师专业素养具有"底线"特征，两者的关系可以理解为一种分裂式的结构（图4-2），而且两者是一种螺旋上升的结构，而并非简单的线性关系、包含关系（图4-3）。教师素养牵引着教师专业素养的发展，并且以教师专业发展为基础。它不是一帆风顺呈直线上升的趋势发展的，而是经过不断探索，在过程中回旋地前进（郭少英，朱成科，2013：68）[②]。

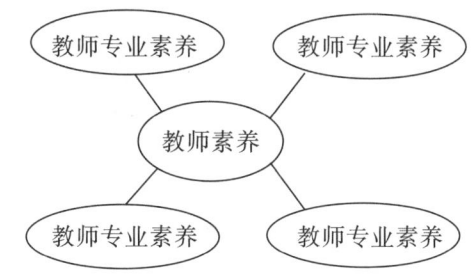

图4-2　分裂式结构关系

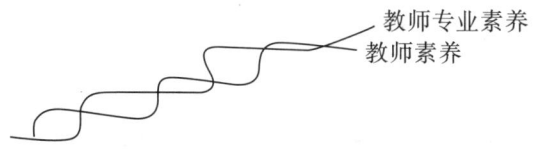

图4-3　螺旋上升结构关系

深入分析教师的专业素养可知，其核心和关键是教师信念。有学者认为，

[①] 肖川，张文质. 基础教育课程改革的关键词［M］. 福州：福建教育出版社，2005：50.
[②] 郭少英，朱成科. "教师素养"与"教师专业素养"诸概念辨［J］. 河北师范大学学报（教育科学版），2013：68.

教师信念对教师的职业行为有着广泛的影响，包括教师对学生、学习过程、学校在社会中的角色、教师自身，甚至对课程和教学等相关因素的认识、情感与评价（Pajares，1992：317）[①]。黄友初（2019：30）[②] 认为，教师信念对教师知识、教师能力和教师品格都有着重要的影响；教师品格会在很大程度上影响着教师的行为，也会影响着教师的知识观；而教师知识是影响教师能力的重要因素。由图4-4可见，教师信念与教师知识、教师能力、教师品格之间不是单向性的关系，随着其中一个因素的变化，它们都会做出适当的调整。

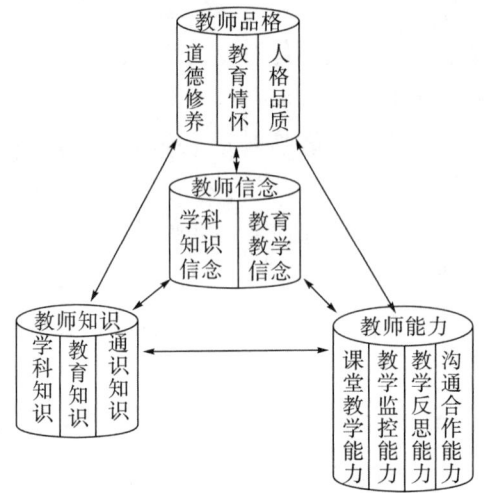

图 4-4 教师信念关系结构图

第三节 知识素养

一、教师知识素养的内涵

"教师知识"（teacher knowledge）是教师所拥有的知识，是从事教学活动必须具备的智力资源，是在从事专业活动时体现出的独特的智慧技能。拥有广博的学科专业知识和学科教学知识是教师专业成长的前提和基础。教师专业成长源自教师个体专业化和教师职业专业化两个层面。在这两个"专业化"中，

[①] Pajares M F. Teachers' beliefs and educational research：Cleaning up a messy construct [J]. Reviev of Educational Research，1992（62）：317.

[②] 黄友初. 教师专业素养：内涵、构成要素与提升路径 [J]. 教育科学，2019（3）：30.

教师个体专业化是基础，职业专业化是目标。唯有教师个体达到了专业化的要求，才能实现教师职业的专业化，才能使自己成为教师群体中具有不可替代性的个体。因教师职业的"双专业性"，教师不仅应知道依据所教学科的课程标准和教学要求"教什么"（what to teach），还应知晓运用掌握的教育教学方法"怎么教"（how to teach），而且更应基于自身的知识素养懂得"如何教好"（how to teach well）。可见，教师的知识素养对于自身的专业成长、学校的整体形象和学生的未来发展具有不可低估的作用。

教师应具备的知识素养包括扎实的专业知识、广博的科学文化知识、良好的教育理论知识和独特的实践性知识。教师的学科专业知识是"教书"的基础。教师不仅要对本学科的相关知识有足够的了解，还应关注本学科的发展动态，知晓其发展历史以及未来的发展趋势。教师应对教育理论和学科教学知识具有深刻的把控能力，这样才能更好地引导学生有效学习、深度学习，这是教师基本的"育人"能力。教师不仅要具有广博的知识面，尤其是跨学科的通识文化知识，还应具有国际视野。学科交叉、课程融合、理实结合已经成为当下各国教育的潮流和趋势。教师课堂教学"驾轻就熟"的能力和富有良好的教育机智源于教师个人多年教学生涯的经验积累。

学生核心素养的课堂教学导致教师知识结构发生改变。传统的教师知识以培养合格的专业人才为目的，满足于学生基础知识与基本能力的培养，其知识结构表现为三种：学科内容知识、学科教学知识和实践性知识。这种知识结构是以促进教师有效的学科教学为前提，强调教师课堂行动者的角色，但忽视了教师的社会活动者角色，难以促进学生核心素养的形成与发展。因为传统教师知识结构与学生核心素养发展存在五个矛盾：学科取向与跨学科性、去情境化与情境性、机械的碎片化与深度思考的学习、封闭课堂与社会发展、应试教育与终身教育。

二、国外教师知识素养

拉萨尔（Lasalle）1684 年在兰斯（Rheims）首创师范训练学校，被视为近代师范教育的开端（周洪宇，但昭彬，2000：7)[1]。自此，师范教育在课程、实践等方面就构成了教师的知识体系。在 1910 年到 1920 年期间，美国教师学院师范生培养课程蓝皮书规定了教师培养的课程类型包括：通识文化（一

---

[1] 周洪宇，但昭彬. 从世界师范教育的发展历程与趋势看未来中国师范教育的发展走向 [J]. 集美大学教育学报，2000（1）：7.

般知识)、专门知识(学科知识)、专业知识(教育理论与实践知识)、技能技巧(实用性的教学法技能)等(Cochran-Smith & Fries,2008:1069)[1]。澳大利亚国家教师专业标准将教师专业知识确定为:本体性知识(学科基本概念、基本原则及学科的结构,教学内容与其他学科的联系)、条件性知识(知道有效教学的方法、知道学生是如何学习的、知道如何影响和促进学生的学习,了解不同学生的社会、文化及特殊的学习需要的背景实践知识)、实践知识(赖炳根,2010)[2]。佐藤学将日本的教师专业知识归纳为:学科专业知识、教育学与心理学知识、实践性知识。从结构要素看,教师专业知识分为本体性知识、条件性知识和实践性知识,这是世界教师教育界比较一致的看法(佐藤学,2003)[3]。

教师职业专业化折射出教师专业的社会地位。日本学者 Hatano 及其同事 Inagaki 通过研究,于1986年提出教师"适应性专长"(adaptive expertise)概念(Hatano & Inagaki,1986)[4],用以区别"常规专家"与"适应性专家"。他们认为,适应性专长的教师同时具备程序性知识与概念性知识。程序性知识是关于"如何做"(knowing how)的知识,是一种解决问题的能力;而概念性知识则是关于"为什么"(knowing why)的知识(王美,2010:64)[5]。拥有概念性知识的教师不仅应知道如何做,还能够理解、解释为什么"这么做"的原理与意义,超越学科领域既定的文化内涵。可见,教师尤其是优秀教师基于学科专业知识,能突破教学领域的界限,具备在教育教学中灵活处理复杂问题的知识、能力与情感判断等综合素养。从教师专业知识向教师专业实践的转向充分体现了教师专业或领域的特殊性(徐金雷,顾建军,2020:54)[6]。

新时代倡导的"核心素养"意味着教师知识观与教学理念的转型,提升教师素质是培养学生核心素养的关键。教师知识(teacher knowledge)是一种既区别于一般大众知识又不同于各学科领域专业知识的实践性知识,它依赖于教

---

[1] Cochran-Smith M, Fries K. Research on Teacher Education: Changing Times, Changing Paradigms [M]//Cochran-Smith M, Feiman-Nemser S, McIntyre D J, et al. Handbook of Research on Teacher Education: Enduring Question in Changing Contexts. 3rd ed. NY: Routledge, 2008: 1069.

[2] 赖炳根. 澳大利亚国家教师专业标准研究 [D]. 重庆: 西南大学, 2010.

[3] 佐藤学. 课程与教师 [M]. 钟启泉, 译. 北京: 教育科学出版社, 2003.

[4] Hatano G, Inagaki K. Two courses of expertise [M]//Stevenson H, Azuma H, Hakuta K. Child development and education in Japan. San Francisco: Freeman, 1986: 267-272.

[5] 王美. 什么知识最有价值: 从常规专长到适应性专长——知识社会背景下对知识价值与学习目标的反思 [J]. 远程教育杂志, 2010 (6): 64.

[6] 徐金雷, 顾建军. 从知识到素养: 教师适应性专长构成及发展——基于对技术教育教师的考察 [J]. 教育发展研究, 2020 (12): 54.

师的个体经验背景，体现为教学活动中的知识形态、价值观念和教育机制。美国教学研究专家舒尔曼（Shulman，1987：12）[1]将教师知识分为学科内容知识，一般教学法知识，学科教学知识，学习者及其特点的知识，教育环境的知识，教育目的、目标、价值及其哲学历史依据的知识，课程知识七种。其中，学科教学知识为教师的专业化发展提供了重要依据。世界主要发达国家以及经合组织和欧盟等国际组织都非常注重教师知识，它是教师核心素养的重要构成部分，教师核心素养是知识、技能、态度、价值和个人特征的整合，赋予教师能够在特定情境中专业地和适切地行动，以一种连贯的方式有效利用它们。

三、教师知识素养的路向

从单维到多元是教师知识内涵的历史演进方向。自教师职业化以来，在很长的一段时间里，人们认为一个人只要具备了学科知识，就能够教授该学科，将教师知识等价于教师的学科知识（Hill，Blunk & Charalambous，2008）[2]。进入20世纪60年代后，行为主义教学观认为教师知识与教师个体的内在品质有关，而与外在的学科知识学习经历没有直接联系，其结果自然是将教育问题简单化、教学归因单一化（黄友初，2019：107）[3]。20世纪70年代末，认知主义学者开始关注教师的认知过程、决策和思维，知识的个体性、主观性和情境性（杨翠蓉，胡谊，吴庆麟，2005：1167）[4]，指出了教师知识的默会性和个体差异性，表明了教师知识对教学行为的重要性，但是却忽视了教师知识的一般性特质，并未揭示教师知识的内在表征。20世纪80年代，舒尔曼（Shulman，1986）认为，"教学内容知识"（Pedagogical Content Knowledge，PCK）是学科知识和教育学知识的融合，也是教师教学所特有的知识[5]。他提出的PCK概念对教师教学知识的研究产生了巨大的影响，为教师知识的研究指明了方向。2001年，Pierson着手教师如何整合技术与教学的研究。2003

---

[1] Shulman L S. Knowledge and teaching: foundations of the new reform [J]. Harvard educational review, 1987 (57): 12.

[2] Hill H C, Blunk M L, Charalambous C Y. Mathematical Knowledge for Teachingand the Mathematical Quality ofInstruction: An Exploratory Study [J]. Cognition and Instruction, 2008 (26): 430—511.

[3] 黄友初. 核心素养视域下教师知识的解构与建构 [J]. 上海师范大学学报（哲学社会科学版），2019 (2): 107.

[4] 杨翠蓉，胡谊，吴庆麟. 教师知识的研究综述 [J]. 心理科学，2005 (5): 1167.

[5] Shulman L S. Those Who Understand: Knowledge Growth in Teaching [J]. Educational Researcher, 1986 (2): 4—14.

年，Lundeberg 等人关于职前教师使用信息技术知识与信念方面的研究逐渐成形。Koehler 与 Mishra（2005）[①] 正式使用 TPACK 这一概念，它植根于三个核心成分，即技术知识（Technological Knowledge，TK）、教学知识（Pedagogical Knowledge，PK）、学科知识（Content Knowledge，CK）。同时，它们交叉融合形成 TPACK[②] 的另外四个衍生成分，即 PCK、TPK、TCK 与 TPACK（Koehler & Mishra，2009：63）（图4-2）。值得注意的是，TPACK 特别强调教师的信息技术知识，并将其作为教学职业发展中一个不可或缺的成分。

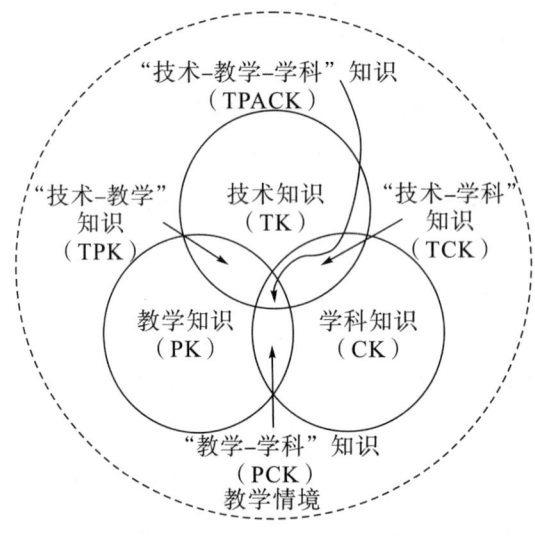

图 4-5　TPACK 组成结构

从理论到实践是教师知识内化的必然取向。从教师获取知识的方式看，教师知识可分成"理论性知识"和"实践性知识"。理论性知识是教师知识的基础，对实践性知识具有指引作用。没有理论的支持，仅靠实践操练和自主反思，教师知识的发展具有盲目性。日本教育家佐藤学（2003）认为，教师知识是一种实践知识（practical knowledge），是一种经验性的知识，从某种意义上而言是经验的概括化和融合化，即"实践的理论化"[③]。教师实践知识是在长

[①] Koehler M J, Mishra P. What Happens when Teachers Design Educational Technology? The Development of Technological Pedagogical Content Knowledge[J]. Journal of Educational Computing Research, 2005 (2): 131-152.

[②] Koehler M J, Mishra P. What Is Technological Pedagogical Content Knowledge? [J]. Contemporary Issues in Technology and Teacher Education (CITE Journal), 2009 (1): 63.

[③] 佐藤学. 课程与教师[M]. 钟启泉, 译. 北京：教育科学出版社, 2003.

时间的教学实践中逐渐形成的。教师实践知识的形成需要对教学实践进行反思。Schon（1983：121）提出"行动中反思"和"行动后反思"的观点。他认为，教师在教学中遇到的问题往往是复杂的、疑惑的、不确定的，它需要教师对其进行建构或重新建构，然后再试图找到解决问题的策略[1]。Britzman 指出，教师实践知识是情境化的、感情性的、界定性的、灵活的和动态的、审美的、主体间的和基于身体的（威廉·F.派纳，威廉·M.雷诺，帕特里克·斯莱特里，等，2003）[2]。教师的实践知识是一种个人化的知识，更体现出教师个人特征和教学智慧的知识。Berliner（1995：653）提出，教师至少需 10 年的教学实践，经过新手水平（novice level）、高级新手水平（advanced beginner level）、胜任水平（competent level）、熟练水平（proficent level）、专家水平（expert level）五个阶段，才能够表现出自动化的教学技能，轻松地、流畅地完成教学任务[3]。教师尤其是优秀教师都有丰富的实践知识、很强的专业判断能力和良好的理解能力，在教学活动中有独特的智慧和技能。我国学者叶澜教授（2001：200）认为，实践知识一般是指教师关于课堂情境和在课堂上如何处理所遇到的困境的知识，是建立在前一时期专业学科知识和一般教学法知识基础上的，是一种体现教师个人特征和智慧的知识[4]。综合中外学者的观点，简单地讲，教师知识的获取可以身教，但难以言传；可以模仿，但不可移植。教师的实践知识是教师个人体验教育世界、建构教育意义的结果。

四、教师知识素养的路径

从个体到学习共同体是教师知识获得的发展趋向。教师合作不仅对教师知识的生成具有重要作用，而且有助于学生核心素养的形成和发展。教师学习共同体的建构无论对学生成长、教师专业发展还是对学校变革都具有重要意义和价值。欧盟、美国以及新加坡的教师素养框架都明确指出，教师需要具备参与教师学习共同体的意识与能力。我国中小学教师专业标准提出，教师需要与同

---

[1] Schon D A. The Refractional Practioner: How Professionals think in Actions [M]. New York: Basic Books，1983：121.
[2] 威廉·F 派纳，威廉·M 雷诺，帕特里克·斯莱特里，等. 理解课程 [M]. 张华，译. 北京：教育科学出版社，2003：579.
[3] Berliner D C. Teacher Expertise [M] //Anderson L W. International Encyclopedia of Teaching and Teacher Education. 2nd ed. Cambridge：Cambridge University Press，1995：653.
[4] 叶澜. 教师角色与教师发展新探 [M]. 北京：教育科学出版社，2001：200.

事合作交流，分享经验和资源，共同发展（张光陆，2018：66）[①]。联合国教科文组织强调，教师工作是一种专业、学习的专业、终身学习的专业，教师的成长需要终身学习（钟启泉，2011：21）[②]。在中小学校，教师学习共同体主要有基于校本教研的教研组、学科教学组、备课组、教师研修组织、教师工作坊、教材开发组等（曾小丽，2016：6）[③]。在高校与基础教育之间，教师学习共同体有大学教师、中小学教师、教研员，起着专家引领的作用。

校本教研是一种"以校为本"的学习、工作、研究三位一体的教师教研活动。校本教研能够弥补教师正规教育与培训的不足，有效提升教师职业素养；激发教师立足校本教研的热情，使教师成为研究者；活化教师之间的人际关系（周娣丽，2011）[④]。可见，学习共同体是促进教师专业成长的一种有效组织方式和方法，使教师群体内部形成一种良好的对话、协作氛围（刘博文，2022：27）[⑤]。学习共同体体现的是合作精神，其是一个减少同质化、富有弹性的群体组织，个体成员应抱着尊重他者、虚心倾听和取长补短的态度，绝不是一种依附、否定甚至敌对的关系。换言之，教师学习共同体是在促进教师成长的呼吁下应运而生的，它引导教师进行持续学习、分享学习，并将学习成果运用到具体的教学实践活动中，最终提升自己的教学创新能力，使学生受益（于淼，2021：61）[⑥]。

需要注意的是，教师合作与学习共同体应以自愿、民主为根本，只有在充分尊重教师个性和自主性的前提下，建立起一种具有亲和力、凝聚力的协作关系，才能推动教师成为终身学习者，不断提升教师的专业素养。

[①] 张光陆. 学生核心素养视角下的教师知识：特征与发展［J］. 课程·教材·教法，2018（3）：66.

[②] 钟启泉. 为了未来教育家的成长——论我国教师教育课程创新的课题［J］. 教育发展研究，2011（18）：21.

[③] 曾小丽. 生态哲学视域下教师共同体的批判与重构［D］. 武汉：华中师范大学，2016：6.

[④] 周娣丽. 教师校本学习研究——以宁夏银川Y学校高中英语教师为例［D］. 北京：首都师范大学，2011.

[⑤] 刘博文. 新世纪以来教师学习共同体研究热点及趋势——基于CiteSpace的计量分析［J］. 教育导刊，2022（8）：27.

[⑥] 于淼. 学习共同体：教师教学创新能力培养的有效途径［J］. 教书育人（高教论坛），2021（27）：61.

第四章
教师核心素养

第四节　能力素养

一、教育能力

百年大计，教育为本；教育之根，在于教师。教师应具备德才兼备、知行合一的潜在素质。教师教育能力的构建是国家课程标准的关注点，其水平高低直接影响着教学质量和教学满意度。习近平总书记在同北京师范大学师生代表座谈时，就教师教育能力的构建做出了深刻的阐释，提出了有理想信念、有道德情操、有扎实学识、有仁爱之心的"四有"好老师要求（程建平，2017）[①]。"四有"好老师标准具有鲜明的时代感，是加强教师队伍建设的行动指南。教师教育能力的出发点和落脚点在育人目标和教育活动上。就育人目标而言，教育是为了学生的发展，促进学生的发展，要让学生树立终身学习的理念、具有可持续发展的潜能；从教育的目标倾向看，具有以价值观教育为本质的特征；从教育的属性看，具有基于社会危机感和责任感而开展的积极教育行动的特征；从教育方式看，具有以学生为中心的特征（张学岩，2019：43）[②]；从教育活动来看，只有教育活动的设计与实施在符合领域活动特征时，才能确保教师育人目标的实现。教师首先应该是学生的榜样，是学生价值观的示范源泉，因为教师自身的价值观对学生价值观的树立有着直接而深刻的影响，对学生未来走向社会、服务社会、奉献社会具有潜移默化的指引作用。终身学习理念和可持续发展价值观将成为促进教师开展教育活动的先导和动力。

教育能力，从广义上讲，它包括专业知识、信息、技术、实践和操作、沟通、自我完善和发展等方面的能力（罗树华，李洪珍，2001：37）[③]。从狭义上讲，教师应具有良好的语言表达能力，善于了解学生个性心理特征和学习情况的能力，敏感、迅速而准确的判断能力，组织领导课内外活动的能力，独立思考和创造性地解决教育问题的能力，熟悉相应的教育机制等。教师教育能力及其实施的效果与教师的角色密切相关。教师是书本知识的学习者和传授者、教学活动的设计者和组织者、学生学习的引导者和促进者、课程教材的开发者和

[①] 程建平. 培养新时代"四有"好老师 [N]. 人民日报，2017-11-23（17）.
[②] 张学岩. 教师可持续发展教育能力的建构 [J]. 北京教育学院学报，2019（3）：43.
[③] 罗树华，李洪珍. 教师能力学 [M]. 济南：山东教育出版社，2001：37.

研究者、家校联系的沟通者和参与者。教师教育能力的核心是知识构建。教师除具有深厚的学科知识和娴熟的学科教学知识外，还能将自己拥有的学科知识转化成易于学生理解的表征形式的知识（Zepke，2013：101）[1]。这就表明，教师并不是掌握了学科专业知识、知晓学科教学知识，就能"把书教好""把学生教育好"，即教书育人分为"教书""育人"两个不同的层次，前者是基本要求而后者是教育目标。换句话讲，教师的真正本领不仅仅在于会讲述知识，更在于是否能激发学生的学习动机，唤起他们的求知欲望，引导他们树立正确的世界观、人生观、价值观。因此，教师教育能力的构建要做到与时俱进，只有把育人目标与国家要求紧密结合，才能培育出国家所需要的人才。

教师教育能力的构建具有鲜明的时代特征。作为教师，首先要有仁爱之心。现实中，学生如果喜欢一名教师，他就会喜爱教师所教的课程。这是因为学生能够感受到教师对他的关注、关爱和关怀，在无形之中就为学生的成长和发展提供了契机。相反地，如果学生不喜欢教师，他们将逐渐成为"学困生"，乃至滑向"问题学生"。其次，教师应有扎实的学识。教师传授知识不能按部就班，而要不断拓展和更新自己的知识。这就需要教师具备研究性学习能力，掌握学科知识发展的前沿动态，根据学生需求和教学实际，及时调整教学内容和教学方法。更重要的是，在知识"信息化"时代，教师不仅要授人以鱼，还要授人以渔，有效提升自己的教学能力，做到教学反哺教育，两者相辅相成。再次，教师应有理想信念。有理想和信念是成为一名人民满意、学生满意的好教师的根本所在。正确的理想信念在帮助学生形成正确的价值观中起着核心作用。教师要用自己的知识、经验、实际行动积极地传播正确的价值观，激励学生追求真理和美德（李楠，2015：69）[2]。最后，教师应有道德情操。教师通过自己的言传身教，影响和帮助学生形成良好的习惯。教师要自始至终地传递积极的正能量和高尚的道德标准，并将这种正能量和标准传递给学生，在他们未来的发展中起到潜移默化的影响。事实上，教师的教育能力归根结底是一种影响力。

二、教学能力

教师应具备过硬的语言表达能力。语言表达能力是教师的基本功，在课堂

---

[1] Zepke N. Threshold concepts and student engagement: Revisiting pedagogical content knowledge [J]. Active Learning in Higher Education, 2013 (2): 101.

[2] 李楠. 教师教育能力构建的时代特征思考 [J]. 继续教育研究, 2015 (8): 69.

教学中起着基础作用。毫不夸张地讲，教师语言表达能力不仅是教师的形象表征，而且在课堂教学、师生交流、家校沟通等方面具有重要的意义。教师对教学语言的掌握水平决定着课堂教学效果。因此，教师要想得到好的教学效果，就需要在各方面丰富自己的语言表达能力。教师首先要准确理解教学内容，在内化、加工、提炼后形成自己独特的教学语言，能够浅显易懂地将深奥的、抽象的教学内容传递给学生，而不是照本宣科、晦涩难懂地讲述给学生。这就要求教师不仅具有良好的语言表达能力，特别是对课堂教学语言拥有整体的把控能力，还应具备运用学科教学语言诠释教学内容的艺术，能创造性地调动学生的学习兴趣，激发好奇心和求知欲，启迪学生的心灵。简单地讲，教师语言要做到深入浅出，将自己知道的学科内容融入教学内容中，以学生容易理解的方式加工、转化，传授知识内容。

教师应具有超强的教学设计能力。教学设计能力包括正确地理解学生的需求，诊断他们在学习中可能存在的问题，以此制定合适的教学目标，选择和设定教学任务，评价他们的学习效果。教学设计不同于教案。教学设计是撰写教案的理论依据，而教案主要包括教学目标、教学重难点、教学过程、教学行为、课后作业、板书设计等。教学设计首先需要对课程标准与教材、学生学习基础进行分析，再聚焦教学目标、教学内容、教学方法和教学手段、教学模式和教学策略等方面进行说明，需要说明教学过程的设计依据与意图。为此，教师应做好上课之前、之中、之后各个阶段的准备、反思和总结工作，不仅着眼于教好一节课，还要对学段、学期、单元的整体课程设置有全面的把握，定位好自己所教课时的教学内容，践行新课改"大观念、大项目、大单元、大任务与大问题"的核心素养理念，帮助学生构建和完善学科知识体系。教学设计能力体现了教师教学的准备水平，是教师专业能力的基础。

教师应具备娴熟的教学实施能力。教学实施是指教师依据教学设计预定的教学目标，完成课堂教学内容，解决教学中所遇到的教学问题。教师呈现一节课的教学，需要掌握相应的教学技巧，通过一系列教学步骤实施和开展教学内容，包括课堂导入、引出教学任务、指导学生操练、任务过渡衔接、实施监控评价、结束课堂等教学环节。在具体教学实施过程中，教师要根据教学内容，创设合适的课堂氛围和教学环境，调动学生积极主动地学习。尤其需要注意的是，课堂教学已经从"三维目标"指向学科核心素养：教学目标从有机统一到分解整合，教学内容从显性知识到隐性知识，教学活动从人知疏离到人知融生，教学评价从标准答案到评价标准（李润洲，2019：9）①。基于核心素养的课程教学本质是变革。英国全新育人模式在教学目的、教学方法和学习方式上进行了探索：教学目标指向认知性、社会性与自主性发展，教学模式采用跨学科主题教学，教学方法实施，情境化自主学习（张紫屏，2016：7）②。综合以上观点可见，核心素养视域下的课堂教学是把核心素养渗透到教学中，坚持以人为本的教学理念，让学生在形成知识体系的过程中，为终身学习打下良好的基础。为此，教师应具备二次开发教材的能力，包括重新编排教材内容、制定教学程序、确定教学方法等；具有教学测量评价的能力，包括选择测量评价工具的能力、评价量表制定的能力、及时获取教学反馈信息的能力、分析测量数据与处理评价信息的能力等。

三、管理能力

教师应具备较强的教学监控能力。林崇德教授及其研究团队（1999：50）根据长期的理论和实证研究提出"教学监控能力"的概念，其目的是改进教师的教学水平③。2012年颁布的《中学教师专业标准（试行）》（教师〔2012〕1号）多处提到"教学监控""教学监控能力"，这表明教学监控、教学监控能力在中学教学系统和中学教师专业发展中具有重要作用。教学监控是教师针对自己整个教学过程的各个环节进行的自我监督和调控，即教师基于一定的认识和策略，将自己的教学活动作为意识的对象，不断对其进行积极、主动的计划、检查、评价、反馈、控制和调节（窦瑾，2021：21）④。教师的教学监控具有自主性、全程性、及时性和迁移性。也就是说，教师的教学监控主体和对象是教师本人，贯穿于自己教学活动的始终，便于对教学活动进行反馈、调节和修正，可以运用到不同的学科、课型、课例。

教学监控能力与教学水平成正相关。教师教学监控主要包括教学计划的准备、教材的二度开发、教学内容的重组、课堂组织教学、学习状况的监控、教学效果的反思等方面。尽管教师在课前进行了预设性的备课，但是课堂教学环境、学生参与及问题回答生成性却是千变万化的。事实上，教学监控能力强的教师，因其储备的教学策略知识和丰富的教学经验，面对教学中突发性的问题

---

① 李润洲. 指向学科核心素养的教学变革［J］. 教育科学研究. 2019（9）：9.
② 张紫屏. 基于核心素养的教学变革——源自英国的经验与启示［J］. 全球教育展望，2016（7）：7.
③ 辛涛，林崇德. 教师教学监控能力发展：质与量的分析［J］. 中国教育学刊，1999（3）：50.
④ 窦瑾. 中学教师教学监控能力的培养［J］. 中小学教师培训. 2021（9）：21.

和困难，也能够得心应手地调节教学方法、教学手段与教学内容，动态生成教学目标、教学策略，变换教学手段、教学形式。相反，教学监控能力不强的教师，由于不能灵活地应对课堂教学中突发的问题，就不能很好地完成预设的教学目标，其教学效果自然就欠佳。可以说，教师的学科知识达到一定程度后，影响教学效果的不是其学科知识，教学监控能力才是关键的影响因素（刘健智，曾红凤，2018：81）[①]。

教师应具有超强的课堂组织能力。教学既是技术更是一门艺术，因为课堂教学既依赖于科学理论的指导，更讲究与学生沟通、交流的艺术，毕竟教学是师生互动、生生互动的多边活动。课堂教学需要诸多技能，如课堂导入技能、讲解技能、提问技能、语言技能、演示技能、强化技能、结课技能等，其中多数技能与课堂组织教学密不可分。课堂组织能力是一名教师获得教育教学和课堂管理成功的基本保证。缺乏组织能力的教师，无论他知识面如何宽广，都难以完成教育教学任务，更不可能有良好的教学效果。无论是新教师还是资深教师，应该具备吸引学生、启发学生、追问学生、管理学生以及导入、探究、巩固、结课的能力，这些都是教师非常基本、常用的课堂教学技能，直接影响着教师的教学效果。在课堂教学中，良好的课堂秩序既是课堂教学顺利进行的基本保证，也是落实预设的教学目标的前提条件和基础。因此，教师应营造良好的课堂氛围和教学环境，采取与所教学生相适宜的教学方法，引导学生积极地投入课堂教学之中。最为重要的是，教师需要提升自己的课堂组织与教学管理能力，包括设定教学目标、重组教学内容、营造课堂氛围、管理课堂秩序、激发学习兴趣、强化学习动力等，尤其要具有激励"学困生"热爱学习的热情、转化"问题学生"的策略。

四、教研能力

教师应该是教育教学的研究者。我国《小学教师专业标准（试行）》和《中学教师专业标准（试行）》在"教师专业能力"的二级指标"反思与发展"中提出，教师要具有"针对教育教学工作中的现实需要与问题，进行探索和研究"的能力，这是对教师"研究者"角色的制度性规定。但是，中小学教师作为研究者的角色一直被教师专业标准强调，常被强调的事情往往是现实中缺失的事情。正因为中小学教师"研究者"角色的事实缺失，人们才通过各种形式

---

① 刘健智，曾红凤. 国内外教师专业素质结构研究综述［J］. 贵州师范大学学报（社会科学版），2018（4）：81.

和途径强调甚至强化教师"研究者"角色的意义(申卫革,2017:80)[1]。这就从制度体系中表明教师不应只是"教书匠",而应该是"教育教学的研究者"。"教师即研究者"应该成为新常态。特别是在基础教育课程不断改革与深化的背景下,世界各国教育界关注的焦点之一是"学生核心素养",教师唯有研究教育教学中的问题与困难,才能创造性地深入开展教学,才能提升学生的核心素养,培养学生的学科关键能力。教师为了学科核心素养真实"落地",完成教学目标,就必须进行教学研究,有自己的教学思想和教学风格,而不能人云亦云(刘健智,曾红凤,2018:81)[2]。

基础教育学校需要研究型教师。随着学生核心素养的不断推进,中小幼学校教师成为研究者的呼声越来越高,这就意味着教师应立足于教育实践,定位于校情、教情、学情的实际,解决所教学科的教育教学问题,从经验型教师转向研究型教师。2022年,教育部颁布了新修订的义务教育课程方案和课程标准。本次课程方案和课程标准修订有很多变化,其重点、难点问题包括:素养导向的课程体系如何在不同学科的课堂中落实?如何理解和落实学科课程内容的结构化?如何基于主题、项目、任务设计教学、组织教学?如何设计和落实10%的跨学科主题学习,学校在资源、时间、内容等维度怎样统筹跨学科主题学习?如何开展基于核心素养发展水平的学业质量测评(吕立杰,2022:1)[3]?这些问题既是教师需要面对和解决的问题,也是进行教研教改的课题。芬兰高质量的基础教育归功于芬兰高水平的教师队伍,而高质量师资的培养得益于芬兰研究型导向的教师教育体系(Valijarvi,2009:22)[4]。其被称为"以研究为基础的教师教育",简称"研究型教师教育",旨在培养具有研究型教学思维的教师。该体系将研究性学习贯穿教师培养的全过程,致力于发展教师的反思性、批判性思维,促使教师自觉运用先进的教育思想和教学方法来指导实践,提升自身专业水平(陈红云,2006:26)[5]。芬兰赋予教师"研究者"新的职业角色,极大地丰富了教师职业的内涵。

教师应立足校本开展教学研究。研究能力与教学能力应同被列为中小幼教师的"第一素养",因为他们的研究更多关注基础教育教学一线的问题,关注

---

[1] 申卫革. "教师即研究者":一个需要审思的命题[J]. 教育科学研究,2017(6):80.
[2] 刘健智,曾红凤. 国内外教师专业素质结构研究综述[J]. 贵州师范大学学报(社会科学版),2018(4):81.
[3] 吕立杰. 课程变革呼唤研究型教师[J]. 中小学教材教学,2022(6):1.
[4] Valijarvi J. 芬兰研究型教师教育述评[J]. 陆璟,译. 上海教育科研,2009(1):22.
[5] 陈红云. 师范教育与研究型教师培养模式研究[D]. 南昌:江西师范大学,2006:26.

育人过程中的具体化问题。中小幼教师研究的对象是教师、学生和家长，是具体的教育教学，也包括德育工作。针对教师教学与研究的关系，新课程改革理念明确提出"教师应该成为研究者"，认为"教师自己就应该是一个研究者。教师即研究者意味着，教师在教学过程中要以研究者的心态置身于教学情境之中，以研究者的眼光审视和分析教学理论与教学实践中的各种问题，对自身的行为进行反思"（朱慕菊，2002：46）[1]。新的课程方案和课程标准倡导教师聚焦核心素养，做实校本教研。从宏观层面讲，教师应该具备运用适当的科学研究方法，通过研究自身教学过程中遇到的教育现象和教学问题，从中找出教育现象和教学问题隐藏的规律，最终具有解释现象、解决问题的能力。从微观层面看，教师应该且能够进行教育科学研究、撰写研究报告、发表研究论文，在教学过程中不断完善自己的研究成果，从而提炼出自己的教学理念，形成自己的教学思想，这是研究型教师的重要标志。具体来讲，教师应该具备课题选择、资料搜集、信息处理、选择研究方法、撰写研究报告和成果发表等能力。现实中，许多教师并没有将"自己"作为被研究的对象。"教师即研究者"的角色定位与其说是让教师研究教学，不如说是让教师深入地研究自己，大多数教师习惯于诊断教学问题，忽略了对自我能力的检测（黄玲，曹利军，2018：33）[2]。

第五节　学科素养

一、素养内涵

"新课标"以新标准适应和引领时代变化。2019 年，教育部基础教育司司长吕玉刚对《国务院办公厅关于新时代推进普通高中育人方式改革的指导意见》进行解读。吕玉刚指出，新"课程方案、课程标准、教材"的修订，在文本结构上，主要新增了学科核心素养和学业质量标准两部分内容。各学科首次凝练提出了本学科的核心素养，明确了学生学习该学科课程后应形成的正确价值观念、必备品格和关键能力，目的是将党的教育方针中关于人的全面发展要

---

[1] 朱慕菊. 走进新课程：与课程实施者对话［M］. 北京：北京师范大学出版社，2002：46.
[2] 黄玲，曹利军. 当代教师个体专业化发展的实践途径——基于"教师即研究者"角色定位［J］. 教育理论与实践，2018（35）：33.

求具体化、细化到各学科之中，引导各学科教学在传授学科知识过程中，更加关注学科思想、思维方式等，克服重教书轻育人的倾向。

学科核心素养是学生发展核心素养在学科中的具体化，是学生学习该门学科后的期望成就。从国际经验来看，日本将学生核心素养的具体指标分解到不同的学科之中，尤其突出跨学科的统整性，在通过不同的课程共同培养学生核心素养的同时，又强调不同课程在培养学生核心素养方面的侧重点。学科核心素养，顾名思义，其核心应体现在"学科"上。各学科核心素养应该既体现本学科能够落实的（部分或全部）学生发展核心素养，还应该包括各学科独特的一些核心素养要求，其可操作性涉及教育内容的选择、教学要求的确定，即需要解决"学什么、怎么学、学到什么程度"的问题。因此，我们要明确各学科的学科核心素养名称、内涵与表现水平，并以关键词或核心概念来刻画学科核心素养。

学科核心素养是该学科特征的基础知识、基本技能、基本品质和基本经验的综合。它不是各种要素的简单叠加，而是一种注入主体精神的整合体。学科基本素养由学科基础知识、基本技能、基本经验、基本品质四个部分构成。学科基础知识由学科基本符号、基本事实、基本概念和基本结构组成。学科基本技能，从广义的知识观看，是个人习得的一套程序性知识并按这套程序去办事的能力。学科基本经验是学生在直接或间接经历学科学习过程中获得的体验。学科基本品质是教师在帮助学生掌握学科基础知识，形成学科基本技能的过程中，必须使学生养成的基本道德品质。在学科教学中，教师应努力帮助学生掌握学科基础知识、形成基本技能、积累基本经验、培养基本品质，才能生成基本的学科素养。

学科核心素养是对核心素养内涵的延伸和延展。不同的学科核心素养具有不同的学科特质，反映了不同学科对学习者"必备品格""关键能力"的要求。"2017年版课标"集中体现了学科独特的育人价值，为未来基础教育指明了方向。之前的"2003年版课标"没有提出"学科核心素养"这一概念。普通高中思想政治课程标准修订组组长韩震（2018）指出，该次修订的一大亮点是各学科都凝练了学科核心素养，在世界范围内由中国人第一次开创性地构建了以学科核心素养为主线的、崭新的课程标准体系[①]，并与课程内容及评价结合起来。学科核心素养是学生在各学科的学习中逐步形成的，表现为正确的价值观

[①] 韩震. 高中"新课标"凝练学科核心素养［EB/OL］.（2018-02-03）［2022-09-10］. http://education.news.cn/2018-02/03/c_129804716.htm.

念、必备的优秀品格和终身学习的潜能。建立了核心素养与课程、教学的内在联系，集结了最能体现本学科育人价值的根本性、关键性要素。

学科核心素养兼具素养和学生发展核心素养的特质。它是核心素养在不同学科上的具体化内容，是核心素养的内容更加具有学科本身的特点和特征（刘美淇，2022：14）[1]。它需要学科课程这一载体进行培育，是学生在经过学科课程的学习以后，在学习过程中逐步培育和形成的、能够运用本学科知识、经验、态度等解决复杂情境中的真实问题的一种综合性品质（陈友娟，2022：14）[2]。学科核心素养的提出，使教师在日常教学中有更加具体的、可操作性的方式，也为学生学习的测试与评价提供了评价指标。各学科教师应构建自己所教课程学科化的知识体系与思维模式，才能在传授知识的过程中，更加关注学科思想、思维方式，克服重教书轻育人的倾向。

二、素养核心

学科素养以关键能力为中心，着眼于促进学生核心素养和关键能力的发展，突出整合学科能力的知识经验基础、内涵实质和能力表现。学科素养以学生核心素养为基础，构建课程体系、推动教学改革、完善评价指标、落实育人目标。核心素养是一种跨学科素养，它强调各学科都可以发展的、对学生最有用的东西。核心素养与学科素养相辅相成，核心素养的落实能够强化学科素养，学科素养则为核心素养提供平台。"新课标"强调跨学科意识，重视综合素养，凸显核心素养与各学科课程的融合，突出核心素养总框架下各学段的垂直贯通。为此，我们有必要了解各学科核心素养（表4-1）。

表4-1 各学科核心素养表

序号	课程	学段	学科核心素养要素	变化情况
1	语文	普通高中	语言建构与运用、思维发展与提升、审美鉴赏与创造、文化传承与理解	变化较大
		义务教育	文化自信、语言运用、思维能力、审美创造	

---

[1] 刘美淇. 指向数学学科核心素养的单元教学设计研究 [D]. 天津：天津师范大学，2022：14.
[2] 陈友娟. 基于学科核心素养的高中思想政治课堂提问研究 [D]. 桂林：广西师范大学，2022：14.

续表4－1

序号	课程	学段		学科核心素养要素	变化情况
2	数学	普通高中		数学抽象、逻辑推理、数学建模、直观想象、数学运算、数据分析	更加细化
		义务教育	初中	抽象能力、运算能力、几何直观、空间观念、推理能力、数据观念、模型观念、应用意识、创新意识	
			小学	数感、量感、符号意识、运算能力、几何直观、空间观念、推理意识、数据意识、模型意识、应用意识、创新意识	
3	英语	普通高中		语言能力、文化意识、思维品质、学习能力	无变化
		义务教育		语言能力、文化意识、思维品质、学习能力	
4	思想政治	普通高中		政治认同、科学精神、法治意识、公共参与	课程、素养均有变化
	道德与法治	义务教育		政治认同、道德修养、法治观念、健全人格、责任意识	
5	历史	普通高中		唯物史观、时空观念、史料实证、历史解释、家国情怀	无变化
		义务教育		唯物史观、时空观念、史料实证、历史解释、家国情怀	
6	地理	普通高中		人地协调观、综合思维、区域认知、地理实践力	无变化
		义务教育		人地协调观、综合思维、区域认知、地理实践力	
7	物理	普通高中		物理观念、科学思维、科学探究、科学态度与责任	无变化
		义务教育		物理观念、科学思维、科学探究、科学态度与责任	
8	化学	普通高中		宏观辨识与微观探析、变化观念与平衡思想、证据推理与模型认知、科学探究与创新意识、科学态度与社会责任	变化较大
		义务教育		化学观念、科学思维、科学探究与实践、科学态度与责任	

续表4-1

序号	课程	学段	学科核心素养要素	变化情况
9	生物学	普通高中	生命观念、科学思维、科学探究、社会责任	略有变化
		义务教育	生命观念、科学思维、探究实践、态度责任	
10	信息技术	普通高中	信息意识、计算思维、数字化学习与创新、信息社会责任	课程有明显变化
	信息科技	义务教育	信息意识、计算思维、数字化学习与创新、信息社会责任	
11	通用技术	普通高中	技术意识、工程思维、创新设计、图样表达、物化能力	只有高中
12	艺术	普通高中	艺术感知、创意表达、审美情趣、文化理解	变化较大
		义务教育	审美感知、艺术表现、创意实践、文化理解	
13	音乐	普通高中	审美感知、艺术表现、文化理解	只有高中
14	美术	普通高中	图像识读、美术表现、审美判断、创意实践、文化理解	只有高中
15	体育与健康	普通高中	运动能力、健康行为、体育品德	无变化
		义务教育	运动能力、健康行为、体育品德	
16	日语	普通高中	语言能力、文化意识、思维品质、学习能力，与英语相同	无变化
		义务教育	语言能力、文化意识、思维品质、学习能力，与英语相同	
17	俄语	普通高中	语言能力、文化意识、思维品质、学习能力，与英语相同	无变化
		义务教育	语言能力、文化意识、思维品质、学习能力，与英语相同	
18	德语	普通高中	语言能力、文化意识、思维品质、学习能力，与英语相同	只有高中
19	法语	普通高中	语言能力、思维品质、文化意识、学习能力，与英语相同	只有高中

续表4-1

序号	课程	学段	学科核心素养要素	变化情况
20	西班牙语	普通高中	语言能力、思维品质、文化意识、学习能力，与英语相同	只有高中
21	科学	义务教育	科学观念、科学思维、探究实践、态度责任	新增课程
22	劳动	义务教育	劳动观念、劳动能力、劳动习惯和品质、劳动精神	新增课程

注：本表学科核心素养要素关键词整理自《普通高中课程方案（2017年版2020年修订）》和《义务教育课程方案（2022年版）》。

学科核心素养的提出是中国学生发展核心素养教育改革与时俱进的体现。普通高中"课标"（2017年版）在"课标"（2003年版）的基础上新增"学科核心素养"。《义务教育课程方案（2022年版）》依据普通高中"课标"（2017年版），对《义务教育课程标准（2011年版）》进行了修订，在"课程目标"中明确提出了学科"核心素养内涵"，并对各项核心要素进行了详细的说明。因此，教师要将学科核心素养作为学生发展核心素养培养的重要组成部分，站在学生整体发展的高位来理解学科核心素养。

此外，普通高中"思想政治"和义务教育"道德与法治"的课程和学科核心素养均有所不同。普通高中"信息技术"与义务教育"信息科技"的课程及学科核心素养也不相同。普通高中和义务教育"化学"学科核心素养的要素有明显的不同。变化最大的是普通高中"数学"与义务教育初中、小学"数学"，后者在学科核心素养方面突出了学段特征，使素养的内涵更加细化、更加具体，具有很强的操作性。另外，在义务教育阶段，新增了"科学"和"劳动"两门课程。

三、课标变化

尽管普通高中"课标"（2017年版2020年修订）与义务教育"课标"（2022年版）在学科课程名称或学科核心素养关键词上"无变化"，但是学科核心素养的"核心"要素指向有很大的区别。笔者就《普通高中英语课程标准（2017年版2020年修订）》与《义务教育英语课程标准（2022年版）》的学科核心素养进行列表对比（表4-2）。

表 4-2 英语学科素养对比

核心要素	《普通高中英语课程标准（2017年版2020年修订）》	《义务教育英语课程标准（2022年版）》
语言能力	在社会情境中，以听、说、看、写等方式理解和表达意义的能力，以及在学习和使用语言的过程中形成的语言意识和语感。英语语言能力构成英语学科核心素养的基本要素。英语语言能力的提高蕴含文化意识、思维品质和学习能力的提升，有助于学生拓展国际视野和思维方式，开展跨文化交流	运用语言和非语言知识以及各种策略，参加特定情境下相关主题的语言活动时表现出来的语言理解和表达能力。英语语言能力的提高有助于学生提升文化意识、思维品质和学习能力，发展跨文化沟通与交流的能力
文化意识	对中外文化的理解和对优秀文化的认同，是学生在全球化背景下表现出的跨文化认知、态度和行为取向。文化意识体现英语学科核心素养的价值取向。文化意识的培养有助于学生增强国家认同和家国情怀，坚定文化自信，树立人类命运共同体意识，学会做人做事，成长为有文明素养和社会责任感的人	对中外文化的理解和对优秀文化的鉴赏，是学生在新时代表现出的跨文化认知、态度和行为选择。文化意识的培养有助于学生增强家国情怀和人类命运共同体意识，涵养品格，提升文明素养和社会责任感
思维品质	思维品质指思维在逻辑性、批判性、创新性等方面所表现的能力和水平。思维品质体现英语学科核心素养的心智特征。思维品质的发展有助于提升学生分析和解决问题的能力，使他们能够从跨文化视角观察和认识世界，对事物作出正确的价值判断	思维品质指人的思维个性特征，反映学生在理解、分析、比较、推断、批判、评价、创造等方面的层次和水平。思维品质的提升有助于学生学会发现问题、分析问题和解决问题，对事物作出正确的价值判断
学习能力	学习能力指学生积极运用和主动调适英语学习策略、拓宽英语学习渠道、努力提升英语学习效率的意识和能力。学习能力构成英语学科核心素养的发展条件。学习能力的培养有助于学生做好英语学习的自我管理，养成良好的学习习惯，多渠道获取学习资源，自主、高效地开展学习	学习能力指积极运用和主动调适英语学习策略、拓展英语学习渠道、努力提升英语学习效率的意识和能力。学习能力的发展有助于学生掌握科学的学习方法，养成良好的终身学习习惯

学科核心素养是学科育人价值的集中体现。仅从英语学科的四项核心素养便可以看出，核心要素之间既相对独立又相互交融，互相支持、互相融通，形成一个相互联系的有机整体，能够促进学科、课程目标的科学化，共同促进学生核心素养的提升，达成各学科育人的根本要求。这对于学科教研员、在职教

师、师范生以及学科教学论教师、基础教育研究者都具有十分重要的指导作用。

第六节 信息素养

一、素养内涵

信息时代经济新模式和职业新形态、社会生活的新特点和个人自我实现的新需求，对传统工业时代的教育提出了挑战，核心素养概念应运而生（张华，2016：12)[1]。随着互联网、人工智能等通信技术的发展，信息素养已经成为21世纪公民终身学习与发展的关键素养。信息素养起源于图书馆素养。荣曼生（2012：19)[2]将狭义的信息素养表述为搜集获取、加工运用、生成创造、分享表达信息的能力。在信息社会，信息素养不仅成为每个公民必备的一种基本素质，而且信息的获取、分析、加工、利用的能力与传统"读写算"方面的知识与能力同样重要。

欧盟十分强调公民的信息素养。2013年，欧盟发布了信息素养能力框架（DigComp）（Anusca, 2013)[3]，并于2016年和2017年进行了两次修订，描述了公民应该具备的信息素养能力（Carretero, Vuorikari & Punie, 2017)[4]。欧盟教育者信息素养能力框架（DigCompEdu）建立在公民数字能力和数字能力教育组织（DigCompOrg）的先前公民数字化胜任力研究工作的基础上，以发展教师职业所需的特定信息素养能力为目标，旨在将促进教师专业发展、提升教学实践、达成育人目标、提升学生信息素养融为一体，构建一个促进教育工作者信息素养发展的综合模型（李宝敏，余青，于东兴，2021：102)[5]。欧盟教

---

[1] 张华. 论核心素养的内涵 [J]. 全球教育展望，2016 (4)：12.

[2] 荣曼生. 教师信息素养论：掌握并运用信息技术 [M]. 哈尔滨：黑龙江教育出版社，2012：19.

[3] Anusca F. DIGCOMP: A framework for developing and understanding digital competence in Europe [R]. Luxembourg: Publications Office of the European Union, 2013.

[4] Carretero S, Vuorikari R, Punie Y. DigComp 2.1: The Digital Competence Framework for Citizens witheight proficiency levels and examples of use [R]. Luxembourg: Publications Office of the European Union, 2017.

[5] 李宝敏，余青，于东兴. 教师信息素养评测欧盟经验的启示 [J]. 教师教育研究，2021 (5)：102.

育者信息素养能力概念模型如图 4-6 所示。

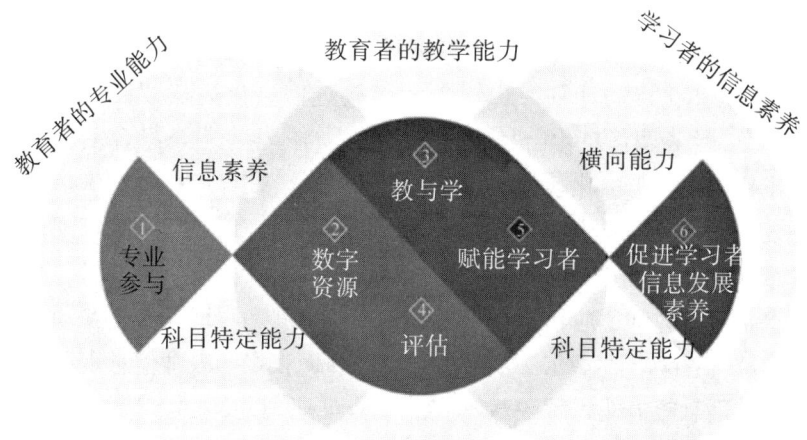

图 4-6 欧盟教育者信息素养能力概念模型

我国教育信息化起源于电化教育。1936 年,"电化教育"与"电教"正式成为官方确认的术语。1960 年,我国提出"必须采用新的教育工具和新式教具"。改革开放后,我国电化教学(如广播电视大学)飞速发展,这个时期的教育信息化(电化教育)还处于孕育期,但更多的是一种辅助教学的媒体工具。此外,其应用领域也不只局限于学校,还应用于服务民众的其他教育,如中央电视台为配合英语学习与推广,推出了《跟我学》(*Follow Me*)英语节目。从某种意义上讲,信息科技飞速发展、信息技术的运用,凸显了教育信息化对教育改革与发展的重要推动力。

我国的教育信息化已经从"1.0 时代"迈进具有中国特色的"2.0 时代"。2000 至 2010 年,教育部相继颁布了关于"校校通""教育振兴""中小学教师教育技术能力标准"等相关文件,提升了中小学教师的信息技术能力。这一阶段,教育信息化建设受到充分重视,为后来教育信息化的发展提供了基础保障。2010 至 2016 年,国家提出了一系列关于"信息技术与教育发展"的理念和要求。2014 年,"一师一优课、一课一名师"活动旨在推动信息技术与教育教学的深度融合。这一时期被誉为中国教育信息化"1.0 时代",教育信息化逐渐从建设转向深度融合(宋灵青,许林,2020)[1]。

我国进入新时代,教育信息化取得飞速发展。2017 年,党的十九大报告

---

[1] 宋灵青,许林. 教育信息化从 1.0 到 2.0——走具有中国特色的发展之路 [N]. 中国教育报,2020-05-09 (3).

明确提出"办好网络教育"。2018年，教育部印发了《教育信息化2.0行动计划》《高等学校人工智能创新行动计划》。2019年，教育部发布了《中小学教师信息技术应用能力提升工程2.0的意见》《在线教育健康发展的指导意见》。《教育信息化2.0行动计划》标志着我国教育信息化迈从"1.0时代"迈进"2.0时代"。这表明信息化已经成为教育变革的内生变量，融合创新、智能引领是其主要特征。与电化教育"1.0时代"相比，教育信息化"2.0时代"的教育系统内部各要素发生了明显的变化。可见，教育信息化对教育现代化的作用从"带动"发展为"支撑引领"的作用。

信息素养是教师适应信息化社会促进专业发展和实现与学生互动成长的关键（李宝敏，余青，于东兴，2021：101）[1]。简而言之，教师信息素养的核心是教师具备的信息能力能否解决教学实践工作中遇到的问题。《教育信息化2.0行动计划》明确提出"大力提升教师信息素养"（教育部，2018）[2]，对教师的信息素养提出了更高的要求。确切地讲，教师信息素养强调，教师不仅应该具备应用信息技术开展数字化教学，而且应该能够促进自身专业发展并培养信息人文素养的能力。

二、素养构建

信息素养对教师的教育教学改革与管理具有重大影响。教师的信息素养包括信息技术素养和信息人文素养两个方面。信息技术素养是教师在教学实践活动中运用信息知识和信息技能，解决实际教学问题并促进自身专业发展的能力；信息人文素养包括信息意识、信息道德等一系列面对信息、处理信息时表现出的心理状态及人文修养（胡钦太，刘丽清，张彦，2019：22）[3]。教育技术学专家何克抗教授指出，教师的信息素养应当是与"信息获取、信息分析、信息加工和信息利用"有关的基础知识和实际能力（向磊，唐加军，舒波，2013：62）[4]。由此可见，教师的信息素养对其教育教学和学生的学习变革产生新推力，同时信息技术的创新又反作用于教育理论和教学实践的发展。

---

[1] 李宝敏，余青，于东兴. 教师信息素养评测欧盟经验的启示［J］. 教师教育研究，2021（5）：101.

[2] 教育部. 教育信息化2.0行动计划［EB/OL］.（2018-08-08）［2022-09-16］. http://www.moe.gov.cn/srcsite/A16/s3342/201804/t20180425_334188.html.

[3] 胡钦太，刘丽清，张彦. 教育信息化2.0时代教师信息素养提升路径［J］. 中小学数字化教学，2019（11）：22.

[4] 向磊，唐加军，舒波. 远程学习者信息素养的提升对策分析［J］. 中国电化教育，2013（6）：62.

第四章
教师核心素养

教师的信息素养既是教师专业能力的重要组成部分，也是教师专业能力得到进一步发展的重要条件。信息素养是教师专业知识与教学能力的重要组成。教师应该熟练地应用现代多媒体信息技术，并与本学科相结合，提高课堂教学质量和教学效果。在信息时代，教育理念的革新、教学模式的变革，需要教师具备较高的信息素养，才能高效地开展教学活动。传统的"黑板+粉笔"课堂教学环境不能呈现多媒体化、网络化的特点，以教师为中心、"一言堂"式的教学很难长时间吸引学生的注意力，而信息素养强的教师更能有效地利用多媒体、网络化的信息技术和资源促进课堂教学。因为信息时代的课堂教学模式日趋多元化，如基于问题的探究学习、基于资源的自主学习、基于网络的协作学习等，这不仅体现了教师角色的复杂化，更决定了师生信息交流与传播方式的多样化，也提升了教师的学科教育教学能力。

在线教学助推教学改革的进程。教育部在《普通高中课程方案（2017年版2020年修订）》中提出，大力推进教学改革，"推进信息技术在教学中的合理应用，提高课程实施水平"[1]。教育部在《义务教育课程方案（2022年版）》的"基本原则"中提出，"积极探索新技术背景下学习环境与方式的变革"[2]。信息技术的快速发展无疑会给教育尤其是一线的教师带来挑战。在"互联网+"时代，大规模在线公开课（MOOCs）、微课、翻转课堂等新型教学实践活动，可以说颠覆了传统的教学模式。近年来，一些高等教育发达国家率先进入了"后MOOC时代"（王轶，石纬林，崔艳辉，2017：110）[3]，私播课（SPOC）、个性化公播课（PMOOC）和大众开放在线研究课（MOOR）等在线学习新范式不断出现。我国的爱课程、学堂在线、网易公开课等在线课程应运而生。受新冠肺炎疫情影响，联合国教科文组织将中国的爱课程、钉钉、飞书、云班课等纳入远程教育解决方案。

教师信息素养对学生发展和教师专业成长有显著影响。未来教师的核心素养应该是懂得大数据分析，有成长性思维，并善于对学生进行分层教学。教师的信息素养是确保师生之间有效交流、沟通的重要保障，也是决定教师教学模式、实施效果的重要因素。信息时代的教育不仅应重视对学生的知识传授与技

---

[1] 中华人民共和国教育部. 普通高中课程方案（2017年版2020年修订）[M]. 北京：人民教育出版社，2020：11.

[2] 中华人民共和国教育部. 义务教育课程方案（2022年版）[M]. 北京：北京师范大学出版社，2022：4.

[3] 王轶，石纬林，崔艳辉. "互联网+"时代青年教师信息素养研究[J]. 中国电化教育，2017（3）：110.

能训练，更应强调对学生综合素质的培养，而信息素养则是信息时代学生综合素质的重要内容，教师信息素养便是学生信息素养教育的前提和基础。概而言之，信息素养既是信息社会一名公民应该具有的个体信息素养，更是教师所应具备的职业信息素养。

因此，信息素养是教师必备素质，是教师专业能力发展的前提，更是教师专业能力发展的基础。在信息时代，教师既是知识的传播者，也是教育教学的施教者。信息素养能够引导教师有意识地探寻对教育教学有用的信息资源，因为丰富的信息资源不仅给教师的教育教学带来新的气息，而且教师自身的专业能力也会在积累资源的过程中得以提升。教师的信息素养源自信息知识的掌握和开发。良好的信息素养能够扩大教师的信息知识，优化教师的知识结构，提升教师的专业能力。

综上所述，教师素养既是教师的必备品格和关键能力，也是教师知识、能力、态度的整合，关乎着学生的核心素养落地生根。教师应具有从师任教的教育情怀、扎实过硬的专业素养、娴熟的教育艺术、与时俱进的创新素养，这是教师区别于其他职业最本质的特征。

第五章　学生核心素养

世界教育界关注的焦点之一是学生核心素养。关键能力和必备品格是基础教育学生核心素养培养最需要解决的两个基本问题。学生发展核心素养的"核心"在于"关键"和"必备"。学生发展核心素养既是新课标的"源头",是中高考评价的"核心",也是未来教育教学改革与发展的关键和核心。核心素养是连接宏观层面教育理念、培养目标与微观层面课程改革、育人模式及教育教学实践的中间环节,从中观层面指向"全人教育"的目标。

第一节　素质教育

一、素质与素养的异同

学界对素质有着不尽相同的诠释。《现代汉语词典(第7版)》将"素质"解释为:"事物本来的性质""心理学上指人的神经系统和感觉器官上的先天的特点"(中国社会科学院语言研究所词典编辑室,2016:1248)[①]。两者分别对应英文的 nature 与 faculty。一些百科全书、心理学辞典将"素质"(predisposition)界定为,人生来具有的某些生理解剖特点,特别是神经系统、脑、感觉器官和运动器官的解剖生理特点(柳夕浪,2014:6)[②]。苏联学者斯米尔诺夫等(1957:339)[③] 主编的《心理学》将"素质"定义为,"人不是生

[①] 中国社会科学院语言研究所词典编辑室. 现代汉语词典(第7版)[M]. 北京:商务印书馆,2016:1248.

[②] 柳夕浪. 从"素质"到"核心素养"——关于"培养什么人"的进一步追问[J]. 教育科学研究,2014(3):6.

[③] 阿·阿·斯米尔诺夫,阿·恩·列昂节夫,斯·耳·鲁宾斯坦,等. 心理学[M]. 朱智贤,龙叔修,张世权,等译. 北京:人民教育出版社,1957:339.

来就具有某些能力的。天生的东西只能是机体的某些解剖和生理的特点，其中具有最大意义的神经系统、脑的特点，叫作素质"。这与《现代汉语词典（第7版）》中"素质"仅局限对个人的生理学与心理学维度的理解基本一致，而这一定位更多地指向教育的前提和条件，而非教育的结果。

有学者对"素质"进行过较为深入的研究。素质具有本源性、根基性，生命之初便孕育着，并在生命过程中逐步生成、趋于完善，在整个生命活动中具有先导意义与根基作用。人的素质强调的是人的"质"，指人的"质量"或"品质"，即人本来具有的、相对稳定的、综合性的质量或品质（柳夕浪，2001：4）[①]。"素质"突出"素"字说明人的"质"不是某一方面的质量，也不是一时一事所表现出的现象，而是相对稳定的综合性的质量（柳夕浪，2014：8）[②]。确切地讲，人的素质是人原本就具有的，具有本源性、根基性、潜在性、稳定性、综合性等特征。因其稳定性，素质一旦形成，便会以较为固定的行为形式、价值观念等表现出来。那些未经过主体内化的、偶发的、不稳定的行为观念则不能构成人的素质。尽管素质具有相对稳定的特性，但也并非一成不变，其生成包含生理、心理、文化、思想等不同的层次，并且不断提升、逐步完善。

"素养"在中文语境中既超越知识，又超越能力，是用所涵养的态度重新融合生成的，既包含知识，又转换为能力，还指向态度与人格的培养目标。在英文语境中，"素养"所对应的是competenc（胜任力），这是来自经合组织、欧盟、联合国教科文组织的概念，并以"素养"为核心，推进未来课程建设，较好地对理论进行了重构。"素养"解除了"素质"之概念困扰：作为一个合成词组，"素质"+"养成"，即凸显了先天素质与后天教养的化合作用（刘云杉，2017：36）[③]。在坚持素质是素养的上位概念背景下，素养的特性尤其它的可教、可学、可测的特点在素质层次结构中得到了科学的说明（柳夕浪，2014：5）[④]。需要注意的是，素养本身不是行动，而是指向人类现实行动的内在心理品质。从本质上讲，"素养"是相对于学科本位提出的，对应的主体是"学生"，即学生在教育过程中逐渐形成的知识、能力、态度、价值观等的综合

[①] 柳夕浪. 再谈素质教育[J]. 江苏教育研究，2001（6）：4.
[②] 柳夕浪. 从"素质"到"核心素养"——关于"培养什么人"的进一步追问[J]. 教育科学研究，2014（3）：8.
[③] 刘云杉. "核心素养"的局限：兼论教育目标的古今之变[J]. 全球教育展望，2017（1）：36.
[④] 柳夕浪. 从"素质"到"核心素养"——关于"培养什么人"的进一步追问[J]. 教育科学研究，2014（3）：5.

表现。这是理解当下所倡导的核心素养的关键所在（杨向东，2020：49)[①]。

概而言之，素质与素养具有共同的"素"字。"素"具有"本来的""原来的"的意思，突出平时所养成的良好习惯。素质是人性之本、能力之源，而素养则是人性之树、能力品格之干。从素养培养到素质形成，是过程到结果。素质强调的是人的"质"，侧重点是人的质量；而素养强调的是人的"养"，侧重点是人的能力。

二、素质教育发展必由之路

（一）素质教育的回溯

素质教育（Quality Education）可直译为"质的教育"。"质"是指人的能力、质量，素质教育是对人的能力和品质的培养。1977年，邓小平同志主持召开科学和教育工作座谈会，决定恢复高考。恢复高考以后，我国教育出现了"片面追求升学率"的现象，主要表现为"大中学生善于考试，但做事能力、研究能力、社会交往能力、道德品质和精神风貌等各方面都存在严重不足"（孙志海，2009：91)[②]。

改革开放后，邓小平同志敏锐地看到了人口素质是事业成败的决定因素。为了提高全体劳动者的素质，我国寄希望于通过教育发展提升人们的素质，于是开展了关于教育的本质问题的大讨论。随着教育大讨论的不断深入，学界普遍认为，我国学生的人文精神缺失，因此，出现了"人文素质""人文素质教育"的提法。在1985年5月召开的第一次全国教育大会上，邓小平同志（1993：120）讲道，"我们国家，国力的强弱，经济发展后劲的大小，越来越取决于劳动者的素质，取决于知识分子的数量和质量"[③]。这被教育界公认为是我国素质教育思想的起源。

素质教育受到国家的高度重视。1987年，在九年义务教育各学科教学大纲统稿会上，国家教委副主任柳斌指出，基础教育不能办成单纯的升学教育，而应当是社会主义的公民教育，是社会主义公民的素质教育（改革开放30年

[①] 杨向东. 关于核心素养若干概念和命题的辨析 [J]. 华东师范大学学报（教育科学版），2020，(10)：49.
[②] 孙志海. 当前人文素质教育问题的实质和研究误区 [J]. 江苏高教，2009 (3)：91.
[③] 邓小平. 把教育工作认真抓起来 [M] //邓小平. 邓小平文选：第3卷. 北京：人民出版社，1993：120.

中国教育改革与发展课题组，2008：271)[①]。1993年，中共中央、国务院颁布了《中国教育改革和发展纲要》，吸收了教育思想讨论的成果，明确指出，中小学教育要从"应试教育"转向全面提高国民素质的轨道。1994年6月召开的第二次全国教育大会明确了《中国教育改革和发展纲要》提出的"素质教育"。1994年8月，中共中央发布《中共中央关于进一步加强和改进学校德育工作的若干意见》，第一次正式在中央文件中使用"素质教育"的概念（柳夕浪，2014：5)[②]。

素质教育的地位更加凸显和鲜明。素质教育是相对于应试教育提出的，要求教育要使学生获得内在的、相对稳定的、长期发挥作用的身心特征及基本品质结构（辛涛，姜宇，林崇德，2016：28)[③]。1999年6月召开的第三次全国教育大会主标题为《关于深化教育改革全面推进素质教育的决定》，提出全面推进素质教育，以提高国民素质为根本宗旨，以培养学生的创新精神和实践能力为重点。为进一步推进素质教育，培养学生的创新精神和实践能力，教育部于2001年6月颁布了《基础教育课程改革纲要（试行）》，旨在大力推进基础教育课程改革，调整和改革基础教育的课程体系、结构、内容，构建符合素质教育要求的新的基础教育课程体系。此次基础教育课程改革对推进素质教育产生了深远的影响。

2010年7月第四次全国教育工作会议颁布的《国家中长期教育改革和发展规划纲要（2010—2020年）》将素质教育思想一以贯之，突出强调："坚持以人为本、全面实施素质教育是教育改革发展的战略主题。"由此可见，素质教育在教育改革发展的实践中不断丰富、发展和完善，逐步成为具有中国特色的教育思想和教育话语（瞿振元，2017)[④]。2013年，党的十八大提出，坚持教育为社会主义现代化建设服务、为人民服务，把立德树人作为教育的根本任务，全面实施素质教育，培养德智体美全面发展的社会主义建设者和接班人。这就表明，国家把"立德树人"作为素质教育的出发点与归宿。

[①] 改革开放30年中国教育改革与发展课题组. 教育大国的崛起[M]. 北京：教育科学出版社，2008：271.

[②] 柳夕浪. 从"素质"到"核心素养"——关于"培养什么人"的进一步追问[J]. 教育科学研究，2014（3）：5.

[③] 辛涛，姜宇，林崇德. 论学生发展核心素养的内涵特征及框架定位[J]. 中国教育学刊，2016（6）：28.

[④] 瞿振元. 面向教育现代化，素质教育再出发[N]. 人民日报，2017-05-04（18）.

(二) 素质教育的发展

自改革开放以来，我国的基础教育取得了显著成就。进入 21 世纪，原有的基础教育课程已不能完全适应时代发展的需要。素质教育实施 10 多年之后，从实践方面看，还存在着一些困惑或问题。其内涵被功利主义的追求压倒，教育的过程和结果被简单化、符号化为高分数和高学历（钟秉枢，2017：2）[1]。《国家中长期教育改革和发展规划纲要（2010—2020 年)》坦陈，"素质教育推进困难"，"学生适应社会和就业创业能力不强，创新型、实用型、复合型人才紧缺"，因而特别强调，坚持以人为本、全面实施素质教育是教育改革发展的战略主题。

素质教育与人的全面发展息息相关。2019 年 7 月，中共中央、国务院颁布了《关于深化教育教学改革全面提高义务教育质量的意见》（简称《意见》）。《意见》是新时代我国深化教育教学改革、全面提高义务教育质量的纲领性文件，在突出德育实效、提升智育水平、强化体育锻炼、增强美育熏陶、加强劳动教育等方面提出了有针对性的举措，以构建德智体美劳全面培养的教育体系（潘子璇，2019）[2]。《意见》旨在坚持"五育"并举，着力解决素质教育落实不到位的问题。

素质教育是核心素养的前提与基础。核心素养强调的不仅仅是知识和技能，而是获取知识的能力和途径。核心素养教育模式取代的是知识传授体系，这是素质教育发展历程中的一个重要节点，具有重大的时代价值和深远的历史意义。汪瑞林（2015）指出，对学生核心素养的培育，就是素质教育的深化与延续，是素质教育再出发的起点[3]。核心素养是学生在接受相应学段的教育过程中，逐步形成的适应个人终身发展和社会发展需要的必备品格和关键能力（林崇德，2016：29）[4]。因此，素质教育在人才培养方面应凸显校本特色、学生个性而非同质化、应试化，培养对象应覆盖全体学生而非少数优等生、特长生，课堂教学应突出思维型课堂实效而非"作秀""表演"形式化，育人模式应理实结合，课内外、校内外融合，这样才能做到德智体美劳和心理素质教育的全面育人育才。

---

[1] 钟秉枢. 从素质教育到核心素养，不仅仅是名词的变化 [J]. 中国学校体育，2017（2）：2.

[2] 潘子璇. 教育部：全面提高义务教育质量是系统工程要坚持"五育"并举[EB/OL]. (2019-07-09) [2022-09-25]. http://shanghai.xinmin.cn/xmsq/2019/07/09/31555244.html.

[3] 汪瑞林. 核心素养：素质教育再出发的起点 [N]. 中国教育报，2015-05-13（10）.

[4] 林崇德. 21 世纪学生发展核心素养研究 [M]. 北京：北京师范大学出版社，2016：29.

素质教育蕴含核心素养的本真。在素质教育视域下,创新精神被誉为素质教育的核心,培养学生的创新意识和创新能力是实施素质教育的关键所在。基础教育学校基于核心素养进行教育教学改革,就应从单一知识、技能转向综合素质,从学科知识教学转向跨学科教学,从灌输式教学走向探究性学习,从浅层学习走向理解性的深层学习。从这个层面讲,素质教育绝非一种教育口号,而是中国教育智慧和中国教育方案,"引导学校教育从知识教育走向能力教育,进而走向素养教育"(柳夕浪,2014:11)[①]。可以说,中国的素质教育与世界"核心素养"具有异曲同工之处。

简而言之,素质教育是针对"中国的问题"而提出来的,它以"中国的方式"推进,被赋予了更多的"中国特色"(张羽,田秋华,2016:11)[②]。但素质教育的发展需要有一个更为具化、更为聚焦的路向,而核心素养理念的提出为素质教育的实践和深化提供了一条更为宽阔、更为深远的路径。

第二节 素养培育

一、学科思维素养

思维素养是重要的核心素养。有学者把核心素养理解为思维素养,或者说,思维的素养是核心素养之一(宫振胜,2016:45)[③]。尽管这是对核心素养较为狭义或者说是窄化的看法,但足见思维素养在核心素养中占据了十分重要的成分。古今中外,思想家都强调思维的重要性,而独立思考则显得尤为重要。正是因为认识到思维的重要性,学界才把思维培养放到了教育的核心地位。理性思维是学生的核心素养,思维的理性化是教育的主要任务之一。哈佛大学有一门著名的说明性写作课。该课强调如何培养学生严谨地思维,如何找到强有力的论据证明问题,如何有效地与他人沟通交流,其核心就是锻炼学生的思维。因此,教师在课堂教学、学科教学中,尤其要重视培养学生解决问题所需的判断力、思维力等。这是因为《基础教育课程改革纲要》提出了明确的要求,"引导学生质疑、调查、探究,在实践中学习"。

[①] 柳夕浪. 从"素质"到"核心素养"——关于"培养什么人"的进一步追问 [J]. 教育科学研究,2014(3):11.

[②] 张羽,田秋华. 论核心素养养成与素质教育发展 [J]. 课程教学研究,2016(12):11.

[③] 宫振胜. 谈核心素养最应该聚焦的是思维素养 [N]. 辽宁教育,2016(3):45.

我国的学科核心素养对思维素养有明确要求。学科思维是在学科教育教学中观察世界、思考世界和表达世界的独特方式。就一般思维与学科思维的相互关系而言，两者是共性与个性的关系，一般思维寓于学科思维之中，在学科思维之中发展一般思维，学科课程在其合理的学科定位下完成学生思维发展的目标。邱子华等学者（2022：55）认为，学科思维素养是学生通过学科学习逐步形成的思维的关键能力、必备品格与价值观念，可以看作是以调控力为中心的，连接价值取向、认识视角、具体方法、认识思路4个顶点且4个顶点相互关联的正四面体，简称为"调控力、取向、视角、方法、思路"学科思维素养组成结构正四面体模型（图5-1）[①]。

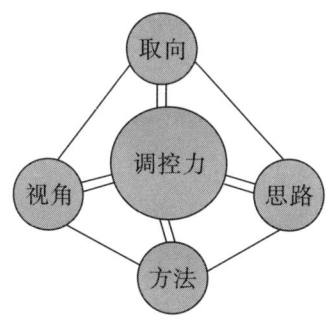

图5-1 学科思维素养组成结构正四面体模型

笔者对《普通高中课程方案（2017年版2020年修订）》《义务教育课程方案（2022年版）》主干学科核心素养的要素关键词研究发现，每一学科均含有思维素养，只是个别学科的思维素养体现得较为间接或隐性。研究表明，多数学科的思维素养为显性的，如普通高中语文为"思维发展与提升"，义务教育语文为"思维能力"；普通高中数学为"数学抽象"，义务教育数学为"抽象能力"；义务教育化学为"科学思维"。此外，普通高中、义务教育英语为"思维品质"，地理为"综合思维"，物理和生物学均为"科学思维"。这就充分表明，学科思维素养的出发点和归宿在课程，课程是推进学科思维素养的抓手。概括起来，素养的核心、学习的本质和教学的价值是思维，而思维素养已成为学科课程的内核，是学科课程重要的内在品质。

二、批判性思维

我国教育缺少批判性思维是学界普遍的看法。教师在教学理念上较为注重

[①] 邱子华，陈国华，于海涛. 学科知识到学科思维素养提炼与生成机制[J]. 现代教育，2022(7)：55.

学生对知识的获得，知识获得在课堂教学中占据主导地位，致使学生依赖标准答案和教材的内容而较少地产生怀疑。这与大部分教师自身缺乏批判性思维和意识有关。因此，学生出于思维定式而缺乏思考的主动性和探究的兴趣，课堂讨论和探究的过程往往流于形式，部分学生为了提升学业成绩，觉得质疑、假设、分析、对比和求证等过程没有用处，而更加注重追求确定性、结果性的答案。学校教育中，记忆型的教育文化、知识性的教育模式、一元化的评价方式等都制约了学生创新性思维的培养（肖薇薇，2015：25）[1]，这无疑是值得教育界和学界关注与反思的。从某种程度上看，一个人要能独立思考和个性化发展，就必须具备批判性思维的能力。

批判性思维缺失的原因需要深入研究。由于统一课程、统一教材、模式化的教学，学生对课程、教材、教师没有选择权。当一个课程体系的教学内容、形式、方法变得统一，那么培养出来的学生自然而然是统一的。在传统教育环境中，教师就意味着权威。长此以往，学生的言行举止、思维方式就会受到束缚。久而久之，学生由于忽略个体独立性，就表现出"勤奋＋沉默"的特征，就会丧失"批判性思维"的习惯。理论上，没有人怀疑学校中培养学生优良思维习惯的重要性。但是事实上，这个看法在实践上不如在理论上那么为人所承认（杜威，1990：162）[2]。确切地讲，缺乏批判性思维，学生就丧失了质疑的能力。因为批判性思维能力是一种超越学科而又适用于所有学科的可迁徙能力。批判性思维也是一种思维心态或思维习惯，即心智模式，它不仅是一种能力，也是一种价值取向。简单地讲，作为一种能力，批判性思维是关于"如何思考"（how to think）；作为一种思维心态，批判性思维则是关于"思考什么"（what to think）和"问为什么"（ask the why question）。

批判性思维可以通过教育和后天学习获得。1910 年，杜威在《我们怎样思考》一书中首次提出"批判性思维"的概念，倡导"反思性思维"。杜威也被称为"批判性思维之父"。20 世纪 90 年代，美国哲学学会运用 Delphi 法（专家调查法），将批判性思维定义为有目的的、自我校准的判断。这种判断可以用来解释、分析、评估、推论以及对判断赖以存在的证据、概念、方法、标准或语境的说明（王学兵，2008）[3]。有学者将批判性思维界定为，所学习的知识、所认识的事物的问题所在，根据自身的思考逻辑以及他人观点对其进行全

---

[1] 肖薇薇. 批判性思维缺失的教育反思与培养策略［J］. 中国教育学科，2015（1）：25.
[2] ［美］杜威. 民主主义与教育［M］. 王承绪，译. 北京：人民教育出版社，1990：162.
[3] 王学兵. 批判性思维的哲学探索［D］. 上海：上海师范大学，2008.

面深刻的分析与反思,最终做出理性判断,并对行动做出指导的一种思维活动(李金露,2017:14)[①]。批判性思维包括思维技能、能力和品质,是一个质疑、求证、判断的过程。它基于问题意识,本质是怀疑。美国学者琼·温克(2008:1)在《批判教育学》中指出,"'批判'不仅意味着'批评',批判还意味着能透过表面看到深处——思考、批评或分析"[②]。为此,教师在教学中既要强化对批判性思维的培养与训练,还要引导学生树立深度分析、合理论证、理性建构的意识,更要培养他们勇于创新、善于创造的精神动力。

批判性思维之所以重要,是因为它是人的思维发展的高级阶段,具有两个显著特征:首先是善于对通常被接受的结论提出疑问和挑战,而不是无条件地接受专家和权威的观点;其次是用分析性和建设性的论理方式对疑问和挑战提出解释并做出判断,而不是全盘接受不同的解释和判断。批判性思维既是一种思维品质,也是核心素养的前提和基础。需要特别注意的是,很多人混淆了"批判性"和"批判"两个概念,认为批判性思维就是想方设法去批判、批评或否定别人。所以,批判不是否定,而是在原有的基础上使好的发扬光大,使不足的得到克服,因为"批判性"是指审辩式、思辨式的评判,多是建设性的。事实上,具有批判性思维的人不会急于去批判事物,而是在下定论之前,反向思考其他的可能性。

三、创造性思维

创造性思维已成为各国公认的核心素养。我国经过40多年的改革开放,经济已由高增长进入高质量发展阶段。高质量发展需要创新驱动,而创新最重要的是具有创造力、创造性的人才。虽然我国教育优势整体水平比较高,但其弱点是创新性人才太少。典型的"李约瑟之问""钱学森之问"的痛点及核心是,为什么我们的学校总是培养不出杰出人才?这个问题不只是针对科学研究,还可以推广到很多领域,尤其是基础教育人才培养的取向方面。中国的教育体系呈现出一些薄弱之处,如学校分层分类教学不足,教育评价标准过于单一,学业评价过分关注成绩;学生依赖死记硬背、"应试教育",缺乏独立思考能力、批判性思维和创造力。正如清华大学钱颖一教授(2018)就"钱学森之问"所言,我们的教育体制中培养的学生缺乏创造性人才的第一个原因是学生

---

① 李金露. 核心素养视域下批判性思维培养的问题及对策[J]. 教学与管理,2017(30):14.
② [美]琼·温克. 批判教育学:来自真实世界的笔记[M]. 路旦俊,译. 长沙:湖南教育出版社,2008:1.

的知识结构有问题,过多局限于专业知识,而缺乏跨学科、跨领域、跨界知识;不是我们的学校培养不出杰出人才,而是我们的学校在增加学生知识的同时,有意无意地减少了创造性人才的必要因素——好奇心和想象力;不仅是学校,而且整个社会都太急功近利[①]。

创新教育强调的是创造性思维培养。然而应试教育抑制了学生的创新意识和创新思维。在应试教育中,知识被浓缩为"知识点",就是那些得分点和公式化答案,那些在考题中会出现的重点难点,在评卷中评审人会去努力寻找的关键词或给分点。这是因为教师简单地把教育等同于知识。不得不承认,知识与人的命运紧密相连,或者说,考试制度就是通过学习知识改变命运的重要渠道。在以知识为中心的教育观念下,学生为掌握"知识点""得分点"而形成了一系列行之有效的学习方法。不可否认,知识与教育之间存在着必然联系。知识的第一个层面表现为重复运用一个概念,第二个层面是解决问题,而第三个层面是设计和创造,它已扩展到运用系统知识解决未知的问题,并且创造新的知识。所以创新教育是终身学习,是教育理念的具体实践形式,是对传统应试教育观念和教育模式的根本性变革。基础教育同样如此,知识固然重要,但是知识不是教育的全部内容,而且教育的价值不只是记住知识,更是超越知识的思维训练。教育不仅要唤醒学生的创新意识,培养他们的创新思维,更重要的是提高创新能力。

创造性思维是推动未来知识社会前进的重要动力。教师培养学生的创新能力应让学生置身于真实性问题之中,而问题本身是开放性的,而且没有固定的答案,其目的是让他们跳出已有的思维模式,让他们从多元视角或维度来思考问题,从而培养他们的观察力和洞察力。创新能力源于创新思维力。在教学中,教师要让学生学会另辟蹊径,具有打破常规的勇气和品质。爱因斯坦就是创新思维的典范,他认为想象力比知识更为重要。教师要改变学生的知识结构,增加他们的跨学科、跨领域知识,并使他们能够融会贯通不同学科和领域的知识;要有意识地保护他们的好奇心,激发他们的想象力;要给他们充分的想象空间,不要轻易打击不符合当前规范的"异想天开";要克服急功近利的短期功利主义,在价值取向上要有更高的追求。因此,全社会都要转变教育观念,要从传统的"以知识为中心"观念转变为重视学生思维发展的现代教育观,要激发他们的创造动机、创造兴趣、创造情感和创造意志,因为创造力是

---

① 钱颖一. 我们的学生为什么缺乏"创造性思维"?[EB/OL].(2018-09-25)[2022-10-1]. https://www.sohu.com/a/256047609_197634.

国家核心竞争力和人们幸福生活的源泉。

四、全球胜任力

全球胜任力是 21 世纪人才核心素养的重要指标，是参与全球竞争与合作的能力（胡敏，2019：69)[①]。全球胜任力包括四个维度：对地区的、区域性的、国家之间、跨文化之间问题的分析能力，能够理解并欣赏别人的观点、价值观的能力，与不同文化背景的人进行开放得体、有效互动的能力，为集体的福祉和可持续发展采取行动的能力。具有全球胜任力的学生，可以利用学科知识和在学校学到的思维模式，提出问题，分析复杂的数据和论点，解释他们观察到的现象，形成自己的立场；能够从多视角思考全球问题和他人观点与行为的意愿及能力；能够采取明智的、反思性的行动，愿意参与改善自己的社区和社区以外的其他地区人们的生活条件；能够灵活调整自己的行为和用语，以适应不同的互动情景，以及尊重他人，主动了解对方，并且努力关注边缘群体。随着中国的崛起，培养学生的全球胜任力是一个必然的趋势，也是中国教育未来的方向。目前，越来越多的学校已经意识到培养全球胜任力的重要性。不少学校有大量的国际活动，但一般来说，这些活动都还停留在初级阶段和表面（滕珺，2016：50)[②]。

全球胜任力教育受到世界各国的重视。全球胜任力的四个维度由四个独立要素支持，即知识、技能、态度和价值观。英国剑桥大学出版社出版的《剑桥人生胜任力框架》(*The Cambridge Framework for Life Competencies*）为教师和青少年提供了一种全新的思路，一种拓宽视野、注重能力培养的学习方式（表 5-1）。框架总结出六大核心素养与三大支撑体系，为青少年提升全球胜任力提供了具体的参考。

表 5-1 剑桥人生胜任力框架

Creative Thinking 创造性思维	Critical Thinking 批判性思维	Learning to Learn 学会学习	Communication 沟通能力	Collaboration 合作能力	Spcial Responsibilities 社会责任
Emotional Development 情绪发展		Digital Literacy 数字素养		Discipline Knowledge 学科知识	

---

① 胡敏. 提升全球胜任力：面向未来青少年的核心素养——《剑桥人生胜任力框架》译介［J］. 基础教育课程，2019（9）：69.

② 滕珺. 培养学生"全球胜任力"，怎么看？怎么办？［J］. 上海教育，2016（29）：50.

框架涵盖了学生在全球化时代所应具备的核心技能，也针对不同学习阶段提出了相关的指标体系，以便于指导教师的教学和评估。全球胜任力教育可以提高人的文化意识并在相互尊重的基础上进行有效互动（曼西利亚，威尔逊，2022：75）[①]，还能让年轻人获得未来生活所需的知识和技能，促进和平、非暴力、可持续发展和尊重人权的文化发展（OECD，2020）[②]。需要注意的是，全球胜任力源于"国际理解"，而非全盘"国际化"，恰恰需要通过"本土化"诠释全球胜任力的内涵，因为全球胜任力强调的是"通过学科和跨学科方法"来理解世界。这就能够较好地回答，为什么教育界呼吁将培养学生跨文化理解和全球化能力作为 21 世纪教育的重要目标。因为跨文化理解是全球化能力的基础，而全球化能力则是跨文化理解的外显。

21 世纪最核心的关键词是全球化和数据化。因此，人才培养的目标和导向就应立足当下、面向世界、拥抱未来，使学生具有全球素养、核心能力。全球胜任力首先是一种理解能力，其重点是对于学科和跨学科的理解，强调深度学习。其次，如果"理解"强调的是学科专业知识的深度和广度，学生的自主意识和行为就应转变为深层思维的习惯，那么教师就应该培养学生的思维方式，帮助他们树立终身学习的意识，培养他们持久的学习习惯。最后，全球胜任力关注地区、全球和跨文化议题，学习就应当与学生和世界明显相关。有学者认为，培养学生的全球素养，就是要培养他们在信息时代所必需的学习力、在全球经济事务中的就业力、实现可持续发展的执行力（陈法宝，2018）[③]。教育的终极目标是解决"培养什么样的人"的问题。站在全球素养的视角和高度，学校的任务不再是一味地灌输知识、批量生产同质化的"人才"，而应是面向未来的学习和生活，聚焦学生核心能力的发展。因此，学校应更新人才培养目标，转变人才培养方式。教育就应从知识本位走向素养本位，从"育分"转向"育人"，从应试教育转为能力教育。这就要求教师从传统的"教师权威"转向"教师主导、学生主体"，从"教师中心、教材中心、课堂中心"转变为"整体化、主题化、问题化、情境化和信息化"的教学，发展学生的批判性思维，提高他们的问题解决能力，引导他们围绕核心素养的发展从课堂走向生

[①] ［美］曼西利亚，威尔逊. 全球胜任力在中国学校的新内涵及其实践［J］. 腾珺，安娜，徐紫霄，译. 比较教育学报，2022（4）：75.

[②] OECD. PISA: Preparing Our Youth for an Inclusive and Sustainable World[EB/OL]. (2020–08–09) [2022–10–01]. http://www.oecd.org/pisa/aboutpisa/Global–competency–for–an–inclusive–world.pdf.

[③] 陈法宝. 培养全球素养促进学生核心能力发展［N］. 中国教育报，2018–08–16（3）.

活、从封闭转向开放、从国内瞭望国际。

第三节 STEAM 教育

一、缘起与发展

STEAM 教育源于 STS 教育和 STEM 教育。STS 教育最早可溯源自 19 世纪末期、第二次工业革命的迅猛发展。20 世纪 60—70 年代，STS 教育在一些发达国家兴起。20 世纪 60 年代，以强调智能和学术成就、培养科学精英为目的的科学教育改革过分强调科学概念的结构，致使大批学生对科学学习缺乏兴趣。20 世纪 80 年代初，"科学为大众"作为挑战科学教育的新口号，在世界范围内受到响应，其目的是要让普通民众能够面对未来的科技社会，参与社会、政治和个人的决策。至此，STS 教育的序幕真正拉开，并且得到了世界各国科学教学工作者的认可，成为当时科学教育改革的趋势与潮流，对理科课程改革产生了重要的影响。

1987 年，世界科学和技术教育研讨会将 STS 教育理解为，在技术和社会环境的可靠范围内教授科学内容。1991 年，美国科学教师协会将 STS 教育定义为"在人类经验的背景中科学的教与学"。STS 教育突出科学、技术与社会三者的相互联系，以及科学技术在社会生活、生成和发展中的应用。它不仅反映了当代科学的思维方式，即系统综合、开放动态、发展的思维方式，还体现了教育以人为本、情景体验、强调对话交流为核心的建构主义教学理论（唐斌，2002：75）[1]，同时也为 STEM 教育积累了丰富的理论和实践的基础。

STEM 教育以培养学生工程创新素养为目标，以学科整合为基本特征。1986 年，美国国家科学委员会（National Science Board，NSB）首次提出了 STEM 教育的概念。STEM 指科学（Science）、技术（Technology）、工程（Engineering）和数学（Mathematics）。这个跨学科的教育理念逐步发展成为一种教育战略，旨在提高学生对理工类知识的学习兴趣，促进他们综合发展，从而提高其全球竞争力。其"科学、技术、工程、数学"四大学科，相对应地构成了科学素养、技术素养、工程素养和数学素养。STEM 教育改革的核心理念是要实现科学理论与工程领域的融合，科技概念与工程项目的合并，数学

---

[1] 唐斌. 论 STS 教育的后现代意蕴 [J]. 教育研究，2002（5）：75.

概念原理与科学、科技和工程的整合,达成"跨学科整合、循证教学、主动学习"的目的。因此,STEM教育的出现改变了传统的教学模式和学习方式,给学生带来了全新的学习体验。它是一种探究性较强的教育形式,主要通过项目化的学习方式培养学生的创新能力、跨学科解决问题能力、实践动手能力等高阶能力(司建,张立昌,2022:54)[①]。STEM教育不仅能够培养学生在科学、技术、工程和数学"元学科"以及相关交叉领域中,运用整合跨学科知识来解决现实世界问题的能力,而且还能够培养他们的逻辑思维和批判性思维,提升他们的科学精神、创新精神和解决问题的能力以及整合跨学科知识的能力。

世界组织和主要国家将STEM教育作为发展战略。芬兰教育部在20世纪90年代就推出了"自然学科"和"数学"融合的LUMA项目,作为STEM教育实践的基础,增强了学生的STEM教育兴趣。澳大利亚的STEM教育可谓"全方位、全领域、全民性"(戴金芮,刘玲,2022:33)[②]。教育部和政府制定了一系列的战略性规划,如2001年制定提高澳大利亚人的能力(BBA)项目,2004年推出"创新、科学、技术、数学教学推进计划"(BISTMT),2012年启动"守护澳大利亚的未来"(SAF)项目,2015年发布"国家创新与科学议程"(NISA),同年还发布了《STEM学校教育国家战略(2016—2026年)》。英国在2002年将STEM教育正式写入政府文件,并于2017年发布了《建立我们的工业战略绿皮书》。2013年,美国国家科学与技术顾问委员会向国会提交了《联邦政府关于科学、技术、工程和数学(STEM)教育战略规划(2013—2018年)》;2018年,美国发布了新的"北极星"五年战略计划《制胜之道:美国的STEM教育战略》。

我国于1999年颁布《中共中央 国务院关于深化教育改革全面推进素质教育的决定》,于2001年启动第八次课程改革,并在2016年的《教育信息化"十三五"规划》中明确提出积极探索信息技术在跨学科学习(STEAM教育)、创客教育等新的教育模式中的应用。2017年,教育部印发《义务教育小学科学课程标准》,课程内容主要包括物质科学、生命科学、地球与宇宙科学、技术与工程四个领域。2022年,教育部颁布的《义务教育课程方案(2022年版)》提出了各学科10%"跨学科主题学习活动"要求。经合组织(OECD)

[①] 司建,张立昌. 乡村STEM教育:实现可能、现实困境及因应对策[J]. 中国远程教育,2022(8):54.

[②] 戴金芮,刘玲. STEM教育何以落地中国——基于国际政策比较视角[J]. 中小学信息技术教育,2022(7):33.

在2011年的报告中指出，欧洲STEM教育政策的关注点是人才培养和技能提高，认为STEM相关行业领域的发展是欧洲能够持续创新、发展经济和提高国际竞争力的关键。概括起来，STEM教育是一种综合性课程，强调跨学科知识走向统整的趋势。

STEM教育既为教育带来了新发展，也给教育提出了新思路。STEM教育中存在形式化、技术化和价值单一化等亟待解决的问题（李芒，易长秋，2022：27）[1]。这些都需要理论层面的深化和实践操作的改进。而STEAM教育能给学生一个真实的情境，在情境中综合运用知识，让他们利用自己的创新思维去解决现实中的复杂问题，有助于提升自己的知识、能力与情感。STEAM教育为学生提供真实情境，让其在解决问题的过程中提高各方面的能力与素养。这种富有情境性的实践知识观不仅仅是在教育过程中践行"授之以渔"的重要体现，更是今后知识教育进行转型的方向（袁利平，张欣鑫，2017：167）[2]。

STEAM教育是美国政府从STEM教育战略衍生而来的。美国弗吉尼亚科技大学学者Yakman在STEM的基础上加入"A"（艺术，Arts），并提出了金字塔形的STEAM学科整合的教育框架（图5-2），使STEM成为包容性更强的跨学科综合教育。美国新媒体联盟发表的《国际教育信息化发展2015地平线报告（基础教育版）》指出，STEAM教育的设计理念是所有学科都能而且应该要彼此关联，这样学生才能够对真实世界获得整体的、相互联系的认知。事实上，STEAM教育是一种广域的跨学科融合教育，其中"A"并不单指"艺术"，也涵盖其他人文社会学科知识和人文素养，比如社会课（Social Studies）和历史（History）等，因此可以称为"广义的艺术"或"人文的艺术"（安德森，季娇，2017：129）[3]。STEAM（Arts，人文社科）、STEARM（Reading，阅读）、STEAMS（Society，社会）等多种"STEM+X"变式的出现都体现了研究者对于STEM教育人文性的重视（李芒，易长秋，2022：30）[4]。

---

[1] 李芒，易长. STEM教育的困境与审思［J］. 中国远程教育，2022（9）：27.
[2] 袁利平，张欣鑫. 论STEAM教育与核心素养的对接［J］. 陕西师范大学学报（哲学社会科学版），2017（5）：167.
[3] 大卫·安德森，季娇. 从STEM教育到STEAM教育——大卫·安德森与季娇关于博物馆教育的对话［J］. 华东师范大学学报（教育科学版），2017（4）：129.
[4] 李芒，易长. STEM教育的困境与审思［J］. 中国远程教育，2022（9）：3.

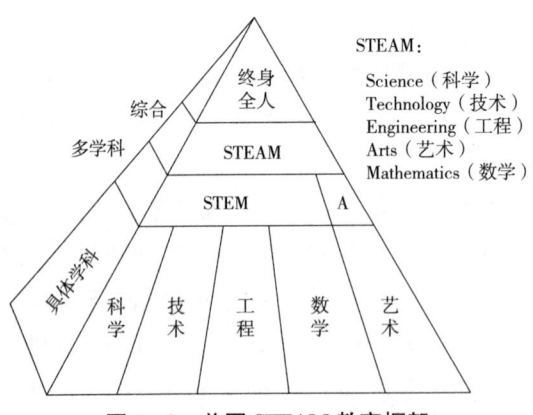

图 5-2　美国 STEAM 教育框架

STEAM 教育是跨学科融合的综合教育。它作为知识经济时代全新的教育范式，已成为世界各国教育领域的重要发展战略，并被各国政府和相关部门纳入课程体系之中。STEAM 教育以培养学生核心素养、发展学生能力为导向，打破了学科的边界，实现了课程的多元化、学生学习方式以及教师教学行为的改变。从本质上看，它以解决真实问题为任务驱动，让学生通过运用多学科知识和技能来解决实际问题，从而培养学生的实践、创新与探究能力（秦瑾若，傅钢善，2017：68)[①]。

二、实施与路径

（一）核心素养的抓手

STEAM 教育是落实发展学生核心素养的重要抓手。核心素养与 STEAM 教育之间相辅相成、互相渗透。图 5-3 清晰地反映了《中国学生发展核心素养》中的核心素养与 STEAM 教育的相互关系（秦德增，秦瑾若，2018：53)[②]。核心素养对 STEAM 教育的开展起着重要的导向作用，而 STEAM 教育则是培养学生核心素养的具体实施路径，是把核心素养付诸实践的重要推动力。核心素养是上位概念，是教学目标的具体化，为育人目标与实施路向提供了依据，通过指导各个学科知识之间的深度融合，能够有效提高学生的学习效果。同时，核心素养属于教育目标类范畴，只有将其理念应用于实际教学之

[①] 秦瑾若，傅钢善. STEM 教育：基于真实问题情境的跨学科式教育［J］. 中国电化教育，2017(4)：68.

[②] 秦德增，秦瑾若. 核心素养视角下的 STEAM 跨学科融合模式研究［J］. 教育理论与实践，2018(22)：53.

中，才能体现出它的核心价值。从知识与能力的关系看，STEAM教育强调多学科（multidisciplinary）、跨学科（transdisciplinary）知识之间的整合与融合，能够引导学生在知识迁移的基础上提升综合能力；注重在实践的基础上培养学生自主探究的能力，利用理论联系实际的理念促进他们的全面教育。概而言之，STEAM教育是一种学科融合教育范式，而一些教师将它简单地理解为一门新课程或新学科，而非应用于学科教学的教育理念和教育方式。STEAM教育与核心素养高度契合，是因为核心素养的"核心"在于人的全面发展，核心素养以培养"全面发展的人"为核心，是情感、态度、知识、技能的综合表现，具有个人价值和社会价值（林崇德，2016：29)[①]。

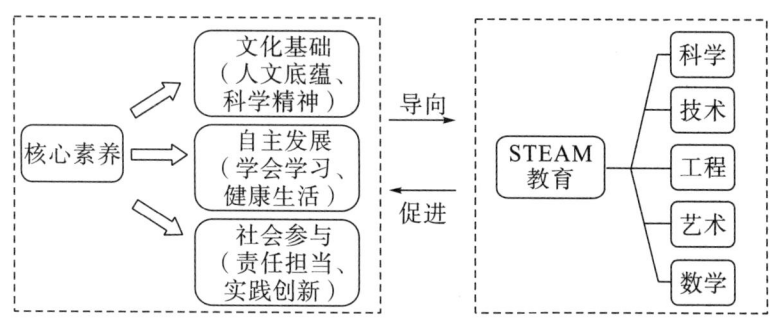

图5-3 核心素养与STEAM教育的关系

（二）跨学科融合教育

STEAM教育较好地解决了核心素养与学科素养分离的问题。学科融合包括多学科、跨学科的整合，并非学科知识的简单叠加，并且具有一定逻辑、关联的交叉融合关系。需要特别指出的是，学科交叉不等于交叉学科。2021年，国务院学位委员会印发了《交叉学科设置与管理办法（试行）》，首次明确对交叉学科的内涵进行了界定：交叉学科是在学科交叉的基础上，通过深入交融，创造一系列新的概念、理论、方法，展示出一种新的认识论，构架出新的知识结构，形成一个新的更丰富的知识范畴，已经具备成熟学科的各种特征。简单地讲，"交叉学科"就是不同学科交叉所形成的新学科。秦德增和秦瑾若（2018：54）尝试构建了一个STEAM跨学科融合框架（图5-4）。该框架包括五个层层递进、互相渗透的教学阶段：确定核心素养、选择具体学科、设计主要问题、着手解决问题、开展评价反思。他们还根据跨学科融合框架，构建

[①] 林崇德. 21世纪学生发展核心素养研究[M]. 北京：北京师范大学出版社，2016：29.

了一个 STEAM 跨学科融合模式（图 5-5），设计出具体教学流程，包括教学目标、教学内容、教学项目、教学工具和资源、教学活动以及教学评价六个循环往复的过程[①]。

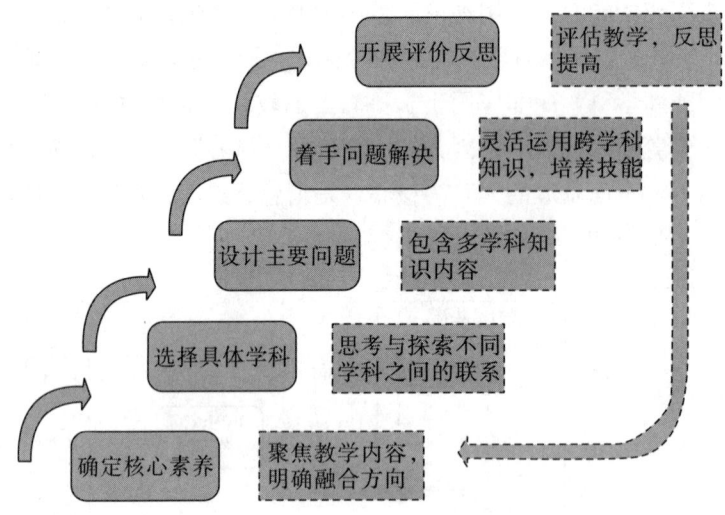

图 5-4　STEAM 跨学科融合框架

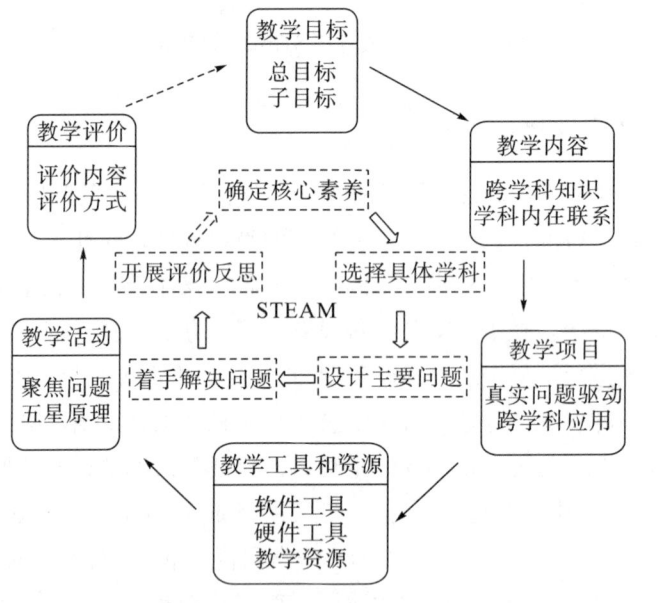

图 5-5　STEAM 跨学科融合模式

---

① 秦德增，秦瑾若. 核心素养视角下的 STEAM 跨学科融合模式研究 [J]. 教育理论与实践，2018（22）：54.

STEAM 教育既包括科学技术学科，又兼顾人文艺术学科，凸显了跨学科和综合的特性，能够帮助学生将碎片化的知识整合成完整的知识体系。它是学科知识融合的典范，能够给予学生完整的知识体验。核心素养是学科壁垒的"融合剂"，以核心素养体系为基础，各学科教学可以实现统筹统整；以核心素养为导向，教师应构建教学新常态。核心素养既可以指导、引领、辐射学科课程教学，彰显学科教学的育人价值，也依赖各个学科独特育人功能的发挥、学科本质和特点的发掘，如科学与人文的和谐教育、历史学与考古学相伴而生、生物学与统计学合并为生物统计学、语言素养并非专属语文学科。因此，教师要从"学科教学"转向"学科教育"、从"知识本位"走向"核心素养"、从教书转到育人，以期更有效地开展多学科、跨学科的交叉融合，发挥 STEAM 教育的实际教学效能。

（三）跨学科整合课程

核心素养育人目标的实现需要落点到具体的课程并有效地实施。当前，基础教育存在学科过于细化、繁多，课程目标之间相互重合，课程内容之间相互交叉，课程内容与学生生活实际脱节等现象。针对核心素养与课程教学改革的这些问题，学界、教育管理者都需要认真思考课程建设中诸如课程如何整合、校本课程如何构建、课程方案如何制定、课程实施如何推行、课程评价如何改革创新等问题。一些学校从跨学科教学视角出发，通过课程的整合与重构，聚焦学习方式变革，取得了较为显著的成效，如北京中关村第一小学个性化学习的"葵园云平台"、清华大学附属小学拓展性课程的"1+X 课程"、北京第一师范附属小学跨界性课程的"快乐教育课程"等。这些基于核心素养视域下的整合性课程、融合性教育值得教师们深入研究和学习。课程是人才培养的核心要素。尽管课程面对的是教育中微观的问题，但解决的却是教育最根本的问题。

核心素养在"落地"的过程中与学科和课程紧密关联。如果人才培养注重领域素养，那么核心素养就与课程结合，课程应聚焦知识的连续性；如果突出学科素养，那么核心素养与各学科结合，课程应彰显学科的独立性。当前，核心素养与学科课程结合可归纳为三种模式：以美国为代表的核心素养独立于学科课程之外并与之融合的模式，以日本为代表的将核心素养体现在课程标准内容中的模式，以芬兰为代表的以核心素养为导向设置学科课程的模式（辛涛，姜宇，王烨辉，2014：5)①。其中"芬兰模式"被认为是将核心素养与学科课程结合最为紧密的模式（周佳伟，王祖浩，2018：94)②。如何将核心素养的培养有机地融入具体课程的教学之中，一直是困扰世界各国基础教育课程改革的难题。课程整合是学校课程领域落实素养教育的首选。STEAM教育较好地整合了学科和综合课程的优势。综合课程起源于20世纪初德国的合科教学，主张按照学生的兴趣、爱好，整合若干相关联的学科而成为一门更广泛的共同领域的课程。从分科教学到课程统整和推进综合课程的学习，这一全球学校教育课程变革是大势所趋。在信息时代和知识社会，跨学科整合课程能够把多学科整合为一个统一体，凸显了交往、合作、创造性和批判性思维的跨学科核心素养（transversal competence），是深度学习的有效路径之一。核心素养是对教育终极目标的追求，具体体现在课程开发和教学实践之中。STEAM教育与核心素养在培养目标上具有一致性，因而学生发展核心素养为开展STEAM教育提供了目标基础，对STEAM教育具有指导作用（李煜晖，郑国民，2018：81)③，可以促进STEAM教学效果的最大化，促进学生的全面发展。

（四）创客教育

STEAM教育的核心是创新教育。我国的"学生发展核心素养"注重培养学生的自主发展能力、团队协作、分享以及创新思维意识、实践能力。布鲁姆（Bloom）的教学目标，即传统的知识、技能和情感"三维"教学目标难以提升学生的创新能力和问题解决能力，而STEAM教育教学目标的设计更倾向于对学生技能的培养，注重学生的信息运用与不同课程之间知识的整合（袁磊，2019：100)④。21世纪是知识经济与信息技术发展的时代，教育教学理念发生了根本性的变化。学生的学习结果不再仅局限于书本知识，还应注重培养"全面发展的人"。学生的学习过程侧重于创新实践能力和合作能力的培养，以使他们适应社会发展的需求。核心素养要求学生参与社会实践、勇于探索与创新、善于技术运用，而STEAM教育和创客教育（Maker Education）是探索21世纪人才培养的创新模式，均试图"变革教育"，均指向培养创新人才和具

---

① 辛涛，姜宇，王烨辉. 基于学生核心素养的课程体系建构［J］. 北京师范大学学报（社会科学版），2014（1）：5.

② 周佳伟，王祖浩. 基于核心素养的课程体系建构——芬兰《国家基础教育核心课程2014》评述［J］. 比较教育研究，2018（11）：94.

③ 李煜晖，郑国民. 核心素养视域下的中小学课堂教学变革［J］. 教育研究，2018（2）：81.

④ 袁磊. 核心素养视域下STEAM教育的课堂教学变革［J］. 中国电化教育，2019（11）：100.

备综合能力的人（王佑镁，钱凯丽、华佳钰，2017：35）[①]。STEAM 教育强调跨学科知识的运用，创客教育则强调创新创造能力的培养、交流分享意愿的激发和健康人格的塑造。创客教育是通过在创造中学习，在创造中培养学习者创新素养，即创新意识、创新思维和创新能力，促使学习者各方面能力协调发展，最终实现"全人发展"的目标。简言之，STEAM 教育主要检测学生的合作能力、创新实践能力以及发现、解决问题的能力，而创客教育以"全人发展"作为最终目标，与核心素养、STEAM 教育的目标性高度契合。

学生核心素养的发展应深度融合 STEAM 教育与创客教育的优势。STEAM 教育注重学科素养的发展，但不足以满足学生的全面发展。创客教育基于真实问题，是实施 STEAM 教育的一种有效方式，而 STEAM 教育是基于跨学科知识的融合，为创客教育提供了知识和能力的基础（赵慧勤，王兆雪，2019：60）[②]。将创客教育理念融入 STEAM 课程，聚焦学生创意设计、创新意识、创新思维、创新精神和创造能力的培养，构建以解决实际问题为核心的创客课程，探索 STEAM 项目式、探究式、创客式的深度学习，是 21 世纪创新型人才培养的趋势和潮流。基于项目式的 STEAM 学习，有助于增强学生的人文素养、形成健康的价值观，有助于培养学生的理性思维、提升科学创新精神和合作意识。基于探究式的 STEAM 学习，有助于突出"实践育人"的价值导向、提升学生的创新能力和探究能力，有助于创新学科课程教学模式、提升学生的综合素养和创新潜能。基于创客式的 STEAM 学习，有助于增强学生"做中学"的理念，推进"大众创业、万众创新"，有助于推动学生终身学习和突破教室场域限制，培养学生的创造兴趣和自主创造力。近年来，我国以创客活动为主导加强机器人教育，举办了如"中国青少年机器人竞赛""中国智能机器人大赛"等比赛，旨在提升青少年对科技工程、创新思维、问题解决和团队合作的兴趣，搭建青少年机器人爱好者学习、交流、展示多学科知识和技能的平台，促进科技教育活动的广泛开展，推动科学技术知识的普及（贾金元，王永强，武小龙，2020：106）[③]。

---

① 王佑镁，钱凯丽、华佳钰. 触摸真实的学习：迈向一种新的创客教育文化——国内外创客教育研究述评 [J]. 电化教育研究，2017（2）：35.
② 赵慧勤，王兆雪. 基于核心素养发展的 STEAM 教育与创客教育深度融合的研究 [J]. 教育理论与实践，2019（28）：60.
③ 贾金元，王永强，武小龙. 核心素养视域下中学 STEAM 教育应用思考 [J]. 中国教育技术装备，2020（5）：106.

第四节 未来教育

一、未来学校

联合国教科文组织教育的未来国际委员会于 2019 年 2 月成立，首次提出了"学会成长"（learning to become）的新概念，同年 9 月发起了"教育的未来：学会成长"（The Futures of Education：Learning to Become，简称"学会成长"或"学会成为"）的倡议（UNESCO，2019）[①]，并于 2021 年 11 月发布了《共同重新构想我们的未来：一种新的教育社会契约》报告，呼吁各国共同探讨和展望面向未来乃至 2050 年的教育。"教育的未来"强调关注人类与地球的可持续发展、作为全球共同利益的知识、公民身份和集体行动参与、未来职业变革的素养培育四个核心命题。"学会成为"指向人文主义的回归与超越，关注人的价值与尊严，强调教育在促使个体反思自我与实现自我中的重要作用（邓海云，王涛，2022：78）[②]。中共中央、国务院于 2019 年印发的《中国教育现代化 2035》也提出了我国教育发展的中长期战略规划目标。未来教育不仅要为创新驱动的职业做好准备，还要为尚未诞生的职业做好准备，具有广泛迁移性的核心素养因而成为教育的首要目标（张华，2016：12）[③]。为此，我们需要重新构想未来的教育、未来的学校、未来的课程、未来的教学，在继承优秀教育传统的前提下，重构学校建设、课程设置、教学模式、教师角色、学习空间、学习方式等内容，充分发挥数字技术、人工智能带来的教育优势。

教育发展比较完善的国家都十分关注未来学校实践（曹培杰，2018：114）[④]。一些发达国家对未来学校进行了探索，如美国的 High Tech High School（HTH 学校）、瑞典的 Vittra Telefonplan 学校（没有教室的学校）、法国的 Ecole42（计算机培训学校）、俄罗斯的未来项目、新加坡的"智慧国 2015"项目、芬兰的"FINNABLE2020"项目、日本的"超级高中"计划、德国的

[①] UNESCO. UNESCO Launches Global Futures of Education Initiative at United Nations General Assembly[EB/OL]. (2019-09-23)[2021-11-27]. https://en.unesco.org/news/unesco-launches-futures-education-global-initiative-united-nations-general-assembly.

[②] 邓海云，王涛. 人文主义视野下的"学会成为"——联合国教科文组织关于未来教育的核心指向[J]. 基础教育课程，2022（5）：78.

[③] 张华. 论核心素养的内涵[J]. 全球教育展望，2016（4）：12.

[④] 曹培杰. 未来学校变革：国际经验与案例研究[J]. 电化教育研究，2018（11）：114.

"MINT（Mathematik 数学，Informatik 信息技术，Naturwissenschaften 自然科学，Technik 技术）友好学校"等。2019 年 9 月，德国德累斯顿工业大学附属学校，一个广泛的模型实验"未来学校"成立，该学校旨在摆脱传统学校的框架，致力于教学的全面创新。这些未来学校的共同点是通过融合空间、课程与技术，建构个性化的学习支持体系，为学生提供个人订制化的教育（祝智庭，管珏琪，丁振月，2018：57）[①]，催生了一批诸如"无处不在的学习""没有教室的学校""一人一张课程表"等新型教育形态。在"互联网+"时代，未来学校课堂的发展以智慧化为方向，深度融合信息技术与教学，发展的关键路径在于智慧化地升级课堂环境、重构课堂教学、优化学习历程和完善教学评价（刘军，2017：15）[②]。随着"数智时代"的不断发展，重塑教育系统的结构必然包括学校的变化，未来学校的内涵也将随之不断嬗变。可见，未来学校并不是一个固定概念，而是教育改革与创新的一个过程。事实上，除学校外在有形或表象的变化外，突出"人本"发展理念及其精神文化的塑造才是未来学校的内核和灵魂。

（二）未来课程

未来学校的核心竞争力是未来课程。知识本位转向素养为本是积极应对《联合国教育 2030 行动框架》（UNESCO，2015）[③] 和"全球可持续发展 2030 议程"（United Nations，2015）[④] 的范式和路径。课程既是由目标、内容、形式、运行与效能等要素构成的综合体，也是学校系统化构建并应用于教学过程中的重要资源。当前，国际上通行的课程体系仍然以"国家—地方—学校"空间结构和"直线式""螺旋式"的形态呈现。前者受课程空间转向运动和质量标准化课程改革的影响；而后者旨在优化课程的组织形式，从学生接受知识的角度去考虑。但是无论是直线式课程还是螺旋式课程，两者仅着眼于知识本身

[①] 祝智庭，管珏琪，丁振月. 未来学校已来：国际基础教育创新变革透视 [J]. 中国教育学刊，2018（9）：57.

[②] 刘军. 智慧课堂："互联网+"时代未来学校课堂发展新路向 [J]. 中国电化教育，2017（7）：15.

[③] UNESCO. Education 2030 Framework for Action: Towards Inclusive and Equitable Education and Life Learning for All[EB/OL]. (2015－01－04)[2020－01－20]. UNESCO. http://www.unesco.org/new/fileadmin/MULTIMEDIA/HQ/ED/ED_new/pdf/FFA-ENG-27Oct15pdf.

[④] United Nations. Transforming Our World: the 2030 Agenda for Sustainable Development[EB/OL]. (2015－10－21)[2020－01－20]. https://www.linkedin.com/pulse/transforming-our-world-2030-un-agendasustainable-kirsten-mcgre.

的衔接，没有将学生与知识、情境有机地融合起来，达到一个知识情境化、情境知识化的状态。这样的课程设置没有凸显地方校本特色，没有体现个性化发展的需求。这样的课程理念不足以发挥课程的最佳贡献，即帮助学生应对 21 世纪发展的需求和机遇。

未来课程的最大特点是将学术性知识与应用性实践合为一体。依据未来课程的五大特征（存在的广泛性、学科知识的大融合、连接知识与学习者的节点、课程走向开放化、学习者自我实现的需要）（田欢，2021）[1]，未来课程应体现多样化，以满足学生个性化选择需求；突出综合化，以培养"全人教育"为终极目标；凸显丰富化，打造资源充足的"课程大超市"；具有校本化，让学生真实地去参与、去体验、去感受；探索定制化，学生有专属的"课程采购清单"；实现智慧化，使学生在课程学习中生成智慧；立足智能化，寻求现代科技与教育的深度融合。未来课程的空间建构应着眼于空间本体与空间生成。从课程本体上看，未来课程设置应围绕人与未来、人与物、人与人、人与自我的关系；从课程空间上看，未来课程框架应理解为学习机会、资源集合、交往规约、经历场景（李若一，王牧华，2002：58）[2]，这样才能有助于在未来教育实践中有效生成课程空间。课程因学生需要而诞生，是育人的显性载体。文化育人既是学生素养培养的重要手段，也是学校课程教育的最高境界。未来课程的来源应具有全球性与本土性、要素应突出文化性与经验性、设计上应共性与个性于一体，课程形态呈现为：单一线性——课程内容的有效映射；网状联结——知识之间的可能空间；自由链接——知识的"联结"意义（杨洁，于泽元，2019：2）[3]。

三、未来教学

未来教学的时间和空间将发生突破性改变。随着信息技术 3.0 时代、人工智能、云计算、大数据分析等的来临，传统的教学空间越来越难以满足未来学生的学习需求。教师"一言堂"灌输、学生被动"静听"、缺乏活动体验与感受的课堂教学，难以激发学生的学习兴趣，难以调动学生的学习积极性，不利于学生的全面发展。信息技术与教育的深度融合，线上线下"混合式"教学将

---

[1] 田欢. 未来课程理念下学校课程体系构建研究——以重庆市 Y 小学为例 [D]. 重庆：重庆师范大学，2021.

[2] 李若一，王牧华. 未来课程的空间建构：本体理解与实践生成 [J]. 课程·教材·教法，2022 (7)：58.

[3] 杨洁，于泽元. 未来课程以何形态存在 [J]. 教学与管理，2019 (19)：2.

成为未来教学的主要模式，传统的课堂界限、校园边界必将被打破。各种智能技术可以使学生不再"不顾路途遥远跑到实体课堂来上课"（吴冠军，2019：5)[①]。为此，教学空间设计要以学生为中心，要符合教育面向未来的理念，满足多样化学习方式的需求。因此，传统学校教学空间的改造应该注重设计从以"教"为中心到以"学"为中心（徐洁，2019：19)[②]。未来教学中，线上教学能力将成为教师的基本能力。未来，学生们面临的最大问题是社交障碍、自我情绪的控制等，而学校面临的最大挑战是如何教会学生在真实的问题情境中运用所学的知识去解决实际问题。

未来教学的样态和主体将发生颠覆性变革。人工智能的迅猛发展及其在教学活动中的实践尝试表明，机器人教师参与教学必将成为未来教学的大趋势之一（林德全，2022：54)[③]。机器人教师的加入将从根本上改变未来教学活动的主体性，出现人类教师与机器人教师或人工智能教师的叠加。教师的"身份"将出现不确定性，表现为校内教师与校外教师、正式教师与临聘教师、人类教师与机器人教师或人工智能教师的共存。由于知识获取渠道的多元化、获取时间的共时性，师生关系的概念也将超越校园，出现在虚拟课堂。师生关系更加开放，传统不可逆、固定化的师生关系将会被颠覆，甚至呈现出可逆性，将打破"教师一直是教师，并一直位于教师端；学生一直是学生，也一直位于学生端"的格局。在未来教学中，相当一部分繁琐的重复性工作和以认知为主的教学工作将交由人工智能教师来承担，故而人类教师的工作将由"教书育人并重"转向"以育人为主"（林德全，2019：9)[④]。

学生核心素养是关于学生知识、技能、情感、态度、价值观等多方面的综合表现，关乎着学生个人发展、学校教育、国家战略，是学生未来应具备的，能够适应终身发展和社会需求的必备品格和关键能力，也是每一名学生获得成功生活、适应个人终身发展和社会发展都需要的、不可或缺的共同素养。学生核心素养的发展是一个持续的、终身的过程，是在其一生中不断完善的过程，具有可教、可学、可评性。

[①] 吴冠军. 后人类状况与中国教育实践：教育终结抑或终身教育——人工智能时代的教育哲学思考［J］. 华东师范大学学报（教育科学版），2019（1）：5.
[②] 徐洁. 未来学校教学空间变革的思考与探索［J］. 教学与管理，2019（34）：19.
[③] 林德全. 三主体教学：内涵、背景与关键［J］. 课程·教材·教法，2022（5）：54.
[④] 林德全. 未来教学走向探微［J］. 现代基础教育研究，2019（4）：9.

第六章　学科核心素养的测评

核心素养的测评旨在强调以学生的学习需求来定位教师的教学方法，以学生的学习成果来评价教师的教学，以教师的教学来促进学生的学习，并以学生的学习来反馈和改进教师的教学。学校应依据学生发展核心素养体系，建构可理解把握、可操作实施、可观察评估的培养目标，实现从知识本位、学科本位转向素养本位、学生发展本位，以便更好地评价学生核心素养。教师应聚焦全人教育理念，要立足学生发展核心素养，加大课程内容创新的力度，改进课堂教学模式与方法，完善课程评价与学生学业评价方式。

第一节　测评的转向

一、展现学生的主体特征

核心素养的评价要重视学生潜在的发展领域以及发展水平。评价是课程与教学体系中最重要的环节，依据核心素养重新定位评价模式是我们基于信息时代和知识经济时代必须做出的有效应对。核心素养作为引领新一轮教育改革的重要理念，学习及其评价的问题逐渐超越对具体知识的学习及知识量的累积和测评的关注，以尊重学生生命主体为起点，开始围绕"多元文化、环境、人权、生命、能源"等真实的课题展开学习，聚焦真实性学习的发生，评价学生理解并进一步解决问题的能力（魏善春，2020：17）[1]。学校教育的目标指向启发学生的生命潜能、涵养学生的生活知能、提升公民责任，培养具有"主体性

---

[1] 魏善春. 指向核心素养的学习评价：挑战与对策［J］. 江苏第二师范学院学报，2020（4）：17.

觉悟"的"探究者",而不是"知识的记忆者"(钟启泉,2018:1)①。

素养是先天素质与后天教养的集合体。虽然素养的特性具有可教、可学、可测性,但测评素养的关键点和难点在于:素养是内在的品质与特征,能力、品格无法直接测评,需要在具体的任务中才能进行,测评学生在完成任务过程中的表现,再推断他的素养达成度是多少。因此,测评时的命题基础不是简单的知识与技能,但同时也离不开知识与技能,更加重要的是,不仅要聚焦知识与技能层层积累之后表现出来的能力,要考查学生通过应用相关学科的知识与技能解决问题的能力,还要考查学生意志品格的形成。核心素养真正落实为培养目标、教学内容、教学改革、教学创新和教学评价,其目的是要引导学校教育由知识导向转为能力导向、从知识课堂走向生命课堂,进而从教学走向教育。

核心素养的评价要关注学生本体的内生性和内在性。"主人—主体—主动"乃是核心素养评价的事实本身以及根本所在。评价作为一种权力,就内生性来看,不应该是自上而下统治性的;就内在性来看,不应该是从外向里介入性的。否则,对核心素养来说,评价就是异化的、异己的,也就无所谓是"核心素养"的"评价"(杨九诠,2017)②。"主人"指学生是否具备了"主人"的身份,这是需要首要考量的身份性认同和宗旨性问题。"主体"是主人的主体,指学生在学校的权属中是否体现了"以生为本"的原则。"主动"指主体的主动,不是指以牺牲好奇心、独特性和创造力为代价的"懂事""乖孩子"在学习上的"伪主动",而是思维型、主动性、探究性的深度学习。可见,建构本体性的核心素养评价,还需置于深化课程、教学改革的大环境之中。

二、转向学生的素养发展

核心素养测评应以学生的素养发展为核心,实施多元化、多样性评价,通常有表现性评价、综合性评价和规范性评价几种。表现性评价是基于核心素养的课程发展为代表的新型评价模式。这就要教师在教学中从以正误判断题、单项或多项选择题、简答题等客观测验、选择性为主,转向考查学生尽量在真实的情境中建构新知为主、表现性测评为主,运用评分规则对学生完成复杂任务的过程表现或结果做出判断,包括活动作品或成果展示等。其原因在于,立足浅层学习的客观测验等标准化测试在评价中既不能反映出学生的批判性思维、

---

① 钟启泉. 课堂转型:学校改革的核心[J]. 江苏教育,2018(10):1.
② 杨九诠. 如何进行核心素养的评价[N]. 中国教育报,2017-07-27(3).

问题解决、沟通协同和学科理解能力，不能很好地激励他们成为有好奇心、有创造力的创新人才，也不利于高等学校对人才的选拔和学生未来职业的成功与发展。指向深度学习的表现性评价关注点在于，学生是否掌握核心的学术内容，是否能够用批判性思维解决复杂的问题，是否具备有效沟通、学会学习和发展学术见解的能力。表现性评价与传统考试（考查）在评价方法和目标层次上可以用图6-1表示。表现性评价不仅需要收集学生的学习结果，也关注学生创造成果的过程，它不是单一评价，而是多元评价。这就能很好地解释为何表现性评价能够评价深度学习。因为表现性评价可以是论文写作、学科研究、艺术表演、项目陈述等形式，它反映了学生在真实或模拟情境中的学习经历或实践活动。它所产生的信息体现了教师的"教育性"。

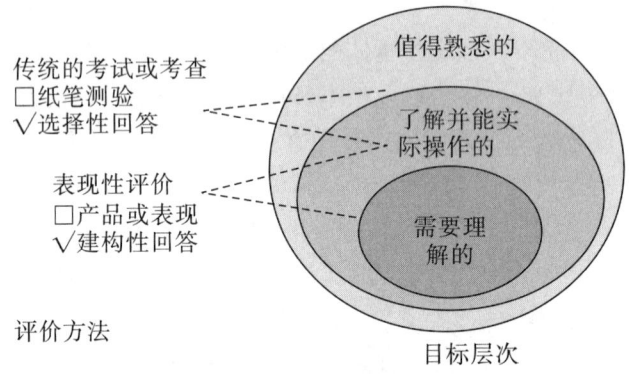

图6-1 目标与评价方法关系图

国际社会基于核心能力、关键能力等对学生综合评价开展了深入研究。1987年，英国最先启动"核心能力"的结构模型研究。之后，世界各国或地区以及国际组织先后围绕核心素养构建了一系列结构模型研究（图6-2）（柴唤友，陈丽，郑勤华，等，2022：37）[①]。1999年，我国在《关于深化教育改革全面推进素质教育的决定》中首次提出"综合素质"，并强调高考改革应注重考查学生综合素质。2004年，教育部在《关于基础教育改革实验区初中毕业考试与普通高中招生制度改革的指导意见》中首次明确提出"综合素质评价"。2014年，教育部印发的《关于全面深化课程改革落实立德树人根本任务的意见》从课程改革视角强调发展学生的核心素养。同年，教育部颁布的《关于加强和改进普通高中学生综合素质评价的意见》明确指出，综合素质评价是

[①] 柴唤友，陈丽，郑勤华，等. 学生综合评价研究新趋向：从综合素质、核心素养到综合素养[J]. 中国电化教育，2022（3）：37.

对学生全面发展状况的观察、记录、分析，是发现和培育学生良好个性的重要手段。《义务教育课程方案（2022年版）》关于"改进教育评价"中提出"健全综合评价"[①]。综合性评价克服了分解性、点对点、碎片式测验的不足，能够关注学生的个性化特征，突出有差异学生的价值。评价内容应聚焦创新创造、沟通协作、应变抗挫、计划组织、道德与诚信等维度。在评价内容上，可以针对学生的生涯指导、社会实践、社会责任、创新意识、合作精神、领导能力、志愿服务、身心健康、体育艺术、研究性学习等，细化落实到课程、教师、学生。在评价方法上，可以采用行为观察法、谈话法、问卷调查、情境测验法、个案研究法等，也可采用动手操作、作品展示、口头报告等，主要是为了确保客观性和真实性。在评价形式上，可以让任课教师给学生写评语，表述对学生的突出印象，反映学生的优势素质。值得一提的是，综合性评价报告要做到言之有物，旨在帮助学生认识自我、利于规划、便于选择，切实培养他们解决实际问题的能力，既突出过程指导又凸显结果导向。它所产生的信息对学生的未来发展具有"导向性"。

规范性评价是依据学业质量标准、基于核心素养发展模型的规范测评。规范性评价不再是仅凭教师个人的经验或随意测验，而是遵循一定测评程序，通过专业人员的审查等改进测评项目质量。《义务教育课程方案（2022年版）》首次在各学科的课程标准中明确提出了学业质量标准，这是一个重要的创新与发展。学生通过课程学习，是否实现了核心素养、实现程度如何，需要以学业质量标准来衡量。该课程方案要求全面推进基于核心素养的考试评价，强化考试评价与课程标准、教学的一致性，促进"教—学—评"有机衔接；优化试题结构，增强试题的探究性、开放性、综合性，提高试题信度与效度[②]。也就是说，学业质量标准基于课程的总目标和学段目标，立足"是什么""有什么用""怎么用"，是打通课程标准落实核心素养"最后一公里"的关键。因为评价是指挥棒，学业质量标准有助于"倒逼"教育教学改革，引导教学方式变革，实现"教—学—评"的统一。可见，课程目标是核心素养在课程中的具体化，是学生学习课程内容之后应达到的素养水平。《普通高中课程方案（2017年版2020年修订）》对考试评价作出了明确要求，学业水平合格性考试以必修课程要求为准，考试成绩合格是毕业的重要依据；考试命题应注重紧密联系社会实

---

① 中华人民共和国教育部. 义务教育课程方案（2022年版）[M]. 北京：北京师范大学出版社，2022：14.

② 中华人民共和国教育部. 义务教育课程方案（2022年版）[M]. 北京：北京师范大学出版社，2022：15.

际与学生生活经验,强调综合运用知识分析解决实际问题能力的考查,要有利于促进学生核心素养的发展(教育部,2022:12)[①]。它所产生的信息对学生的学业评价具有"标准性"作用。

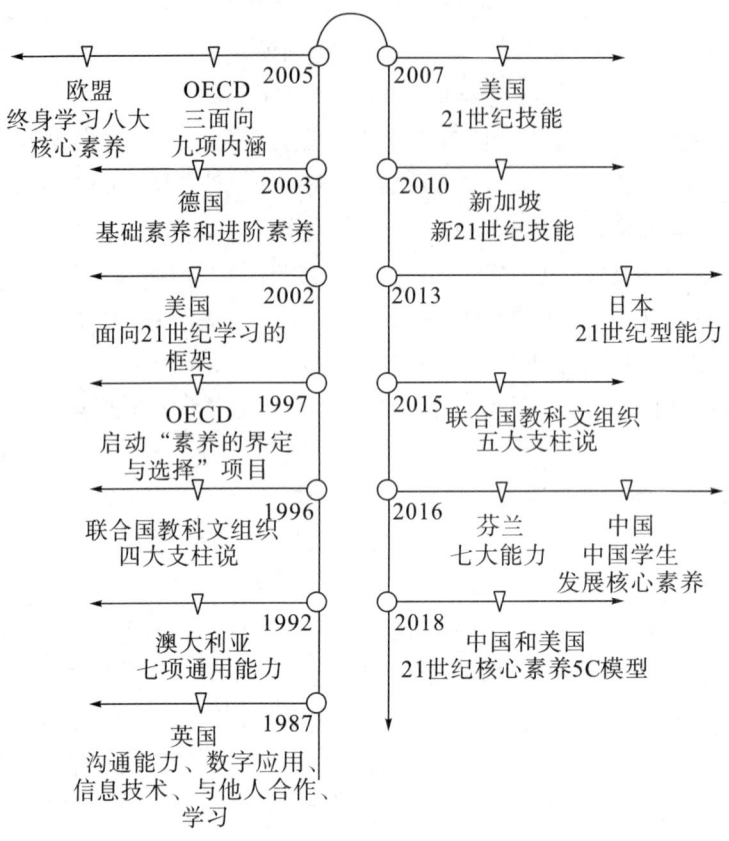

图6-2 学生综合评价模型研究发展阶段图谱

第二节 测评的实施

一、学科核心素养测评的理据

核心素养的具体化是对传统学科的核心素养或跨学科核心素养进行测评的

---

① 中华人民共和国教育部. 普通高中课程方案(2017年版2020年修订)[M]. 北京:人民教育出版社,2020:12.

基础。核心素养指向学科知识与学生经验的联系、学科知识间内在关联性。这是因为核心素养相对于学科知识具有更强的综合性、情境性、内隐性和复杂性等特征，"个体所具备的核心素养及其水平，必须借助于他们在具体任务中的实际表现加以推测"（杨向东，2017：42）[①]。从测试学角度讲，核心素养具体化的目的在于将其转化为"可观察的外显表现"（刘新阳，裴新宁，2014：80）[②]，将测评难点转化为"具体化的学习结果"。这就能很好地解释为什么世界各国要制定基于核心课程的国家教育标准，因为这些标准是"核心素养"与学科内容结合形成的能力要求。只有在这样的标准之下、这些要求框架之内，全国各地的学科教师以此为据开展教学实施，才能在学科层面对学生的"核心素养"发展水平作出更好的表现性评价、综合性评价和规范性评价。需要特别注意的是，聚焦传统学科对学生的学业测评相对来讲具有较强的可操作性，而对于跨学科知识与能力则是各国关注的重点和探索的难点。

学科核心素养的测评与学生学业质量评价密切相关。学业质量标准是学生核心素养在某一学段或学科中的具体体现（张青民，2020：22）[③]。世界各国基于核心素养都设置了教育质量评估的目标、内容和手段。就课程标准而言，很多国家或地区均有与课程内容相适应的质量或能力评价表现标准。核心素养视阈下，学科测评要强化对学生核心素养的考核要求，要从知识衡量转向对能力和素养的考查，要把核心素养作为考查的指向和重点，以此助推学生核心素养的形成和发展。在跨学科核心素养的测评中，表现性评价的作用和地位更加凸显，有助于测查学生在真实情境中应用知识解决问题的能力，如问卷调查、自我报告、学习评价单、档案袋评价等多元化的评价方式，能够有效地测评学生超越学科的、具有通用性质的素养，如学习素养、社交和公民素养等。将学科核心素养融入学生学业评价，是学校重构教育目标体系，应对知识经济时代的必然要求。基于学科核心素养开展学生学业评价，能够为学生终身学习和未来发展奠定坚实的基础，因为学科素养和跨学科素养共同作用于个人实现与社会发展，它们的功能与性质具有同一性（夏雪梅，2017：6）[④]。

[①] 杨向东. 核心素养测评的十大要点 [J]. 人民教育，2017（Z1）：42.
[②] 刘新阳，裴新宁. 教育变革期的政策机遇与挑战——欧盟"核心素养"的实施与评价 [J]. 全球教育展望，2014（4）：80.
[③] 张青民. 学科核心素养与学生学业评价的深度融合 [J]. 教学与管理，2020（16）：22.
[④] 夏雪梅. 跨学科素养与儿童学习：真实情境中的建构 [J]. 上海教育科研，2017（1）：6.

二、德国的学科核心素养测评

核心素养突出个人具备的、能够保证个人解决实际生活问题和参与社会公共生活的关键能力。德国从学科和跨学科层面对学生的核心素养发展测评卓有成效。无论是国家课程标准，还是各联邦州教学大纲，德国都是建立在对核心素养相同的界定之上。根据德国著名心理学家韦纳特（Weinert）的"能力说"和德国教育学家莱茨（Reetz）的"关键能力模型"，核心素养被划分为专业能力以及自我能力、社会能力、方法能力（顾娟，2017：8）[1]。其中，自我能力、社会能力、方法能力被称为跨专业能力，它们是习得任一专业能力的前提和基础。

无论是学科还是跨学科层面的测评，首先应确立细致的测评标准。学科层面的能力标准源于具体的学科内容，且对学生的能力要求既可以大到一个教学单元，也可以细致到一节课时。许多德国学校采用"能力表盘"的方式对学生的学科能力进行测评。这些能力是学生通过一节课时、一个教学单元，甚至一学期或一学年的学习应该掌握和具备的。能力表盘由能力元素和能力等级两部分构成，通常以表格形式呈现。纵向为能力元素，是具体学科内容的项目要素；横向则为能力等级，一般分为三到六级不等。能力表盘各块区域均配有相应的习题和任务库，通常以"我会/能……"表述方式测评学生的能力。在教学前，教师评估学生现有的能力水平，并以此设计出教学方案。在教学中，教师进一步细化和落实教学要求和标准。教学结束后，教师利用能力表盘了解学生的学习状况，反哺和改进自己的教学工作（图6-3）。由此可见，德国学科层面的测评更多地聚焦于学科知识和学习兴趣等方面，突出的难点是专业能力的测评，仍然难以全面、准确地反映学生的核心素养。

---

[1] 顾娟. 德国如何测评学生"核心素养"[J]. 湖北教育（教育教学），2017（8）：8.

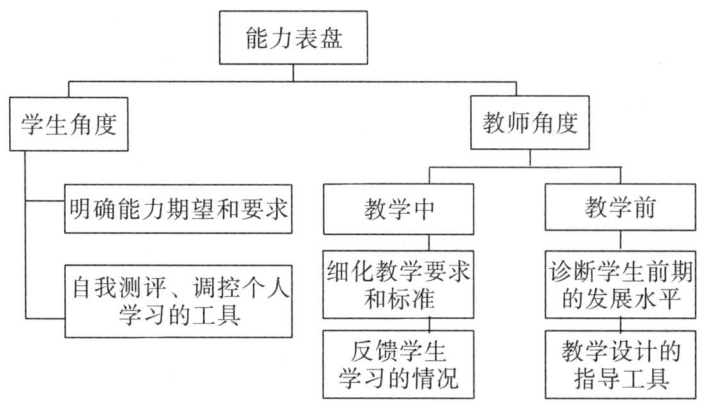

图 6-3 教师利用能力表盘改进教学（顾娟，2017：10）[①]

德国十分关注跨学科层面的测评，旨在评估学生"核心素养"的跨专业能力。为了准确测评学生的核心素养，就应当对特定能力的行为特征制定标准。尽管核心素养潜藏于学生的深层次结构，但可以通过浅层结构的行为特征表现出来。德国一些地方政府的教育研究院致力于从跨学科层面测评学生的核心素养。汉堡教育监控和质量发展研究院为 4 至 16 岁儿童及青少年开发出测评问卷，将自我能力、社会能力及方法能力这三大跨专业能力分别细化为八个能力元素。每个能力元素有其各自的行为特征。学校或教师基于学生的自我能力、社会能力、方法能力元素进行分项测评，一般分为五个等级（很差、差、与年龄相符、好、很好），并分别得出一个综合等级。测评问卷分为教师测评和学生自评两种形式。需要注意的是，在测评之前，教师应为学生详细讲解测评的标准和要求，确保学生对测评问卷不留疑虑。教师测评和学生自评的结果应进行比照，如果两者结果出现不一致，教师应与学生或者家长进行沟通，找出问题所在。通常情况下，测评可在一学期内进行多次。跟班教师和学科教师组成班级评委会，将跨学科和学科层面的能力测评结果进行汇总讨论，力求获得学生全面、客观的核心素养测评结果，以期改进各自的学科教学和班级管理，推进学生核心素养的综合发展。

三、中国学科核心素养的测评

（一）学习评价

学科核心素养既促进学校育人方式的改革与创新，也倒逼课程与教学走向

---

① 顾娟. 德国如何测评学生"核心素养"[J]. 湖北教育（教育教学），2017（8）：10.

深度变革。教育部在《普通高中课程方案（2017年版2020年修订）》的前言中指出，引导教学更加关注育人目的，更加注重培养学生核心素养，更加强调提高学生综合运用知识解决实际问题的能力，帮助教师和学生把握教与学的深度和广度，为阶段性评价、学业水平考试和升学考试命题提供重要依据，促进教、学、考有机衔接，形成育人合力[①]。《义务教育课程方案（2022年版）》指出，随着义务教育的全面普及，教育需求从"有学上"转向"上好学"，必须进一步明确"培养什么人、怎样培养人、为谁培养人"，优化学校育人蓝图。义务教育课程必须与时俱进，进行修订完善[②]。这表明，学生的学习评价也要适时改进，教师要增强育人评价意识，更新学习评价理念。

学习评价应依据学业质量标准，立足课程教学目标，聚焦学科核心素养。以学期学习评价为例，从宏观层面看，学校可以根据核心素养确定价值观念、关键能力、必备品格三个维度可评可测的标准。从微观层面看，教师对学生的学科课程学习评价，可以结合大单元教学、跨学科主题教学等教学实践，基于学科大概念（或大任务、大项目等）确定评价内容框架，并依据学习任务完成的预期结果确定每个维度、各级指标的基本要点（车言勇，2022：13）[③]。当国家设计了课程方案、课程标准，教师确定了课程目标、教学计划之后，唯有对学生的课堂学习实施有效评价，才能让他们的学习效果增值。这就要求教师不仅要会评价、善于评价，而且还要利用评价驱动学生积极主动学习，促进他们具有想学、会学、学会、学好的愿望，实现课堂学习的增值。这就要求教师精准把握学情，了解学生学习的进阶节点，制定出单元学习目标及评价指标和持续改进的评价任务，这是确保学生学习增值的前提条件。

教师应充分利用情境性学习和学习评价的教育性，促进和发展学生的学科核心素养。核心素养重视开展"素养为本"的教学，倡导真实问题情境的创设，强调在对真实问题的分析、解决过程中形成关键能力、必备品格。从学习层面来看，核心素养可以被解读为学生面对复杂情境时解决问题的能力，以及面对高速发展的信息科技能力。传统教学的目标就是掌握知识，而在互联网时代，当浅层的知识掌握已经被技术解决之后，更重要的便是能够利用现有的知

[①] 中华人民共和国教育部. 普通高中课程方案（2017年版2020年修订）[M]. 北京：人民教育出版社，2020：5.

[②] 中华人民共和国教育部. 义务教育课程方案（2022年版）[M]. 北京：北京师范大学出版社，2022：1.

[③] 车言勇. 以学习评价撬动课堂深度变革[J]. 现代教育，2022（6）：13.

识再创造新的知识（严文蕃，李娜，2016：29）[①]。从"知识本位"转向"素养本位"，知识的学习就应基于一定情境，而对于学生是否"真学会"的评价应基于真实的情境进行真实的应用，进而借助评价反馈，不断地修正自己的理解，进而促成真实的知识内化（董冬，刘飞，2017：66）[②]。从评价的操作看，行为主义的教学观把知识作为储存于学生头脑之中的考试型知识。为了使其变为"能转化、可内化且易外化"的应用型知识，基于发展学生核心素养的评价，必须要打破以知识及其逻辑体系作为评价情境的关键支撑，而应当在真实情境中对客观事实性的知识进行"真实评价"。唯有如此，才能使学习评价由"知识本位"向"素养本位"进阶。

素养是面向未来教育的育人目标与导向。核心素养的关键能力、必备品格以及全球胜任力的迁移性等特征深刻地影响着教学与评价。指向素养目标的项目化学习能够较好地检测学生的学习成效。从教与学的方式看，项目化学习是支持学生通过解决真实问题培育素养的一种教与学的新样态，是促进国家课程教与学方式变革的重要载体。项目化学习不是课堂活动而是指向素养的严谨学习系统设计，它以真实问题激发学生主动学习，以本质问题和大概念促进学生在项目间的迁移（夏雪梅，2022：50）[③]。2016年，"素养为本的教育联盟"发布了素养为本的教育项目质量标准，内容包括七个方面，相关的评价标准为：要有清晰的、可测的、有意义的完整素养结构；要有大量的不同层次评价策略的整合运用，来促进学生学习的透明化，并且表现出基于证据的持续改进过程（Competency-based Education Network，2022）[④]。夏雪梅基于核心素养构建了适合不同类型目标的项目化学习评价任务（夏雪梅，2022：53）[⑤]（图6-4）。

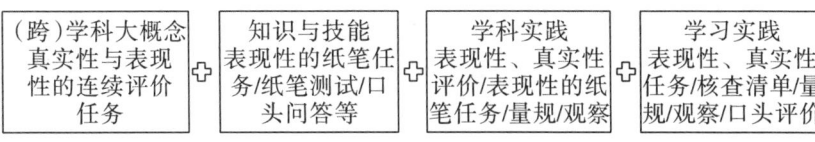

图6-4 项目化学习评价任务的整合性

[①] 严文蕃，李娜. 互联网时代的教学创新与深度学习——美国的经验与启示［J］. 远程教育杂志，2016（2）：29.

[②] 董冬，刘飞. 走向学科核心素养的学习评价：问题与建议［J］. 教育导刊，2017（5）：66.

[③] 夏雪梅. 指向核心素养的项目化学习评价［J］. 中国教育学刊，2022（9）：50.

[④] Competency-based Education Network. Quality Standards for Competency-based Education rogram［EB/OL］.（2022-02-22）［2022-07-20］. https：//www.cbenet-work.org/wp-content/uploads/2022/02/CBEN-22-004-Quality-Tramework-Uplate-No-Tabs.pdf.

[⑤] 夏雪梅. 指向核心素养的项目化学习评价［J］. 中国教育学刊，2022（9）：53.

（二）学科评价

核心素养与传统学科能力的不同之处在于贯穿并应用于不同领域的通用能力。《义务教育课程方案（2022年版）》从国家课程层面的评价或考试标准明确提出，全面落实新时代教育评价改革要求，改进结果评价，强化过程评价，探索增值评价，健全综合评价，着力推进评价观念、方式方法改革，提升考试评价质量[①]。其主要目的是将评价作为改进教育教学的过程和手段，激励学校和教师寻找有利于获得更好学习效果的教学方式，调动学生的学习积极性，促进他们更好地发展。可见，我国的学科核心素养评价是以提升质量为导向的，强调多样化的评价方式。核心素养是连接宏观教育理念、培养目标与具体教育教学实践的中间环节，应具体落实到学校的课程体系、教学资源、教学改革以及教师的教学目标、教学内容、教学策略、教学评价之中。正如董琦教授指出的，"不可能专门开一门核心素养课程"（赵婀娜，赵婷玉，2016）[②]，而必须将核心素养物化到各学科的教材与评价之中。因此，考试评价应围绕发展学生的核心素养展开。

如何在评价中落实核心素养的测评，需要学界、管理者和教师深入思考。部分命题者将学科核心素养测评简单化、标签化，这是一个值得注意的倾向。有的教师在语文考试时只考基础知识，而没有写作测评；或者考试形式只有笔试，没有口试。语文能力最主要的影响因素是知识的储备。如果学生没有语文口头表达的"暗积累"，就不可能有良好的写作表达能力，更谈不上学生语文能力的素养发展。武丽莎等（2022：43）[③]对2019—2021年高考数学的核心素养与课程标准测评的一致性进行研究后指出，数学学科核心素养高考测评与《普通高中课程方案（2017年版）》的一致性水平逐渐升高，但是仍未达到统计学意义上的一致性，这是因为缺乏反映数学学科核心素养的等级划分的依据。因此，有学者建议，中国高考选考科目应基于学科核心素养及其发展水平对等级进行层次清晰的内容描述（李振文，2020：45）[④]。如英语学科核心素养是与英语和英语学习有关联性或通过英语学习而形成的语言能力、文化品格、

---

① 中华人民共和国教育部. 义务教育课程方案（2022年版）[M]. 北京：北京师范大学出版社，2022.

② 赵婀娜，赵婷玉.《中国学生发展核心素养》发布[N]. 人民日报，2016-09-14（12）.

③ 武丽莎，朱立明，王久成. 数学学科核心素养高考测评与课程标准一致性研究——以2019—2021年高考数学Ⅰ试卷为例[J]. 数学教育学报，2022（3）：43.

④ 李振文. PISA科学素养测试等级划分对我国高考选考科目等级设定的启示[J]. 中国考试，2020（3）：45.

思维品质和学习能力。这些素养在不同程度上可以通过纸笔考试直接或间接地考查，有些素养更适合通过非纸笔考试的方式进行考查，如口试、访谈、观察、档案袋等（程晓堂，2017：10）[①]。一些高中政治教师认为，只要命题素材与法治相关就考查了学生法治意识，只要情境与政治相关就考查了政治认同（张翰，2018：85）[②]。这是典型的用核心素养的概念化、标签化去辩释命题。

构建指向学科核心素养本位的测评是学界专家和一线教师需要高度关注的问题。"学科大概念"取向不仅成为世界课程改革的主流趋势，而且深刻地影响着评价内容的筛选。如《普通高中语文课程标准（2017年版2020年修订）》提出"以学科大概念为核心，使课程内容结构化，以主题为引领，使课程内容情境化，促进学科核心素养的落实"[③]。语文学科核心素养的测评应突出"情境—活动"核心价值，因其评价要依托具体的语言实践活动，而活动又需要以情境为载体（李倩，谭霞，吴欣歆，等，2021：97）[④]。《普通高中数学课程标准（2017年版2020年修订）》确定了六大核心素养（数学抽象、逻辑推理、数学建模、直观想象、数学运算和数据分析），其学科核心素养测评聚焦数学知识、问题解决和数学思维三个层面，它们既是高考对数学学科核心素养测查的关键成分，又与《中国高考评价体系》中所提及重点考核学生必备知识、关键能力以及学科思维相一致（武丽莎，朱立明，王久成，2022：41）[⑤]。英语学科的语言能力、思维品质、文化品格和学习能力核心素养，在具体测评操作中难以泾渭分明地进行划分。程晓堂（2018：2）[⑥]认为，核心素养的测评应该强调问题和情境，即应该在问题情境中考查学生的学科核心素养，即英语学科核心素养的培养是检验学生是否具备了用英语解决问题的能力。针对比较难以量化测评的思维品质和学习能力，教师可以采用形成性评价方式，如平时随堂测验、学生成长档案袋、课后反思日记、问卷调查和访谈（张文星，2021：18）[⑦]。高中思想政治应立足任务类型，聚焦理性论证，实施素养本位的测评。

---

① 程晓堂. 英语学科核心素养及其测评 [J]. 中国考试. 2017（5）：10.
② 张翰. 提升学科核心素养测评科学性 [J]. 思想政治课教学，2018（2）：85.
③ 中华人民共和国教育部. 普通高中语文课程标准（2017年版2020年修订）[M]. 北京：人民教育出版社，2020：4.
④ 李倩，谭霞，吴欣歆，等. 教育评价变革背景下语文学科核心素养测评框架研究 [J]. 课程·教材·教法，2021（2）：97.
⑤ 武丽莎，朱立明，王久成. 数学学科核心素养高考测评与课程标准一致性研究——以2019—2021年高考数学Ⅰ试卷为例 [J]. 数学教育学报，2022（3）：41.
⑥ 程晓堂. 基于问题情境的英语考试命题理念与技术 [J]. 中国考试，2018（12）：2.
⑦ 张文星. 英语学科核心素养视角下的测评改革研究 [J]. 外语测试与教学，2021（2）：18.

命题者首先要有较为清晰的任务意识,其次基于关键行为表现拟定学科任务,最后可以采用分析说明型任务或论述型任务,达成真实有效地考查学生理性论证能力、素养要素水平的目的(张翰,2018：87)[①]。通过对以上代表性学科的研究,我国学科核心素养的测评已经从传统的知识与技能模式取向转向以学科核心素养为本位的评价改革,凸显了学生在真实性的情境中解决问题的能力和素养。

发展学生的核心素养离不开对核心素养的测评。测评的关键在于,将核心素养规范和细化为具体的能力标准。教育管理部门、学校和教师应明确指向核心素养的评价内容,改进结果性评价,注重过程性评价和表现性评价；改进单一性的纸笔测验,综合运用多种评价方法；把学习评价与学科评价贯穿于教育教学全过程,开展课堂评价、作业评价和期终评价等多元评价。

[①] 张翰. 提升学科核心素养测评科学性[J]. 思想政治课教学,2018(2)：87.

附录　中国学生发展核心素养[①]

核心素养研究课题组

学生发展核心素养，主要是指学生应具备的，能够适应终身发展和社会发展需要的必备品格和关键能力。研制中国学生发展核心素养，根本出发点是将党的教育方针具体化、细化，落实立德树人根本任务，培养全面发展的人，提升 21 世纪国家人才核心竞争力。

一、总体框架

中国学生发展核心素养，以"全面发展的人"为核心，分为文化基础、自主发展、社会参与三个方面，综合表现为人文底蕴、科学精神、学会学习、健康生活、责任担当、实践创新六大素养，具体细化为国家认同等十八个基本要点。根据这一总体框架，可针对学生年龄特点进一步提出各学段学生的具体表现要求。

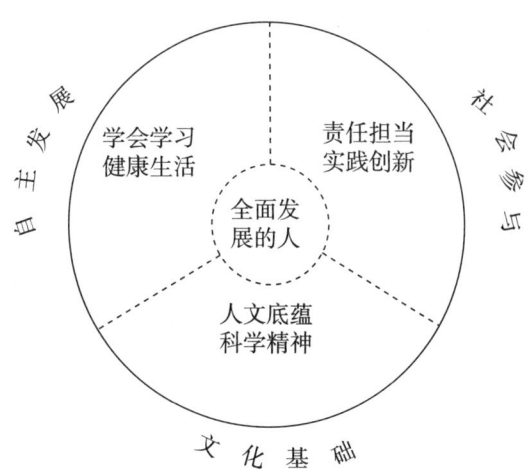

[①] 核心素养研究课题组. 中国学生发展核心素养 [J]. 中国教育学刊，2016（10）：1—3.

二、基本内涵

（一）文化基础

文化是人存在的根和魂。文化基础，重在强调能习得人文、科学等各领域的知识和技能，掌握和运用人类优秀智慧成果，涵养内在精神，追求真善美的统一，发展成为有宽厚文化基础、有更高精神追求的人。

1. 人文底蕴

人文底蕴主要是学生在学习、理解、运用人文领域知识和技能等方面所形成的基本能力、情感态度和价值取向。具体包括人文积淀、人文情怀和审美情趣等基本要点。

2. 科学精神

科学精神主要是学生在学习、理解、运用科学知识和技能等方面所形成的价值标准、思维方式和行为表现。具体包括理性思维、批判质疑、勇于探究等基本要点。

（二）自主发展

自主性是人作为主体的根本属性。自主发展，重在强调能有效管理自己的学习和生活，认识和发现自我价值，发掘自身潜力，有效应对复杂多变的环境，成就出彩人生，发展成为有明确人生方向、有生活品质的人。

1. 学会学习

学会学习主要是学生在学习意识形成、学习方式方法选择、学习进程评估调控等方面的综合表现。具体包括乐学善学、勤于反思、信息意识等基本要点。

2. 健康生活

健康生活主要是学生在认识自我、发展身心、规划人生等方面的综合表现。具体包括珍爱生命、健全人格、自我管理等基本要点。

（三）社会参与

社会性是人的本质属性。社会参与，重在强调能处理好自我与社会的关系，养成现代公民所必须遵守和履行的道德准则和行为规范，增强社会责任感，提升创新精神和实践能力，促进个人价值实现，推动社会发展进步，发展成为有理想信念、敢于担当的人。

1. 责任担当

责任担当主要是学生在处理与社会、国家、国际等关系方面所形成的情感态度、价值取向和行为方式。具体包括社会责任、国家认同、国际理解等基本要点。

2. 实践创新

实践创新主要是学生在日常活动、问题解决、适应挑战等方面所形成的实践能力、创新意识和行为表现。具体包括劳动意识、问题解决、技术应用等基本要点。

三、主要表现

人文底蕴、科学精神、学会学习、健康生活、责任担当、实践创新六大核心素养具体细化为人文积淀、国家认同、批判质疑等18个要点，各要点也确定了重点关注的内涵。

（一）文化基础——人文底蕴

1. 人文积淀

重点是：具有古今中外人文领域基本知识和成果的积累，能理解和掌握人文思想中所蕴含的认识方法和实践方法等。

2. 人文情怀

重点是：具有以人为本的意识，尊重、维护人的尊严和价值；能关切人的生存、发展和幸福等。

3. 审美情趣

重点是：具有艺术知识、技能与方法的积累；能理解和尊重文化艺术的多样性，具有发现、感知、欣赏、评价美的意识和基本能力；具有健康的审美价值取向；具有艺术表达和创意表现的兴趣和意识，能在生活中拓展和升华美等。

（二）文化基础——科学精神

1. 理性思维

重点是：崇尚真知，能理解和掌握基本的科学原理和方法；尊重事实和证据，有实证意识和严谨的求知态度；逻辑清晰，能运用科学的思维方式认识事物、解决问题、指导行为等。

2. 批判质疑

重点是：具有问题意识；能独立思考、独立判断；思维缜密，能多角度、辩证地分析问题，做出选择和决定等。

3. 勇于探究

重点是：具有好奇心和想象力；能不畏困难，有坚持不懈的探索精神；能大胆尝试，积极寻求有效的问题解决方法等。

（三）自主发展——学会学习

1. 乐学善学

重点是：能正确认识和理解学习的价值，具有积极的学习态度和浓厚的学习兴趣；能养成良好的学习习惯，掌握适合自身的学习方法；能自主学习，具有终身学习的意识和能力等。

2. 勤于反思

重点是：具有对自己的学习状态进行审视的意识和习惯，善于总结经验；能够根据不同情境和自身实际，选择或调整学习策略和方法等。

3. 信息意识

重点是：能自觉、有效地获取、评估、鉴别、使用信息；具有数字化生存能力，主动适应"互联网＋"等社会信息化发展趋势；具有网络伦理道德与信息安全意识等。

（四）自主发展——健康生活

1. 珍爱生命

重点是：理解生命意义和人生价值；具有安全意识与自我保护能力；掌握适合自身的运动方法和技能，养成健康文明的行为习惯和生活方式等。

2. 健全人格

重点是：具有积极的心理品质，自信自爱，坚韧乐观；有自制力，能调节和管理自己的情绪，具有抗挫折能力等。

3. 自我管理

重点是：能正确认识与评估自我；依据自身个性和潜质选择适合的发展方

向；合理分配和使用时间与精力；具有达成目标的持续行动力等。

（五）社会参与——责任担当

1. 社会责任

重点是：自尊自律，文明礼貌，诚信友善，宽和待人；孝亲敬长，有感恩之心；热心公益和志愿服务，敬业奉献，具有团队意识和互助精神；能主动作为，履职尽责，对自我和他人负责；能明辨是非，具有规则与法治意识，积极履行公民义务，理性行使公民权利；崇尚自由平等，能维护社会公平正义；热爱并尊重自然，具有绿色生活方式和可持续发展理念及行动等。

2. 国家认同

重点是：具有国家意识，了解国情历史，认同国民身份，能自觉捍卫国家主权、尊严和利益；具有文化自信，尊重中华民族的优秀文明成果，能传播弘扬中华优秀传统文化和社会主义先进文化；了解中国共产党的历史和光荣传统，具有热爱党、拥护党的意识和行动；理解、接受并自觉践行社会主义核心价值观，具有中国特色社会主义共同理想，有为实现中华民族伟大复兴中国梦而不懈奋斗的信念和行动。

3. 国际理解

重点是：具有全球意识和开放的心态，了解人类文明进程和世界发展动态；能尊重世界多元文化的多样性和差异性，积极参与跨文化交流；关注人类面临的全球性挑战，理解人类命运共同体的内涵与价值等。

（六）社会参与——实践创新

1. 劳动意识

重点是：尊重劳动，具有积极的劳动态度和良好的劳动习惯；具有动手操作能力，掌握一定的劳动技能；在主动参加的家务劳动、生产劳动、公益活动和社会实践中，具有改进和创新劳动方式、提高劳动效率的意识；具有通过诚实合法劳动创造成功生活的意识和行动等。

2. 问题解决

重点是：善于发现和提出问题，有解决问题的兴趣和热情；能依据特定情境和具体条件，选择制订合理的解决方案；具有在复杂环境中行动的能力等。

3. 技术运用

重点是：理解技术与人类文明的有机联系，具有学习掌握技术的兴趣和意愿；具有工程思维，能将创意和方案转化为有形物品或对已有物品进行改进与优化等。

参考文献

Anusca F. DIGCOMP: A framework for developing and understanding digital competence in Europe [R]. Luxembourg: Publications Office of the European Union, 2013.

Basic Education Act. Basic Education Act 628/1998[EB/OL]. (2017-04-23) [2022-07-26]. http://www.finlex.fi/en/laki/kaannokset/1998/en19980628.pdf.

Berliner D C. Teacher Expertise [M]//Anderson L W. International Encyclopedia of Teaching and Teacher Education. 2nd ed. Cambridge: Cambridge University Press, 1995.

Candy S. RSA Opening Minds: a curriculum for the 21st century [J]. Forum for Promoting 3-19 Comprehensive Education, 2011 (2): 285.

Carretero S, Vuorikari R, Punie Y. DigComp 2.1: The Digital Competence Framework for Citizens witheight proficiency levels and examples of use [R]. Luxembourg: Publications Office of the European Union, 2017.

Cochran-Smith M, Fries K. Research on Teacher Education: Changing Times, Changing Paradigms [M]//Cochran-Smith M, Feiman S, Nemser D, et al. Handbook of Research on Teacher Education: Enduring Question in Changing Contexts. 3rd ed. NY: Routledge, 2008.

Competency-based Education Network. Quality Standards for Competency-based Education Program[EB/OL]. (2022-02-22) [2022-07-20]. https://www.cbenet-work.org/wp-content/uploads/2022/02/CBEN-22-004-Quality-Framework-Uplate-No-Tabs.pdf.

Cromley J G. Reading achievement and science proficiency: international comparisons from the programme on international student assessment [J]. Reading Psychology, 2009 (2): 89-118.

Dearing R. Review of qualifications for 16－19 year olds［R］. London：ERIC Clearing House，1996.

DeBoer G，Carman E，Lazzaro C. The role of language arts in a successful STEM education program［EB/OL］.（2010－07－16）［2022－07－26］. http：//files. eric. ed. gov/fulltext/ED563458. pdf.

DeSeCo. Definition and Selection of Competencies：Executive Summary［EB/OL］.（2017－01－16）［2022－07－26］. https：//www. oecd. org/pisa/35070367. pdf.

Doll W E. Developing Competence［M］//Trueit D. Pragmatism，Post－Modernism，and Complexity Theory. New York：Routledge，2012.

Ellar S，Lingard B. The OECD and the expansion of PISA：new global modes of governance in education［J］. British Educational Research Journal，2013（6）：917－936.

European Council. Lisbon European Council 23 and 24 March 2000 Presidency Conclusions［EB/OL］.（2014－07－26）［2022－07－23］. http：//www. europarl. europa. eu/summits/lis1 _ en. htm.

European Council. Lisbon European Council 23－24 March 2000 Presidency Conclusions［EB/OL］.（2000－03－26）［2022－07－20］. http：//www. europarl. europa. eu/summits/lis1 _ en. htm.

Faure E. Learning to be：The world of education today and tomorrow［M］. Paris：UNESCO，1972.

Finnish National Board of Education. Core curriculum for basic education 2014［S］. Helsinki：Finnish National Board of Education，2016.

Fnae. Support for Pupils and Students［EB/OL］.（2017－04－23）［2022－07－26］. http：//oph. fi/english/education _ system/support _ for _ pupils _ and _ students，2017a.

Griffin P，McGaw B，Care E. Assessment and Teaching of 21st Century Skills Defining Twenty-First Century Skills［M］. Dordrecht：Springer，2012.

Halász G，Michel A. Key Competences in Europe：interpretation，policy formulation and implementation［J］. European Journal of Education，2011（3）：289－306.

Harju V，Niemi H. 芬兰基础教育阶段核心素养的培养及评价［J］. 王岩，译. 教育测量与评价，2017（7）：10－18.

Hatano G, Inagaki K. Two courses of expertise [M] //Stevenson H, Azuma H, Hakuta K. Child development and education in Japan. San Francisco: Freeman, 1986.

Hill H C, Blunk M L, Charalambous C Y. Mathematical Knowledge for Teachingand the Mathematical Quality of Instruction: An Exploratory Study [J]. Cognition and Instruction, 2008 (26): 430—511.

Hipkins R. The nature of the key competencies: a background paper[EB/OL]. (2006—10—10)[2022—07—26]. http://www. nzcer. org. nz/system/files/nature-of-k-round-paper. pdf, 2006.

Hnter B, White G P, Godbey G C. What does it mean to be globally competent? [J]. Journal of Studies in International Education, 2006 (3): 267—285.

Interstate New Teacher Assessment and Support Consortium[EB/OL]. (2007—04—02)[2017—12—13]. http//www. ccsso. org /projects/.

Koehler M J, Mishra P. What Happens when Teachers Design Educational Technology? The Development of Technological Pedagogical Content Knowledge [J]. Journal of Educational Computing Research, 2005 (2): 131—152.

Koehler M J, Mishra P. What Is Technological Pedagogical Content Knowledge? [J]. Contemporary Issues in Technology and Teacher Education (CITE Journal), 2009 (1): 60—70.

Maeda J. STEM + Art = STEAM [J]. The STEAM Journal, 2013 (1): 1—3.

Ministry of Education. Key competencies[EB/OL]. (2014—04—04)[2022—07—28]. http://nzcurriculum. tki. org. nz/Key-competencies#collapsible2.

Ministry of Education. The New Zealand Curriculum [M]. Wellington: Learning Media Ltd, 2007.

Murnane R J, Levy F. Teaching the New Basic Skills. Principles for Educating Children To Thrive in a Changing Economy [M]. Göttingen: Free Press, 1996.

OECD. PISA Database[EB/OL]. (2017—06—05) [2022—07—26]. http://www. oecd. org/pisa/data/.

OECD. PISA: Preparing Our Youth for an Inclusive and Sustainable World [EB/OL]. (2020—08—09) [2022—10—01]. http://www. oecd. org/pisa/

aboutpisa/Global-competency-for-an-inclusive-world. pdf.

OECD. The Definition and Selection of Key Competencies: Executive Summary[EB/OL]. (2005-05-27)[2016-11-25]. http://www. oecd. org/pisa/35070367. pdf.

Pajares M F. Teachers' beliefs and educational research: Cleaning up a messy construct [J]. Reviev of Educational Research, 1992 (62): 307-332.

Rober H. Critical Thinking: A Streamlined Conception [J]. Teaching Philosophy, 1991 (1): 15-24.

Rychen D S, Salganik L H. 勾勒关键能力,打造优质生活——OECD关键能力框架概述 [J]. 滕梅芳,盛群力,译. 远程教育杂志,2007 (5): 24-32.

Rychen D S, Tiana A. Developing key competencies in education: some lessons from international and national experience [M]. Paris: UNESCO International Bureau of Education, 2004.

Rychen S, Salagnick L. A holistic model of competence [M] // Rychen S, Salagnick L. Key competences for a successful life and a well-functioning society. Göttingen: Hogrefe & Huber, 2003.

Schon D A. The Refractional Practicer: How Professionals think in Actions [M]. New York: Basic Books, 1983.

Shulman L S. Knowledge and teaching: foundations of the new reform [J]. Harvard educational review, 1987 (57): 1-22.

Shulman L S. Those Who Understand: Knowledge Growth in Teaching [J]. Educational Researcher, 1986 (2): 4-14.

Singapore Ministry of Education. 21st century competencies[EB/OL]. (2015-04-16)[2021-10-18]. http://www. Moe. gov. sg/education/education-system/21st-century-competencies.

Singh H, Gera M. Generic Skills for Sustainable Development [J]. Indian Journal of Research, 2015 (6): 290-292.

Spring J. Research on globalization and education [J]. Review of Educational Research, 2008 (2): 337.

Stacey K, Turner R. Assessing Mathematical Literacy [M]. Switzerland: Springer International Publishing, 2015.

Stenhouse L. The Teacher as Researcher [M] //Controversies in Classroom Research. 2nd ed. Philadelphia: Open University Press, 1994.

The Learning Metrics Task Force. Toward Universal Learning: What Every Child Should Learn[EB/OL]. (2017－01－16)[2022－07－26]. http://www. uis. unesco. org/Education/Documents/lmtf－rpt1－toward－universal－learning－execsum. pdf.

The Partnership for 21st Century Skills. P21 framework definitions[EB/OL]. (2009－09－12)[2022－07－28]. http://www. p21org/storage/ducuments/P21－Framework－Definitions. pdf.

U S Department of Labor. What work requires of schools [R]. The Secretary's Commission on Achieving Necessary Skills, 1991.

UNESCO. Education 2030 Framework for Action: Towards Inclusive and Equitable Education and Life Learning for All[EB/OL]. (2015－1－4)[2022－01－20]. UNESCO. http://www. unesco. org/new/fileadmin/MULTIMEDIA/HQ/ED/ED_new/pdf/FFA－ENG－27Oct15pdf.

UNESCO. UNESCO Launches Global Futures of Education Initiative at United Nations General Assembly[EB/OL]. (2019－09－23) [2021－11－27]. https://en. unesco. org/news/unesco－launches－futures－education－global－initiative－united－nations－general－assembly.

Valijarvi J. 芬兰研究型教师教育述评 [J]. 陆璟, 译. 上海教育科研, 2009 (1): 21－25.

Voogt J, Roblin N P. A comparative analysis of international frameworks for 21st century competences: implications for national curriculum policies [J]. Journal of Curriculum Studies, 2012 (3): 299－321.

Working Group B. The Key Competencies in a Knowledge－Based Economy: A First Step Towards Selection, Definition and Description[EB/OL]. (2002－03－27) [2022－09－01]. http://archivio. invalsi. it/ri2003/moe/sito/docCD/Altri%20documenti%20Commissione%20Europea/key%20competencies_27_03_02_en. Doc.

Zeidler D L. STEM education: A deficit framework for the twenty first century? A sociocultural socioscientific response [J]. Cultural Studies of Science Education, 2016 (1): 11－26.

Zepke N. Threshold concepts and student engagement: Revisiting pedagogical content knowledge [J]. Active Learning in Higher Education, 2013 (2): 97－107.

［法］罗杰-弗朗索瓦·戈蒂埃，赵晶. 法国中小学的"共同基础"与课程改革［J］. 全球教育展望，2017（11）：21—29.

［法］夏尔·提于斯，林静. 法国中小学生核心素养要求及评价——夏尔·提于斯与林静的对话［J］. 华东师范大学学报（教育科学版），2018：149—154.

［美］大卫·罗斯. 致辞：从"4C"到"5C"——祝贺"21世纪核心素养5C模型"发布［J］. 华东师范大学学报（教育科学版），2020（2）：19.

［美］大卫·安德森，季娇. 从STEM教育到STEAM教育——大卫·安德森与季娇关于博物馆教育的对话［J］. 华东师范大学学报（教育科学版），2017（4）：122—129.

［美］杜威. 民主主义与教育［M］. 王承绪，译. 北京：人民教育出版社，1990.

［美］琼·温克. 批判教育学：来自真实世界的笔记［M］. 路旦俊，译. 长沙：湖南教育出版社，2008.

白宇. 计算思维将被纳入PISA2021测试［N］. 中国教育报，2019—11—15（5）.

蔡辰梅. 在实践与研究中探析教师核心道德素养［J］. 中国德育，2019（4）：43—49.

蔡清田. 国际视野下核心素养教育理念之研究及其实现［J］. 当代教育科学，2019（3）：19—23.

蔡清田. 国民核心素养之课程统整设计［J］. 上海教育科研，2016（2）：5—9.

蔡忠，唐瑛. 新西兰基础教育改革［J］. 全球教育展望，2003（12）：74—76.

曹培杰. 未来学校变革：国际经验与案例研究［J］. 电化教育研究，2018（11）：114—119.

常珊珊，李家清. 课程改革深化背景下的核心素养体系构建［J］. 课程·教材·教法，2015（9）：29—35.

车言勇. 以学习评价撬动课堂深度变革［J］. 现代教育，2022（6）：12—14.

陈法宝. 培养全球素养促进学生核心能力发展［N］. 中国教育报，2018—08—16（3）.

陈红云. 师范教育与研究型教师培养模式研究［D］. 南昌：江西师范大学，2006.

陈涛. 跨学科教育：一场静悄悄的大学变革［J］. 江苏高教，2013（4）：63—66.

陈亭秀. 俄罗斯能力导向的核心素养实践与反思［J］. 湖北教育（教育教学），2017（7）：10-12.

陈友娟. 基于学科核心素养的高中思想政治课堂提问研究［D］. 桂林：广西师范大学，2022.

陈赟. 20世纪90年代以来美国教育发展战略分析［J］. 外国中小学教育，2003（11）：1-5.

成尚荣. 核心素养的中国表达［N］. 中国教育报，2016-09-19（4）.

程建平. 培养新时代"四有"好老师［N］. 人民日报，2017-11-23（17）. 程晓堂. 基于问题情境的英语考试命题理念与技术［J］. 中国考试，2018（12）：1-8.

程晓堂. 英语学科核心素养及其测评［J］. 中国考试. 2017（5）：7-14.

褚宏启. 核心素养的概念与本质［J］. 华东师范大学学报（教育科学版），2016（1）：1-3.

崔允漷. 素养：一个让人欢喜让人忧的概念［J］. 华东师范大学学报（教育科学版），2016（1）：3-5.

戴金芮，刘玲. STEM教育何以落地中国——基于国际政策比较视角［J］. 中小学信息技术教育，2022（7）：33-35.

邓海云，王涛. 人文主义视野下的"学会成为"——联合国教科文组织关于未来教育的核心指向［J］. 基础教育课程，2022（5）：73-80.

邓莉，彭正梅. 面向未来的教学蓝图——美国《教学2030》述评［J］. 开放教育研究，2017（1）：37-45.

邓莉. 美国21世纪技能教育改革研究［D］. 上海：华东师范大学，2018.

邓小平. 邓小平文选：第3卷［M］. 北京：人民出版社，1993.

董冬，刘飞. 走向学科核心素养的学习评价：问题与建议［J］. 教育导刊，2017（5）：64-69.

董泽华. 指向学生核心素养的课程体系构建：以新西兰为例［J］. 现代基础教育研究，2018（1）：87-96.

窦瑾. 中学教师教学监控能力的培养［J］. 中小学教师培训，2021（9）：21-23.

杜惠洁，赵阳漾，于蕾. 论新西兰对关键能力的培养与过程监控［J］. 浙江工业大学学报（社会科学版），2014（4）：423-427.

方骏，熊贤君. 香港教育史［M］. 长沙：湖南人民出版社，2010.

改革开放30年中国教育改革与发展课题组. 教育大国的崛起［M］. 北京：教

育科学出版社，2008.

高玉洁. 俄罗斯《普通教育国家教育标准》研究［J］. 南京：南京师范大学，2007.

宫振胜. 谈核心素养最应该聚焦的是思维素养［J］. 辽宁教育，2016（3）：45.

顾娟. 德国如何测评学生"核心素养"［J］. 湖北教育（教育教学），2017（8）：8-11.

顾明远. 核心素养：课程改革的原动力［J］. 人民教育，2015（13）：1-18.

顾明远. 教育大词典：卷2［M］. 上海：上海教育科学出版社，2006.

关晶. 关键能力在英国职业教育中的演变［J］. 外国教育研究，2003（1）：32-35.

郭达. 《面向增长的技能——英国国家技能战略》白皮书述评［J］. 职教通讯，2012（4）：49-54.

郭家海. 谨防"核心素养"概念化［J］. 新课程研究（上旬刊），2016（6）：4-5.

郭少英，朱成科. "教师素养"与"教师专业素养"诸概念辨［J］. 河北师范大学学报（教育科学版），2013（10）：67-71.

郭艳芳. 如何践行核心素养：理念认识与行为转变［J］. 新教育，2018（5）：21-23.

韩冰. 当前我国中小学教师职业道德问题探究［D］. 石家庄：河北经贸大学，2022.

韩震. 高中"新课标"凝练学科核心素养［EB/OL］.（2018-02-03）［2022-09-10］. http://education.news.cn/2018-02/03/c_129804716.htm.

何云，崔永利. 以"核心素养"为本的课堂教学改革［J］. 教育教学论坛，2020（17）：194-195.

核心素养研究课题组. 中国学生发展核心素养［J］. 中国教育学刊，2016（10）：1-3.

贺阳. PISA核心素养的价值逻辑研究［D］. 广州：广州大学，2019.

虹野. 核心素养并没有"核心"［EB/OL］.（2018-03-06）［2022-08-03］. https://baijiahao.baidu.com/s?id=15941412924841681 07.

胡娟娟，宗权. 世界各国开发核心素养框架的路径［J］. 辽宁教育，2019（10）：87-90.

胡军. 面向未来的学习：经合组织《教育2030学习指南》解读［N］. 中国教

育报，2019-10-18（5）.

胡乐乐. 国外核心素养体系构建探究［J］. 新疆师范大学学报（哲学社会科学版），2017（6）：128-140.

胡敏. 提升全球胜任力：面向未来青少年的核心素养——《剑桥人生胜任力框架》译介［J］. 基础教育课程，2019（9）：69-75.

胡钦太，刘丽清，张彦. 教育信息化2.0时代教师信息素养提升路径［J］. 中小学数字化教学，2019（11）：22-25.

黄玲，曹利军. 当代教师个体专业化发展的实践途径——基于"教师即研究者"角色定位［J］. 教育理论与实践，2018（35）：32-34.

黄友初. 核心素养视域下教师知识的解构与建构［J］. 上海师范大学学报（哲学社会科学版），2019（2）：106-113.

黄友初. 教师专业素养：内涵、构成要素与提升路径［J］. 教育科学，2019（3）：27-34.

江丰光，陈慧. 国际核心素养教育的典型案例分析与启示［J］. 中小学信息技术教育，2016（9）：10-14.

姜英敏. "核心素养"成为韩国教改主调［N］. 光明日报，2016-06-05（8）.

姜英敏. 韩国"核心素养"体系的价值选择［J］. 比较教育研究，2016（12）：61-65.

教育部师范教育司. 教师专业化的理论与实践［M］. 北京：人民教育出版社，2003.

解建团，汪明. 基于核心素养的课程体系构建［J］. 当代教育与文化，2016（4）：25-29.

康建朝. 从中芬对比视角看芬兰核心素养［N］. 中国教育报，2017-05-12（5）.

孔锴. 浅谈20世纪80年代以来的美国基础教育课程改革［J］. 外国教育研究，2006（2）：46-51.

赖炳根. 澳大利亚国家教师专业标准研究［D］. 重庆：西南大学，2010.

李栢和. 香港小学常识科中价值观教育特色与启示［J］. 中小学德育，2018（5）：56-59.

李宝敏，余青，于东兴. 教师信息素养评测欧盟经验的启示［J］. 教师教育研究，2021（5）：101-108.

李保强，陈晓雨. 欧盟培育公民新核心素养的举措及其启示［J］. 教师教育论坛，2019（2）：75-78.

李帆. 核心素养，一枚改变教育内涵的"楔子"[J]. 人民教育，2015（24）：18-20.

李建英，许海元. 高职院校学生职业能力培养述评[J]. 河北广播电视大学学报，2011（4）：77-80.

李金露. 核心素养视域下批判性思维培养的问题及对策[J]. 教学与管理，2017（30）：14-17.

李芒，易长. STEM教育的困境与审思[J]. 中国远程教育，2022（9）：27-33.

李楠. 教师教育能力构建的时代特征思考[J]. 继续教育研究，2015（8）：68-70.

李清雁，易连云. 身份认同视域下的教师道德发展[J]. 高等教育研究，2009（10）：69-73.

李庆华. 通过任务型英语教学提高大学生关键能力的实践研究[D]. 上海：华东师范大学，2009.

李润洲. 指向学科核心素养的教学变革[J]. 教育科学研究，2019（9）：5-10.

李若一，王牧华. 未来课程的空间建构：本体理解与实践生成[J]. 课程·教材·教法，2022（7）：56-62.

李婷婷，王秀红. 日本新一轮基础教育课程改革新动向[J]. 外国教育研究，2019（3）：103-116.

李湘. 基于核心素养的澳大利亚国家课程标准研究[J]. 教育与教学研究，2017（8）：79-85.

李协京. 对日本基础教育课程改革的考察[J]. 教育评论，2003（1）：104-106.

李新. 核心素养结构的四种类型比较研究[J]. 上海教育科研，2016（8）：29-32.

李艺，钟柏昌. 谈"核心素养"[J]. 教育研究，2015（9）：17-23.

李煜晖，郑国民. 核心素养视域下的中小学课堂教学变革[J]. 教育研究，2018（2）：80-87.

李月琪. 澳大利亚义务教育阶段学生通用能力研究及启示——以数学学科为例[J]. 吉林省教育学院学报，2015（9）：20-22.

李振文. PISA科学素养测试等级划分对我国高考选考科目等级设定的启示[J]. 中国考试，2020（3）：41-45.

林崇德，申继亮，辛涛. 教师素质的构成及其培养途径［J］. 中国教育学刊，1996（6）：16-22.

林崇德. 21世纪学生发展核心素养研究［M］. 北京：北京师范大学出版社，2016.

林崇德. 创造性心理学［M］. 北京：北京师范大学出版社，2018.

林崇德. 中国学生发展核心素养：深入回答"立什么德、树什么人"［J］. 人民教育，2016（19）：14-16.

林德全. 三主体教学：内涵、背景与关键［J］. 课程·教材·教法，2022（5）：54-60.

林德全. 未来教学走向探微［J］. 现代基础教育研究，2019（4）：5-10.

刘博文. 新世纪以来教师学习共同体研究热点及趋势——基于CiteSpace的计量分析［J］. 教育导刊，2022（8）：24-31.

刘畅，王书林. 美国21世纪核心素养框架要素的探析与启示［J］. 教育评论，2018（9）：154-158.

刘复兴. 美国当代基础教育改革的特点与启示［J］. 当代教育科学，1998（3）：65-66.

刘健智，曾红凤. 国内外教师专业素质结构研究综述［J］. 贵州师范大学学报（社会科学版），2018（4）：76-84.

刘菁菁. 新加坡发布学生21世纪技能和目标框架［J］. 世界教育信息，2014（8）：72.

刘军. 智慧课堂："互联网+"时代未来学校课堂发展新路向［J］. 中国电化教育，2017（7）：14-19.

刘美淇. 指向数学学科核心素养的单元教学设计研究［D］. 天津：天津师范大学，2022.

刘新阳，裴新宁. 教育变革期的政策机遇与挑战——欧盟"核心素养"的实施与评价［J］. 全球教育展望，2014（4）：75-85.

刘秀荣，王晓霞. 论教师专业发展及特质［J］. 辽宁师范大学学报，2004（2）：69-71.

刘艳秋. 国外教师素质的研究与借鉴［J］. 赤峰学院学报（汉文哲学社会科学版），2011（9）：234-235.

刘义民. 国外核心素养研究及启示［J］. 天津师范大学学报（基础教育版），2016（2）：71-76.

刘玉霞. 俄罗斯教育中的人类文化素养与社会专业能力［J］. 中国成人教育，

2011（7）：130-132.

刘玥，沈晓敏. 21世纪型能力：日本核心素养建构新动向［J］. 比较教育学报，2020（1）：23-34.

刘云杉. "核心素养"的局限：兼论教育目标的古今之变［J］. 全球教育展望，2017（1）：35-46.

柳夕浪. 从"素质"到"核心素养"——关于"培养什么人"的进一步追问［J］. 教育科学研究，2014（3）：5-11.

柳夕浪. 再谈素质教育［J］. 江苏教育研究，2001（6）：4-7.

楼飞燕，王曼，杜学文. 德国职业教育核心素养的探究及启示［J］. 黑龙江高教研究，2018（1）：55-58.

鲁燕. 解析"全球胜任力"概念的变迁［N］. 中国社会科学报，2021-05-17（7）.

陆谷孙. 英汉大词典［M］. 上海：上海译文出版社，1993.

罗朝猛. 21世纪型能力："核心素养"的日本表达［J］. 教书育人（校长参考），2017（3）：37-38.

罗树华，李洪珍. 教师能力概论［M］. 济南：山东教育出版社，2001.

吕君，韩大东. "核心素养"理念下的韩国新一轮基础教育课程改革述评［J］. 基础教育，2019（1）：93-100.

吕立杰. 课程变革呼唤研究型教师［J］. 中小学教材教学，2022（6）：1.

马艳婷. 香港学生核心素养的培养路径及其启示［J］. 教育参考，2017（1）：51-56.

南纪稳. 学生核心素养、学科核心素养与教学改革［J］. 当代教师教育，2019（4）：79-83.

潘子璇. 教育部：全面提高义务教育质量是系统工程需坚持"五育"并举［EB/OL］.（2019-07-09）［2022-09-25］. http：//shanghai.xinmin.cn/xmsq/2019/07/09/31555244.html.

裴新宁，刘新阳. 为21世纪重建教育——欧盟"核心素养"框架的建立［J］. 全球教育展望，2013（12）：89-102.

彭寿清. 日本基础教育课程改革及特点［J］. 当代教育科学，2004（18）：46-48.

彭正梅，郑太年，邓志伟. 培养具有全球竞争力的中国人：基础教育人才培养模式的国际比较［J］. 全球教育展望，2016（8）：67-79.

彭正梅. 中美教育在学生"核心素养"培养上的比较［J］. 湖北教育（教育教

学),2017(7):5-8.

钱颖一. 我们的学生为什么缺乏"创造性思维"？[EB/OL].(2018-09-25)[2022-10-01]. https://www.sohu.com/a/256047609_197634.

乔桂娟,杨丽. 新加坡基于《21世纪技能》的基础教育课程改革[J]. 基础教育参考,2019(23):10-13.

秦德增,秦瑾若. 核心素养视角下的STEAM跨学科融合模式研究[J]. 教育理论与实践,2018(22):52-56.

秦瑾若,傅钢善. STEM教育：基于真实问题情境的跨学科式教育[J]. 中国电化教育,2017(4):67-74.

邱子华,陈国华,于海涛. 学科知识到学科思维素养提炼与生成机制[J]. 现代教育,2022(7):55-59.

瞿振元. 面向教育现代化，素质教育再出发[N]. 人民日报,2017-05-04(18).

荣曼生. 教师信息素养论：掌握并运用信息技术[M]. 哈尔滨：黑龙江教育出版社,2012.

沙原,张晓顺. 美国核心素养对我国中小学教育的启示[J]. 吉林省教育学院学报,2019(8):31-36.

邵朝友. 经合组织公民关键能力的建置及启示[J]. 江苏教育研究,2014(1):8-12.

申卫革. "教师即研究者"：一个需要审思的命题[J]. 教育科学研究,2017(6):79-84.

沈伟. 英国能力导向的"核心素养"的实践与反思[J]. 湖北教育(教育教学),2017(6):5-7.

石鸥. 核心素养的课程与教学价值[J]. 华东师范大学学报(教育科学版),2016(1):9-11

司建,张立昌. 乡村STEM教育：实现可能、现实困境及因应对策[J]. 中国远程教育,2022(8):53-59.

宋灵青,许林. 教育信息化从1.0到2.0——走具有中国特色的发展之路[N]. 中国教育报,2020-05-09(3).

孙思雨. 国内关于核心素养研究的文献综述[J]. 基础教育研究,2016(17):14-16.

孙志海. 当前人文素质教育问题的实质和研究误区[J]. 江苏高教,2009(3):90-93.

唐斌. 论 STS 教育的后现代意蕴［J］. 教育研究，2002（5）：73-76.

唐科莉. 全面实施以学生为本，以价值观为导向的教育——新加坡 2012 基础教育战略重点［J］. 基础教育参考，2012（11）：23-24.

滕珺. 培养学生"全球胜任力"，怎么看？怎么办？［J］. 上海教育，2016（29）：48-51.

田欢. 未来课程理念下学校课程体系构建研究——以重庆市 Y 小学为例［D］. 重庆：重庆师范大学，2021.

田辉. 日本将生存能力写入教育基本目标［J］. 山西教育（教育管理），2009（2）：62-63.

汪瑞林. 核心素养：素质教育再出发的起点［N］. 中国教育报，2015-05-13（10）.

王桂. 当代外国教育——教育改革的浪潮与趋势［M］. 北京：人民教育出版社，1995.

王美. 什么知识最有价值：从常规专长到适应性专长——知识社会背景下对知识价值与学习目标的反思［J］. 远程教育杂志，2010（6）：62-69.

王薇. 新西兰基础教育的制度、特色及启示［J］. 外国中小学教育，2013（10）：17-23.

王晓诚. PISA2018 阅读素养评估的特征解读［J］. 首都师范大学学报（社会科学版），2019（3）：171-179.

王学兵. 批判性思维的哲学探索［D］. 上海：上海师范大学，2008.

王烨晖，辛涛. 国际学生核心素养构建模式的启示［J］. 中小学管理，2015（9）：22-25.

王铁，石纬林，崔艳辉. "互联网+"时代青年教师信息素养研究［J］. 中国电化教育，2017（3）：109-114.

王颖. 国外培养教师职业道德的做法和启示［J］. 社科纵横，2010（4）：220-221.

王中华. 论核心素养视角下的学生评价［J］. 中小学教师培训，2017（3）：1-3.

王重洋. 法国"核心素养"的实施与变革［J］. 湖北教育，2017（1）：8-10.

韦钰. 中国孩子比外国孩子少笑 50%，是大问题［EB/OL］.（2016-06-14）［2022-07-29］. http://www.sohu.com/a/83240902_372509.

魏锐，刘坚，白新文，等. "21 世纪核心素养 5C 模型"研究设计［J］. 华东师范大学学报（教育科学版），2020（2）：20-28.

魏善春. 指向核心素养的学习评价：挑战与对策［J］. 江苏第二师范学院学报，2020（4）：17—22.

吴黛舒. "新基础教育"教师发展指导纲要［M］. 桂林：广西师范大学出版社，2009.

吴冠军. 后人类状况与中国教育实践：教育终结抑或终身教育——人工智能时代的教育哲学思考［J］. 华东师范大学学报（教育科学版），2019（1）：1—16.

夏雪梅. 跨学科素养与儿童学习：真实情境中的建构［J］. 上海教育科研，2017（1）：5—9.

夏雪梅. 指向核心素养的项目化学习评价［J］. 中国教育学刊，2022（9）：50—57.

向磊，唐加军，舒波. 远程学习者信息素养的提升对策分析［J］. 中国电化教育，2013（6）：62—66.

肖川，张文质. 基础教育课程改革的关键词［M］. 福州：福建教育出版社，2005.

肖薇薇. 批判性思维缺失的教育反思与培养策略［J］. 中国教育学科，2015（1）：25—29.

谢延龙. 教师道德认同及其建构路径［J］. 教师教育学报，2017（6）：12—16.

辛涛，姜宇，刘霞. 我国义务教育阶段学生核心素养模型的构建［J］. 北京师范大学学报（社会科学版），2013（1）：5—11.

辛涛，姜宇. 全球视域下学生核心素养模型的构建［J］. 人民教育，2015（9）：54—58.

辛涛，林崇德. 教师教学监控能力发展：质与量的分析［J］. 中国教育学刊，1999（3）：50—54.

辛涛，姜宇，王烨辉. 基于学生核心素养的课程体系建构［J］. 北京师范大学学报（社会科学版），2014（1）：5—11.

徐洁. 未来学校教学空间变革的思考与探索［J］. 教学与管理，2019（34）：18—20.

徐金雷，顾建军. 从知识到素养：教师适应性专长构成及发展——基于对技术教育教师的考察［J］. 教育发展研究，2020（12）：53—59.

徐朔. "关键能力"培养理念在德国的起源和发展［J］. 外国教育研究，2006（6）：66—69.

许立新. 英格兰中小学教师专业标准：内容、特征与意义［J］. 教师教育研究，2008（3）：72—77.

许兴亮. "核心素养"与"关键能力"不能混为一谈［EB/OL］.（2017-11-19）［2022-08-03］. https://www.sohu.com/a/205321503_126493.

闫瑾. 德国中小学的"关键能力"培养［J］. 基础教育参考，2006（6）：24—25.

杨翠蓉，胡谊，吴庆麟. 教师知识的研究综述［J］. 心理科学，2005（5）：1167—1169.

杨东平. 教改20年，台湾教育步入正轨［N］. 中国青年报，2014-05-27（2）.

杨惠雯. 核心素养的谱系学考察——基于OECD的分析与反思［J］. 比较教育研究，2019（2）：53—59.

杨洁，于泽元. 未来课程以何形态存在［J］. 教学与管理，2019（19）：1—3.

杨九诠. 如何进行核心素养的评价［N］. 中国教育报，2017-07-27（3）.

杨文荟，吕杰昕. 以"全球本土化"培养全球胜任力［J］. 教育家，2022（15）：19—20.

杨向东. 核心素养与我国基础教育课程改革的深化［J］. 上海课程教学研究，2016（2）：3—7.

杨向东. 关于核心素养若干概念和命题的辨析［J］. 华东师范大学学报（教育科学版），2020（10）：48—59.

杨向东. 核心素养测评的十大要点［J］. 人民教育，2017（Z1）：41—46.

杨雪艳. 新西兰关键能力的内涵与培养［J］. 中国职业技术教育，2010（4）：84—87.

姚娜. 芬兰现象教学对我国STEAM课程设计的启示［J］. 遵义师范学院学报，2022（4）：140—144.

姚晓萍. 中学教师职业道德现状及建设路径研究［D］. 兰州：兰州大学，2018.

叶澜. 教师角色与教师发展新探［M］. 北京：教育科学出版社，2001.

叶澜. 新世纪教师专业素养初探［J］. 教育研究与实验，1998（1）：12—16.

殷建华，韦洪涛. 核心素养落地的路径探析——芬兰的经验与启示［J］. 基础教育课程，2019（9）：62—68.

殷玉新，楚婷. 优秀教师具有怎样的道德素养？——基于对71名美国"年度教师"的深度分析［J］. 比较教育学报，2021（4）：120—132.

于淼. 学习共同体：教师教学创新能力培养的有效途径［J］. 教书育人（高教论坛），2021（27）：58-61.

袁磊. 核心素养视域下STEAM教育的课堂教学变革［J］. 中国电化教育，2019（11）：99-103.

袁利平，张欣鑫. 论STEAM教育与核心素养的对接［J］. 陕西师范大学学报（哲学社会科学版），2017（5）：164-169.

曾小丽. 生态哲学视域下教师共同体的批判与重构［D］. 武汉：华中师范大学，2016.

曾晓洁，蒋蓉. 乡村定向教师职业道德素养的现状及其影响［J］. 湖南第一师范学院学报，2018（6）：47-52.

张凤珍. 试论俄罗斯职业教育的特色［J］. 语文学刊，2016（24）：111-112.

张光陆. 学生核心素养视角下的教师知识：特征与发展［J］. 课程·教材·教法，2018（3）：62-67.

张翰. 提升学科核心素养测评科学性［J］. 思想政治课教学，2018（2）：85-87.

张华. 核心素养与我国基础教育课程改革"再出发"［J］. 华东师范大学学报（教育科学版），2016（1）：7-9.

张华. 论核心素养的内涵［J］. 全球教育展望，2016（4）：10-24.

张娜. DeSeCo项目关于核心素养的研究及启示［J］. 教育科学研究，2013（10）：39-45.

张娜. 联合国教科文组织的核心素养研究及其启示［J］. 教育导刊，2015（7）：933-96.

张青民. 学科核心素养与学生学业评价的深度融合［J］，教学与管理，2020（16）：21-24.

张文星. 英语学科核心素养视角下的测评改革研究［J］. 外语测试与教学，2021（2）：12-18.

张学岩. 教师可持续发展教育能力的建构［J］. 北京教育学院学报，2019（3）：41-47.

张彦通. 英国高等教育"能力教育宣言"与"基于行动的学习"模式［J］. 比较教育研究，2000（1）：11-16.

张义兵. 美国的"21世纪技能"内涵解读——兼析对我国基础教育改革的启示［J］. 比较教育研究，2012（5）：86-90.

张羽，田秋华. 论核心素养养成与素质教育发展［J］. 课程教学研究，2016

（12）：9—13.

张紫屏. 基于核心素养的教学变革——源自英国的经验与启示［J］. 全球教育展望，2016（7）：3—13.

赵婀娜，赵婷玉.《中国学生发展核心素养》发布［N］. 人民日报，2016—09—14（12）.

赵婀娜. 今天，为何要提"核心素养"［N］. 人民日报，2016—10—13（20）.

赵慧勤，王兆雪. 基于核心素养发展的STEAM教育与创客教育深度融合的研究［J］. 教育理论与实践，2019（28）：60—64.

赵长林，孙海生，陈国华. 核心素养的结构和社会文化性分析［J］. 湖南师范大学教育科学学报，2016（5）：12—19.

郑彩华. 联合国教科文组织《数字素养全球框架》：背景、内容及启示［J］. 外国中小学教育，2019（9）：1—9.

中华人民共和国教育部. 普通高中课程方案（2017年版2020年修订）［M］. 北京：人民教育出版社，2020.

钟柏昌，李艺. 核心素养如何落地：从横向分类到水平分层的转向［J］. 华东师范大学学报（教育科学版），2018（1）：55—63.

钟秉枢. 从素质教育到核心素养，不仅仅是名词的变化［J］. 中国学校体育，2017（2）：2—3.

钟启泉. 核心素养的"核心"在哪里？［N］. 中国教育报，2015—04—01（7）.

钟启泉. 核心素养的"核心"在哪里——核心素养研究的构图［N］. 中国教育报，2015—04—01（7）.

钟启泉. 基于核心素养的课程发展：挑战与课题［J］. 全球教育展望，2016（1）：3—25.

钟启泉. 课堂转型：学校改革的核心［J］. 江苏教育，2018（10）：1.

钟启泉. 为了未来教育家的成长——论我国教师教育课程创新的课题［J］. 教育发展研究，2011（18）：20—26.

周娣丽. 教师校本学习研究——以宁夏银川Y学校高中英语教师为例［D］. 北京：首都师范大学，2011.

周洪宇，但昭彬. 从世界师范教育的发展历程与趋势看未来中国师范教育的发展走向［J］. 集美大学教育学报，2000（1）：7—12.

周佳伟，王祖浩. 基于核心素养的课程体系建构——芬兰《国家基础教育核心课程2014》评述［J］. 比较教育研究，2018（11）：91—97.

朱慕菊. 走进新课程：与课程实施者对话［M］. 北京：北京师范大学出版

社，2002.

朱莹希，裴新宁. 法国义务教育的"新共同基础"解读［J］. 比较教育研究，2016（8）：36－42.

祝怀新，陈娟. 新西兰课程改革新动向——新课程计划草案解析［J］. 基础教育参考，2007（12）：37－41.

祝智庭，管珏琪，丁振月. 未来学校已来：国际基础教育创新变革透视［J］. 中国教育学刊，2018（9）：57－67.

左璜，莫雷. 核心素养：为未来培养高智能优质人才［J］. 高等职业教育探索，2017（3）：1－7.

佐藤学. 课程与教师［M］. 钟启泉，译. 北京：教育科学出版社，2003.